増補改訂版

日本近現代史を読む

新日本出版社

増補改訂版刊行にあたって

本書の初版は、百年に一度といわれる経済恐慌、リーマン・ショック直後の 2010 年 1 月に出版されました。この時期は格差と貧困がきわだつ時期、非正規労働者の首切りが横行する時期となり、国民の不満は第1次安倍内閣を打倒し、その後、国民の期待に応えることを公約した民主党政権を成立させました。しかし、沖縄問題でも、東アジアの平和構築問題でも、消費税と暮らしの問題でも国民の期待にはなんら応えませんでした。さらに、2011 年 3 月 11 日の東日本大震災での福島第一原発事故という世界的大惨事にも対応することができませんでした。結局自らが自民党政治との差異を見えなくさせたのです。その結果、2012 年 12 月の総選挙での自公の政権復活を許してしまいました。

ここに成立した第 2 次安倍政権は、第 1 次政権期の失敗をしっかりと「反省」し、それまでの各省庁・日銀・内閣法制局などが取り続けてきた戦後保守政治下の慣行を破壊、権限を集中させた内閣府にそれらを従属させ、行政独裁を強化しました。この体制をつくった上で、意図的・政策的に株価をつり上げつつ、2013 年 12 月には秘密保護法を成立させ、2014 年 7 月には戦後初めて集団的自衛権の行使を閣議決定し、2015 年 9 月には安保関連法＝戦争法を成立させ、さらに 2017 年 6 月には共謀罪法を成立させました。このような法的体制を整えつつ、対米従属のもと、米日一体となってのアジア、アフリカ地域での集団的軍事行動態勢が着々とつくりあげられつつあります。

他方で、初版の時にも指摘した、唯一の超大国アメリカの地位の動揺は深刻化し、2017 年 1 月に成立した共和党トランプ政権は露骨に「アメリカ・ファースト」を掲げ、地球温暖化対策の国際的枠組みを決めた 2015 年のパリ協定から離脱、また 17 年 11 月に国連で採択された核兵器禁止条約に真っ向から反対するなど、なりふり構わない自国優先主義を貫く中で、低落する国際的地位の維持に固執しています。ただし、二度の米朝首脳会談に応じたように、軍事的負担の軽減を狙いつつ、それまでの「悪の枢軸」北朝鮮との位置づけを変更する外交もとることになりました。

国内外の権力的な動きは、当然逆の運動を生み出し、強化することになりました。国内的には「オール沖縄」のたたかい、戦争法案に反対する市民と野党の共闘、個人の尊厳を結集核とする様々な市民運動の形成、国際的には、先進資本主義諸国における新自由主義政策・「格差と貧困」化政策への強烈な反撃、世界各地での非核地帯の形成と強化、核兵器禁止条約への各国の批准などの動きの中で、それは具体化されつつあります。

本書も発刊以来好評のうちに 15 版を重ねてきましたが、発刊より 10 年が経過しましたので、ここで指摘した激動の現代史の動向を世界史的視野から増補しなければならなくなりました。そのため、第 25 章を新たに加え、あわせて全体の叙述に手を加え、より改善したものとしました。ただし初版での近未来の見通しは現実の進行の中で実証されてきましたので、増補改良の立場は初版の時の原則に沿っています。それは以下の 4 点です。

1、時期区分をはっきりさせ、それぞれの時期の特徴を明確にするとともに、次の時期への移行の論理を具体的に示していくこと。この点では、これまで戦後史の時期区分は通史の形ではあまりきちんとはされてきませんでしたが、本書では今日の時点にたっての時期区分を試みています。

2、当然のことですが、人民男女の政治的、社会的、文化的な進歩と前進のたたかいを権力・支配階級との対抗の中でとらえていくこと。ただし、この過程は単純な進化の過程では必ずしもなく、権力側が経済的な、また外交的軍事的諸手段を駆使しながら、人民と国民を逆に自己の側に引きつけ、同調させていくことも日本近現代史上、くり返されてきてもいます。

3、日本近現代史といっても、一国史的な見方ではなく、世界史との内的関連の中でとらえていくこと。このことは、維新変革そのものからして、世界資本主義へ編入される過程での日本人の民族的自立・国家的独立の課題の闘争であったのですし、日清戦争は帝国主義世界体制成立への大きな引きがねとなり、満州事変はドイツ・ナチズムの勃興に強い刺激を与えていくのです。戦後史においてもアメリカの朝鮮戦争とベトナム戦争は、基地国家日本の存在と協力なしには展開されませんでした。また当初日本と世界の人民に希望を与えたソ連の現実における覇権主義的動きも、日本の歴史に関連するところで言及しました。

4、日清戦争以降の日本の植民地主義と帝国主義的侵略の事実を明らかにすること。このことは21世紀の日本が平和の中で存続しつづけるためには不可欠な、東アジア諸国との間での友好関係をつくっていくため、どうしてもしなければならない歴史研究者の責任でもあります。憲法第9条は、一面では日本が侵略した諸国、諸民族に対する贖罪(しょくざい)のあかし、不戦の誓いなのであり、この条項にこめられている重い歴史性の認識なしにはその価値は軽くなり、また21世紀、この条項とその理念を高くかかげ、東アジア地域を非核・不戦地域に転化するために日本人が積極的に奮闘するためにも、必ず知っておかなければならない日本の負の遺産なのです。

また今日では、その親にも戦争体験がまったくない世代の読者にこそ、本書は読んでもらわなければなりません。そのためには、単に文体を読みやすくするだけではなく、戦前・戦中の天皇制下の体制と諸制度、あるいは戦争そのものを、読者の側が知っていることを前提にせず、きちんと説明していくことが必要となります。本書の注記は、そのためのものです。

他方で、限られたページ数で通史を叙述しようとすれば、どうしても概括的となり、そして一般的抽象的なスタイルになってしまいます。しかしながら、本書の読者がその社会生活の中で日常的にぶつかり、質問され、そして自分としても不審・疑問に思うことは、きわめて具体的なことです。そして単純にみえても、歴史の奥深いところから出されてくる疑問でもあります。しかも、この種の疑問を、意図的に利用し歪曲(わいきょく)し、21世紀の日本と東アジアの友好と平和ではなく、その対立と軍事緊張をもたらすために利用する人々が存在しています。この人々はまた改憲論者でもあります。この種の疑問に誠意をもってきちんと、具体的史実と史料を示す中でこたえていくことは、特に必要になってきています。

このような判断から、本書ではコラムをそのために多く設けています。古典的ともいえる「昭和天皇に戦争責任はあるのか」をはじめとして、日本の植民地支配を非難するが、なぜ台湾の批判は韓国ほどではないのだ、といった疑問等々、文章を読みやすくするためというよりは、一般の日本人が近現代通史を学ぶ際に頻繁に感じぶつかるさまざまな疑問にこたえるために、この欄が設けられています。本書を手にとる読者は、まずコラムを読み、その歴史的背景を知るために、該当する通史叙述に目を通すのも、一つの読み方ではないでしょうか。そして増補に際し、10 年間読まれる中で寄せられた質問・疑問に答えるべく、既存のコラムの叙述を改良するとともに、現代史の進展にあわせて、いくつかのコラムを新設しました。

日本近代化の衝撃をあたえた 1853 年のペリー来航からわずか 170 年足らず、いかに日本が変わったのでしょうか。1901 年、日本で最初の社会主義政党（社会民主党）が結成され、実行綱領として、8 時間労働制、普通選挙制、貴族院廃止、治安警察法の廃止、言論抑圧の新聞条例の廃止等をかかげましたが、ただちにこの治安警察法により、「安寧秩序に妨害あり」と結社が禁止されました。当時のほとんどの日本人もその実現性を信じることはできなかったのです。しかし今日では、この実行綱領の多くが日本人の常識とするものとなり、廃止されたのは逆に治安警察法であり、亡(ほろ)んだのはこの法律をみずからの法的支柱とした天皇制国家でした。1910 年、日本の韓国植民地化により、世界の帝国主義的分割と民族抑圧の動きはその頂点に達しました。この世界体制が崩壊する可能性を見通せた者はほとんど皆無でした。しかし今日では植民地と植民地主義は完全に過去のものとして葬り去られてしまいました。さらに現在では超大国アメリカの単一世界支配そのものがこわれはじめ、その支配のための正当化の論理を自ら投げ捨てているのです。

これらあらゆる動きは、一つも自動的にもたらされたものではありません。それらは人民男女と多くの民衆のたたかいと努力、そして失敗と挫折(ざせつ)のつみ重ねの中で、ようやく実現されてきたものです。それがどのようなものであったか、このことを学ぶことなしに、21 世紀の日本と東アジア、そして世界を、生存させていくことは不可能なのです。

本書増補改訂版の刊行が、21 世紀の日本と東アジア、そして世界をこれから先も人々が生存できる場として確保するため、核戦争と環境破壊の危機を減少・絶滅させるため、人がモノとしておとしめられるのではなく、尊厳を持った人間として生活できる経済社会をつくる上での一助となることを希望しています。そして、未来への方向性は過去への正確な認識なしには決して定まらないのです。

2019 年 3 月 25 日
執筆者を代表して　**宮地正人**

目　次

第二部
2つの世界大戦と日本

目　次

第三部
第2次世界大戦後の日本と世界

※1872（明治5）年12月3日の改暦以前の日本史のできごとについては、太陰暦の月日を使用しました。
※写真のうち、文献から引用したものについては、通し番号を写真説明の末尾につけ、巻末に引用元を記しました。

第一部

近代国家の成立

1853　米ペリー艦隊来航
1854　日米和親条約。58年に日米修好通商条約
1867　大政奉還
1868　王政復古の大号令。戊辰戦争（～69）
1869　版籍奉還
1871　廃藩置県。岩倉具視ら遣米欧使節団（～73）
1873　徴兵令、地租改正
1874　民撰議院設立建白書。台湾出兵
1875　江華島事件（76 日朝修好条規）
1876　地租改正反対一揆
1877　西南戦争（士族反乱）
1880　国会期成同盟結成
1881　「明治十四年の政変」。自由党結成
1884　秩父事件
1889　大日本帝国憲法発布
1894　朝鮮で甲午農民戦争。日清戦争（～95）
1895　日清講和条約、三国干渉。朝鮮王妃殺害事件。台湾征服戦争
1900　治安警察法。中国で義和団事件（01 北京議定書。日本が駐屯軍を設置）
1902　日英同盟協約
1904　日露戦争（～05）
1905　日露講和条約、日比谷焼打ち事件。第1次ロシア革命
1910　韓国併合条約。大逆事件
1911　中国で辛亥革命
1912　第1次憲政擁護運動始まる。中華民国成立

序章　近代までの流れ

1. 幕藩体制の政治構造

武士の編成

近世（江戸時代）の日本で政治権力を握っていたのは、武士[1]でした。武士は軍事・政治を独占することによって民衆を支配し、農民から収奪した年貢などのうえに支配体制を築いていました。1万石以上の領地をもつ武士は大名と呼ばれ、全国に260～270家ありました。支配の頂点には中央政権としての幕府[2]が位置し、そのもとには独立の領国をもつ藩[3]がありました。将軍が直接に管轄する幕府は幕政を、大名は藩政を担当し、それぞれが武士を抱えて百姓・町人を支配していました。

幕府は将軍直属の家臣である旗本・御家人を軍事力の中心とし、全国の直轄領を経済的な基盤としました。中央には老中・若年寄などの行政組織をおき、譜代大名（三河時代以来の徳川家の家臣）が交替でこれを担当しました。また、奉行以下の中下級職には、旗本・御家人があてられました。大名は家臣を城下町に居住させ、藩政の役職などにつけるとともに、領地から納入される年貢米を俸禄として支給していました。幕府と各藩が全国の土地と人民を支配するこの体制を幕藩体制と呼んでいます。

天皇の位置

江戸に権力の拠点をおく幕府にたいして、京都には朝廷（天皇・公家）がありました。幕府は禁中並公家諸法度を定めて、天皇・公家の行為を規制し、京都所司代を置いて朝廷の様子を監視しました。また、朝廷の領地は、幕府の管理下におかれました。こうして天皇は政治的な実権を奪われ、幕府の統制を受けましたが、逆に天皇の権威は、幕府の権力を支えるものとして、重要な役割を果たしていました。幕府にとって、各大名の上に立つ「公儀」として、支配の正統性を示すためにも天皇の存在は必要だったといえます。武家に官位を与えるのは朝廷の役割でした。幕府が初期の軍事的な威力にかわって、身分や家の秩序を重んじるようになると、朝廷の儀式を再興するなどして、天皇の伝統的な権威を

①武を職能とする集団、またはその構成員のことで、10～11世紀ころ生まれ、しだいに成長して、12世紀末の鎌倉幕府の成立以来、政治権力を握りました。とくに江戸幕府は官僚制的な仕組みを整備して、軍事集団である武士身分が国家のすべての統治を担うこととしました。

②征夷大将軍（本来は8世紀、蝦夷征服のため臨時におかれた官職ですが、その後、武家の棟梁をさすようになりました）を長とする武家政権のことを幕府と呼びます。もともと中国では出征中の将軍の軍営（戦陣に幕をはった）のことを指しましたが、日本では近衛府の呼び名となり、近衛大将やその居館を意味しました。源頼朝が一時、右近衛大将となったことからその居館を幕府と呼ぶようになり、しだいに定着しました。

③大名が支配する領域とその支配機構のことです。ただし、江戸幕府による公称ではなく、公称されたのは1868年維新政府が大名領を藩と呼んだのが最初です。漢学者たちが中国の諸侯の呼び方（藩王・藩鎮）にならって大名領を藩と呼んだことから普及していったといわれます。

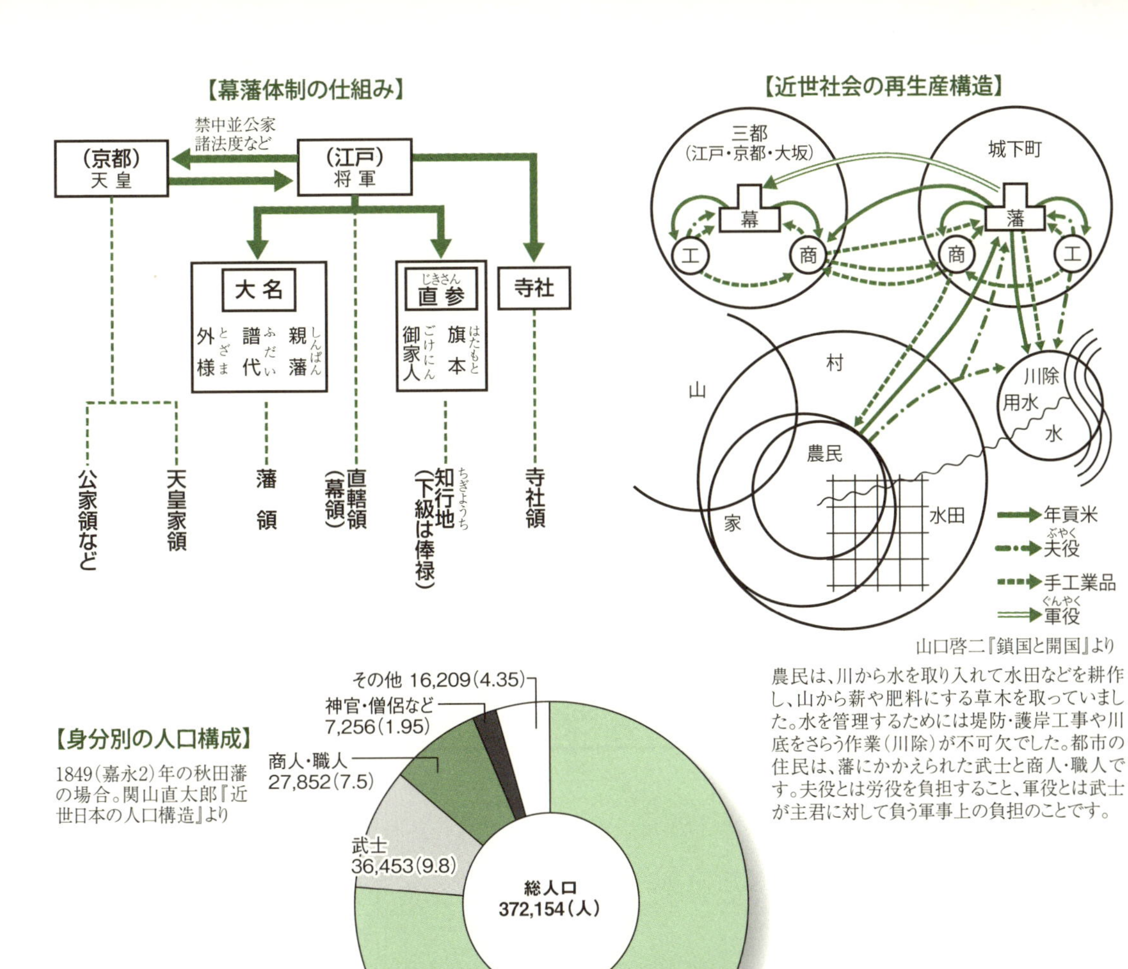

山口啓二『鎖国と開国』より

農民は、川から水を取り入れて水田などを耕作し、山から薪や肥料にする草木を取っていました。水を管理するためには堤防・護岸工事や川底をさらう作業(川除)が不可欠でした。都市の住民は、藩にかかえられた武士と商人・職人です。夫役とは労役を負担すること、軍役とは武士が主君に対して負う軍事上の負担のことです。

【身分別の人口構成】

1849(嘉永2)年の秋田藩の場合。関山直太郎『近世日本の人口構造』より

活用しようとしました。[④]

身分別の社会

兵農分離政策[⑤]によって武士は都市に集住するようになり、商工業者も都市に集められました。各大名の城下町は各地の軍事・政治・経済の中心地となりました。城下町には、区分された身分・格式別に武家屋敷、町屋敷、寺社などが配置されていました。一方、農民は百姓[⑥]として村で暮らし、農業に専念して、さまざまな年貢のほかに、街道筋の宿駅での人馬や土木工事なども、領主(武士)から負担させられました。土地を持つ農民は検地帳に登録され、本百姓として年貢をおさめる義務を負いました。幕府や藩は本百姓を支配の基本として、田畑の売買を禁止し、分地を制限するなどして、その存続をはかろうとしました。年貢などの諸負担は、個々の農民ではなく、村単位に完納の義務を負わせました。村請制と呼ばれるものです。そのため村には、武士のもとで村統治を担う村役人がおかれ、有力な農民がこれにあたりました。

④元禄時代、戦乱のなかでとだえていた天皇即位の儀式(大嘗祭)が221年ぶりに復活され、賀茂葵祭も192年ぶりに再興されました。

⑤戦国時代の武士は農村に屋敷をもち、農業にもかかわりつつ、まわりの百姓を支配していました。豊臣秀吉がすすめた検地・刀狩りと身分法令によって、支配身分としての武士と被支配身分としての百姓・町人の区別が確定しました。武士は農業経営から離れて城下町に住み、百姓は農業生産者として固定され、年貢を負担しました。

⑥もともとは人民一般、つまり万民を意味する言葉でしたが、しだいに農民のことを指すようになりました。

2. 日本をめぐる国際関係

鎖国とキリスト教

江戸幕府は、17世紀半ば以来、海外との通商・交流を極度に制限する政策を基本方針としました。それまで通交のあったポルトガル人・イスパニア人の来航を禁止するとともに[①]、日本人の海外への渡航を全面的に禁止しました。そして、オランダ・中国との貿易だけは、長崎に限定しておこなうこととしました。後に鎖国と呼ばれる対外路線です[②]。それは、キリスト教にたいする厳禁を基本としつつ、幕府直轄のもとで対外貿易を限定的に継続しようとするものでした（オランダ・中国とは外交関係はありませんでした）。

幕府はキリスト教を根絶するために宗門改（しゅうもんあらため）を実施しました。すべての住民がいずれかの寺の檀家（だんか）となり、この檀那寺（だんなでら）がキリスト教徒でないことを帳簿によって証明するという制度です。毎年、定期的に調査をおこなうことから、次第に戸籍調査としての性格をもつようになりました。

①宗教改革とルネサンスの時期を経た西ヨーロッパでは、ポルトガルとイスパニアがカトリックの布教と結びつけてアジアに進出し、活発な活動を展開していました。江戸幕府は最初、キリスト教は禁止しつつ、貿易は奨励する方針をとっていましたが、しだいにキリスト教にたいする禁止体制を強め、プロテスタント国であるオランダ以外のヨーロッパ諸国との貿易・通交を禁止しました。

②「鎖国」という用語は、ケンペル（オランダ商館のドイツ人医師）が著した『日本誌』の一部を1801年、長崎のオランダ通詞志筑（しづき）忠雄が翻訳して、『鎖国論』と題したことにはじまるといわれます。

4つの窓口

外国との公式の窓口は長崎港だけでした。しかし、実際には他にも外への窓は開かれていました。朝鮮にたいする対馬藩、琉球にたいする薩摩藩、アイヌにたいする松前藩の窓口です。朝鮮との通交は豊臣秀吉の侵略以来、断絶していましたが、江戸幕府の初期に国交を回復し、朝鮮から使節が来日しました。その後、将軍の代替わりなどの際に、朝鮮通信使が来日するようになり、使節の来日数は初期のものを含めると12回に及びました[③]。対馬藩は朝鮮貿易を独占する特権を認められ、釜山（プサン）に設置された倭館（わかん）には、藩の役人・商人が駐在していました。琉球には王国があり、中国に朝貢して保護をうける関係をとりつつ、江戸時代の初期に侵入し

長崎の出島を描いた絵。約1.31ヘクタールの扇形の人工島。オランダ商館などが置かれ，貿易はこの島でのみ許されていました(1)

た薩摩藩に支配されていました[4]。琉球は国王の代替わりに謝恩使を、将軍の代替わりに慶賀使を将軍のもとに派遣しました。北方の蝦夷（えぞ）地で暮らすアイヌとの交易は、松前氏の特権とされていました[5]（11ページ参照）。

鎖国体制の揺らぎ

18世紀後半になると、欧米列強が日本に接近するようになります。市民社会の発展、産業革命の進展を背景として[6]、市場や植民地の獲得競争が活発になり、その動きが東アジアに及んできたのです。

ロシアはシベリアに進出し、蝦夷地の周辺に姿を見せるようになりました。このため、幕府でも蝦夷地の調査や千島・樺太（からふと）などの探査に取り組みました。また、ロシアの使節が根室、ついで長崎に来航して通商を求めましたが[7]、幕府はこれを拒否しました。一方、イギリス軍艦が長崎港に侵入する事件が起こり、その後もイギリス船の接近がつづいたため、幕府は事情のいかんにかかわりなく外国船を撃退する方針を打ち出しました（1825年、異国船打払令）。

【海外にたいする4つの窓口】

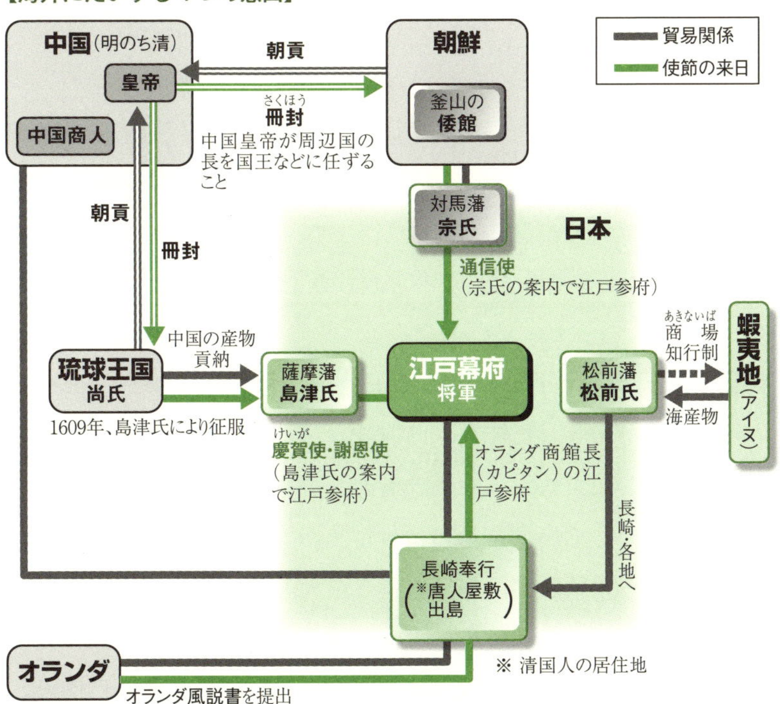

③来日は1607年から1811年まで。一行は平均400人ほどからなり、学者・画家・医者・僧などが随行しました。朝鮮の都・漢城を出発してから江戸に着くまで半年、長いときは9か月近くかかったといいます。儒学者など日本の知識人は使節との交流によって新しい知識を得、沿道の民衆にとっては異国の文物に触れる機会となりました。派遣や送迎・接待には多大な経費を要しました。

④15世紀前半、琉球（沖縄）を統一した琉球王国は、中国との朝貢貿易と東南アジア・日本・朝鮮とをむすぶ中継貿易を展開していました。17世紀はじめ、琉球を征服・支配した島津氏は、王国と中国との関係をそのまま残し、貿易の利益を得ようとしました。

⑤松前藩はアイヌとの交易を独占して水産物などを入手していました。しかし、しだいにアイヌ支配を強め、アイヌ民族は交易よりも漁猟労働を強いられるようになっていきました。

⑥市民革命によって、封建的・身分制的な国家・社会は変革され、市民的な権利と経済活動の自由を保障する社会が実現しました。これを前提に、18世紀中ごろから19世紀前半、イギリスを起点として産業革命がおこり、機械化・動力化と工場制度によって工業が急速に発展しました。

⑦1792年、根室を訪れたラクスマンの使節は、漂流民大黒屋光太夫（だいこくやこうだゆう）（11ページ参照）を幕府側に引き渡しましたが、通商交渉は拒否され、長崎への入港証を受け取って引き揚げました。そこで、1804年、レザノフが長崎に来航しました。

序章　近代までの流れ

3. 経済構造と社会変動

農民の生産活動

正確な人口統計はありませんが、江戸時代の人口の80%ほどが農民だったと考えられます。幕藩体制は、この農民の労働による農業生産を基礎とする社会でした。幕府や藩が新田開発を積極的に推進したこともあって、耕作面積は増大し、農民の自立がすすみました。17世紀後半には、農具や肥料などの農業技術の改良によって生産力が高くなっていきました。商品作物の栽培もさかんになり、各地に特産物が生まれました。[①]

【田畑面積の増加】

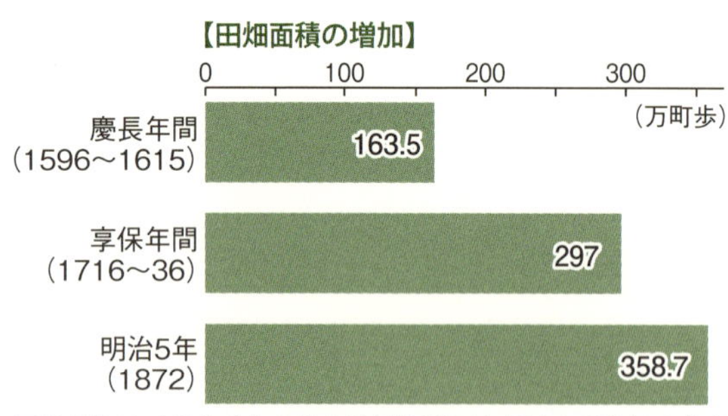

平凡社『日本史料集成』、安藤良雄編『近代日本経済史要覧』から作成

【石高の増加】

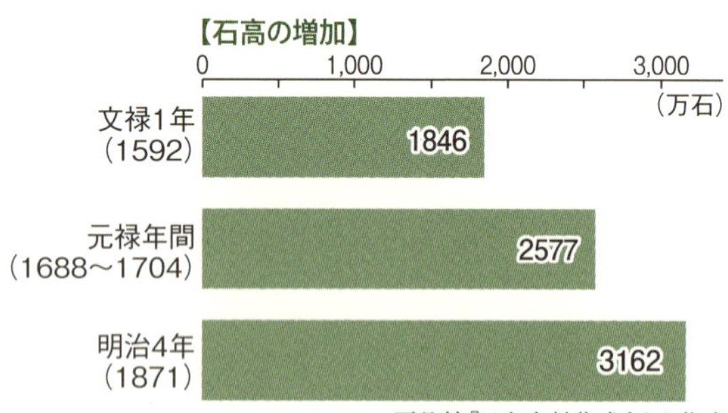

平凡社『日本史料集成』から作成

手工業ははじめ都市が中心でしたが、次第に農村にも広がり、織物業・醸造業・製油業・製紙業や陶磁器・漆器などの特産地が各地にできました。18世紀には問屋制家内工業（問屋が生産者〔農家〕に原料や道具を前貸しし、できあがった製品を引き取る方式で、生産者には加工賃が支払われました）が広がり、19世紀前半には、綿織物業や絹織物業にマニュファクチュア（工場制手工業。1つの作業場に労働者を集め、分業で生産する方式です。技術的には手工業でしたが、協業化がはかられました）があらわれるようになりました。[②]

支配の揺らぎ

商品経済が発展した結果、18世紀後半には農村内部に変化が生まれてきました。村役人などの有力な農民は、年貢を納められない農民にたいして田畑を抵当に貸付をおこない、返済ができなくなった土地を集積して、地主経営を拡大していきました。豪農と呼ばれるこうした農民の中には、農村工業や商業経営などに従事するものもあらわれました。他方、土地を失った農民は小作人[③]と

①たとえば、宇治・駿河の茶、紀州のみかん、出羽の紅花、阿波の藍、備後の藺草（いぐさ）などです。

②たとえば織物業の場合、19世紀半ばには尾張・和泉（いずみ）・桐生（きりゅう）・足利（あしかが）などにマニュファクチュアが広がり、それぞれの織屋は、数人から十数人の労働者を雇って織物を生産していました。

③土地を質入れして借金した農民は、返済できない場合、質を取った地主からその土地を借りて耕作し、小作料（土地の借り賃）を地主に支払いました。

なったり、都市や農村で賃稼ぎをして生計をたてざるを得なくなりました。このような農民層の分化は、本百姓からの年貢収入によって成り立つ社会の基礎を揺るがすものでした。また、都市での商品需要の増大は、物価の上昇をまねき、幕府や藩の財政を悪化させていくことになりました。

一揆と打ちこわし

江戸時代の農民は、年貢や諸役の負担にたえきれないとき、領主にたいして直接行動をおこし、要求を実現しようとしました。百姓一揆（いっき）です。17世紀後半の一揆は、村役人が村民を代表して領主に直訴（じきそ）するものでした。その後、大勢の農民が集団で領主に強訴（ごうそ）する一揆が主流となり、17世紀末には藩全体に及ぶ一揆や、藩を越える一揆もみられるようになりました。18世紀後半には、財政悪化にたいして幕府や藩が年貢の増徴や新しい税の賦課、専売制の実施などを打ち出したため、農民の負担が強まりました。さらに大飢饉（ききん）が農民を窮迫させました。④こうしたなかで一揆は増加の一途をたどりました。

他方、農民層が分化した結果、豪農と没落した農民との対立が深まり、村役人の不正などを追及する村方（むらかた）騒動が増えました。さらに、19世紀前半から幕末にかけ、下層農民が豪農・特権商人にたいして、小作地・質地の返還、特権反対などを求める実力行動をおこし、要求が入れられない場合には屋敷などを打ちこわしました。その行動に世直しをもとめる願望がこめられていたことから、⑤世直し一揆と呼んでいます。また、都市でも、飢饉や米価高騰による生活難から、都市貧民層が打ちこわしをおこしました。

④天明（てんめい）年間には、1783年浅間山の噴火と降灰被害、冷害凶作、1786年の冷害凶作などによって、関東・東北地方が飢饉にみまわれました。餓死者・疫病死者は13万人に及んだといわれます。また、1833年と35～37年の冷害凶作を中心とする天保の飢饉でも、多数が餓死・疫病死し、大量の飢民（きみん）・流民が生まれました。

⑤一揆の参加者たちは、自分たちの行為は世直しの神にかわっておこなうものだなどと主張して、打ちこわしを正当化しました。また、「世直し」などと記した旗や幟（のぼり）を押し立てて行動しました。そこには、一揆は私利私欲のためではなく、「万人」のため、「世直し」のためだという意識がみとめられます。

【10年ごとにみた百姓一揆の1年平均発生件数】

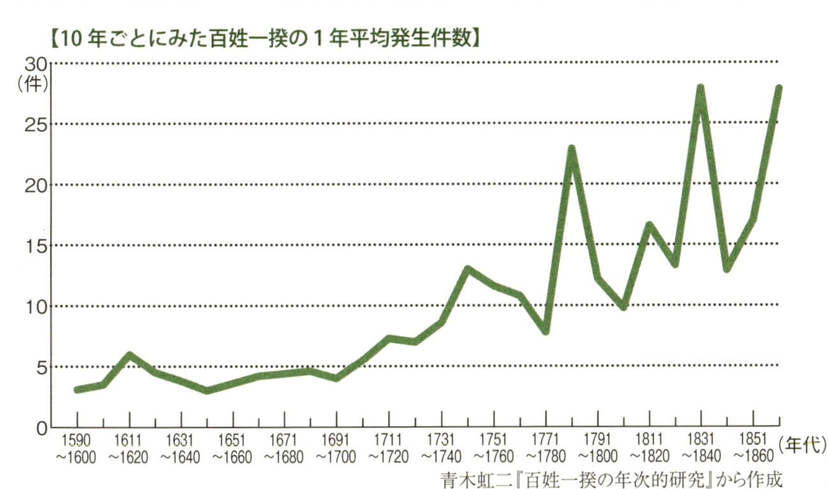

青木虹二『百姓一揆の年次的研究』から作成

序章　近代までの流れ

4. 民衆の生活と文化

家と家族のかたち

近世の武士・農民・町人は、一般にはそれぞれの家名・家産・家業をもつ家を単位として暮らしていました。家は5～8人前後で構成され、夫婦と子どもからなる小家族が中心でした。それぞれの家は家長である当主（原則として男性）を中心に編成され、家長は強い権限をもっていました。一般に長子が相続する仕組みとなっていたため、女性や次男以下の男性は低い地位におかれていました。近代とは異なって村・町が統治を請負う仕組みだったため、領主は村・町を仲立ちとして農民・町人の家を把握していました。庶民は私的に苗字を称することはありましたが、公称は禁じられていました。

【藩校と私塾】

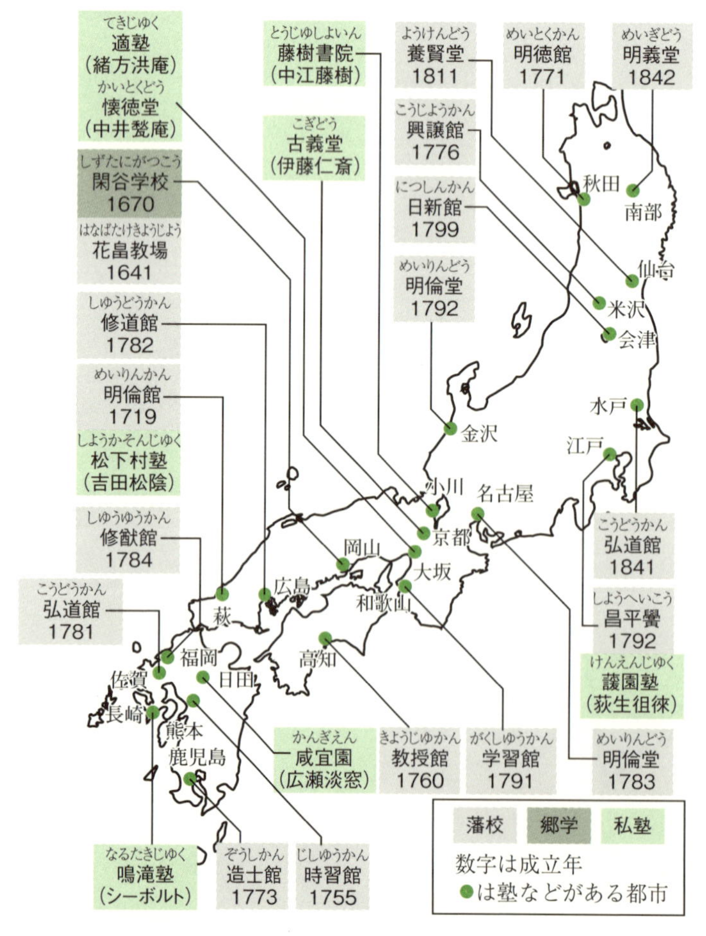

教育と学問の広がり

村請制（4ページ参照）のもとでは、年貢・諸役の賦課・上納の実務や御触の伝達などは、文書でおこなわれました。したがって、村請制が成り立つためには、村の側に読み書き計算の能力がある人がいることが前提でした。また、識字・計数能力は家業や生活を営むために必要でした。商品経済が広がると、技術や情報を入手・活用するため、民衆の教育要求が高まり、読み書き・そろばんを教える寺子屋が増加していきました。

幕藩体制を支えるための武士の学問であった儒学は、次第に庶民の中にも普及し、武士の子弟を教育する藩校とは別に、郷学や私塾が開かれるようになりました。18世紀半ばには、日本の古典から日本古来の精神を明らかにしようとする国学[①]がおこり、本居宣長によって大成されました。平田篤胤の国学は農村の有力者に広く受け入れられ、幕末の尊王攘夷運動（15ページ参照）に大きな影響を及ぼしました。他方、オランダを通じて入ってきた西洋の学問は蘭学として発達し、医学や科学技術の発展を大きく促しました。

①日本固有の道を明らかにしようとする国学によって、天皇を尊ぶ尊王思想が各地の神官や豪農の間に広がり、それが儒学や幕府政治への不満と結びついていきました。

文化のすそ野

17世紀前半の寛永文化の中心は、京都の上層町衆でした。これにたいして、17世紀後半以降の元禄文化は、大坂の新興町人の経済活動を基盤として花開きました。さかんな出版、俳諧や人形浄瑠璃・歌舞伎の流行などが特徴を示しています。その後、19世紀初めの文化・文政年間に文化はさらに盛んになりました。文化の中心は上方から江戸に移り、担い手は中央から地方へ、上層から下層へと広がりました。庶民の日常生活や風俗を描いた本が幅広い読者を獲得し、茶の湯や生け花などが庶民の世界にも浸透しました。俳諧・和歌・漢詩などの創作・交流活動や歌舞伎などの芸能興行は地方にも及びました。幕府の出版統制を超えて、町や村にはさまざまな書物が流通し、読者層が格段に広がって、読書会なども生まれました。その背後には、寺子屋教育の普及（12ページ参照）によって支えられた高い識字率がありました。

江戸を代表する地本問屋・書物問屋となった蔦屋重三郎が出版した洒落本『仕懸文庫』（右）。重三郎は『東海道中膝栗毛』（左）で有名な十返舎一九も育成しました（2）

近世日本の国際情報

近世の日本は鎖国によって海外との交流がとざされていたと思われがちです。しかし、非常に限定されてはいましたが、海外の情報は４つの窓口を通じて入ってきていました（5ページ参照）。幕府公認の貿易港長崎には、オランダ船･中国船（唐船）が出入りし、異国のモノと同時に、さまざまな情報をもたらしました。幕府はオランダ船と中国船にたいし、海外情報を長崎奉行に提出させていました。オランダ風説書・唐船風説書と呼ばれるものがそれで、翻訳文が長崎奉行を通じて幕府に提出されていました。こうして、幕府は定期的にまとまった海外情報を入手していましたが、公開はされず、一部の担当者・関係者しか知りえませんでした（ただし、実際にはかなり漏洩していたともいわれます）。風説書は時とともに次第に簡略になり、形式化していきました。しかし、アヘン戦争が起きると海外情報への関心が高まり、1842年からはこれまでの風説書とともに「別段風説書」が提出されて、詳細な海外情報をもたらしました。このほか、薩摩は琉球王国を通じて中国・東南アジアとつながり、琉球は中国情報のルートとなっていました。また、対馬からは朝鮮王朝との、松前からはアイヌとの交易を介して、関係方面の情報が入ってきました。

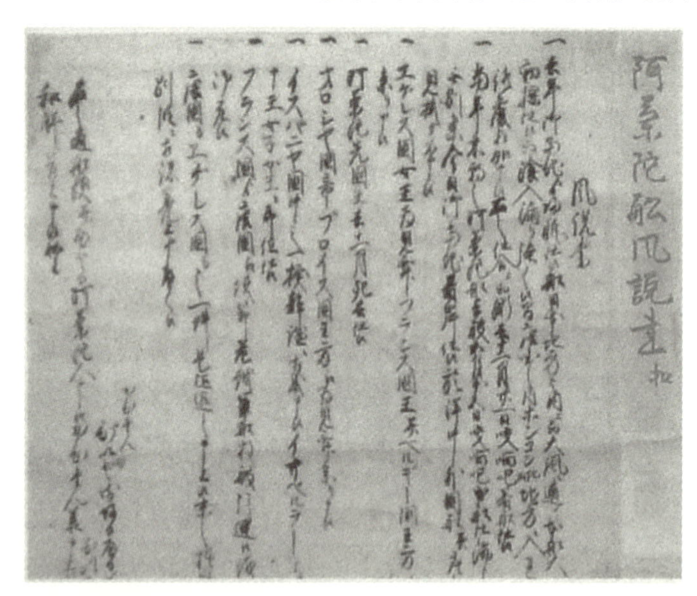

オランダ風説書(3)

一方、海外に出て行って直接に情報を入手することは不可能でしたが、たまたま漂流した日本人や漂着した外国人からは、海外の情報がもたらされました。漂流者が送還された場合、漂流にかんする調書にはその異文化接触の経験が記録されて、海外にかんする貴重な情報源となりました。大黒屋光太夫がもたらしたロシア情報は『北槎聞略』（1794年）にまとめられました。また、中浜万次郎（ジョン・マン）、浜田彦蔵（ジョセフ・ヒコ）はアメリカで教育を受け、開国期に帰国して、通訳・翻訳などで活躍しました。とくにヒコはアメリカ市民となって、大統領とも会見しています。

近世民衆の教育要求と寺子屋

子弟の教育は耕作と同じだ。大根を太らすには米糠を用い、漬菜を繁茂させるにはフスマを用いるように、それぞれの目的に応じ、種に応じなければならない。

船津伝次平（4代目）。父親の3代目（左記）のあとをうけ、九十九庵で教えました(4)

上州赤城山の麓にあった九十九庵（つくもあん）という寺子屋の師匠、船津伝次平（ふなつでんじべい）はこんなふうに述べています。教育は、一人ひとりの子どもの個性や発達段階に応じなければならないというのです。

彼の「弟子記」には、弟子一人ひとりの必要性に応じたカリキュラムが記されています。彼は、1838年から72年まで、35年にわたって150人の寺子に教えたといいます。年齢は7～15歳ぐらいで、1863年の場合、在籍していたのは30人。15人が寺子屋のある村の子どもたちで（他は近隣の村々）、これは同年齢の子どものほぼ5割だといいます。

近世の庶民は、寺子屋で文字の読み・書きを学んでいました。寺院の師弟関係から始まったため寺子屋という名称がついていますが、「手習」といった呼び方が一般的だったといいます。寺子屋では、師匠が字突棒（じつきぼう）を使って素読（そどく）（読み方）を指導したり、「お手本」（往来物）にならって練習帳の「草紙」に文字を書いて覚えたりしていました。教科書にあたる往来物には、生活に必要な実践的な知識や社会で重視されていた道徳が記されていました。子どもたちの年齢はばらばらで、大きな子が小さな子の師匠がわりをつとめることもありました。一せい教授ではなく、年齢、学習進度、子どもの必要性に根ざした教育内容に応じた個別教授が中心でした。机（天神机（てんじん））の向きもばらばらでした。都市部の師匠には、町人や家計が苦しい武士が多く、農村部では、僧侶、農民、神職、医師などが師匠をつとめていました。文字の読み書き、基礎的な学力の習得、人格の形成を中心に、それぞれの子どもに見合った学習カリキュラムが組まれていたようです。

近世は、生業がイエの相続によって決まる身分制の社会ですから、勉強によって立身出世しようという意識が生まれにくかったといえます。しかし、他方で近世は、文字・文書が重要な役割を果たす社会でした。村請制のもとでは、村の指導者にとって文字の読み書き能力は不可欠でした。

さらに、商品経済が広がると、都市では貨幣の計算、各種帳簿の記載、判読が必要になりました。農村でも、農業生産・農間（のうかん）余業で読み書き・算用の必要性が高まりました。また、村政への参加要求や、文化的な欲求の高まりをはじめ、社会的な活動・交流の広がりが人々の学習意欲をかきたてたといえます。加えて、近世後期には出版技術の発達によって多くの書物が出版され、文字文化が発達して、人々は読書を楽しむようになりました。こうして、寺子屋への就学率が高まり、庶民の識字率も高くなっていきました。それが、農民文化・地方文化の展開を支えることとなりました。

寺子屋を描いた渡辺崋山「一掃百態」(5)

第1章　開国——社会変動の序幕

1. 国際情勢と日本開国

国際関係への編入

1853年6月、アメリカ東インド艦隊司令長官ペリーの「黒船」が、江戸湾の浦賀沖に姿を現し、幕府に開国を迫りました。その背後には、市場獲得にむけてアジアに進出する欧米列強の動きがありました。アメリカは中国貿易でイギリスを追い上げるため、太平洋を横断する航路を開こうとし、その寄港地として日本に開港を求めました①。また、遭難した捕鯨船の乗組員の保護と燃料・食料の補給を要求しました②。

いったん去ったペリーは、翌年、回答を求めて再び来航しました。幕府はその圧力の前についに開国を決断し、日米和親条約を結びました。下田・箱館（はこだて）の開港、燃料・食料・水の提供、領事の駐在、難破船員の保護と最恵国（さいけいこく）待遇③を認めたのです。つづいてイギリス・ロシア・オランダとも同じような条約を結びました。

和親条約にもとづいて来日したアメリカの総領事ハリスは、イギリスなどが武力で通商を迫る前にアメリカと条約を結んだ方が得策だと幕府側を説得しました。幕府は1858年、日米修好通商条約に調印し、続いてオランダ・ロシア・イギリス・フランスとも

①当時の蒸気船の性能では、太平洋を横断するために、途中で石炭を補給することが不可欠でした。

②当時、アメリカは世界有数の捕鯨国で、オホーツク海から北極海のあたりまで進出し、日本近海にも捕鯨船が来ていました。

③条約を結んでいる相手国にたいして、他国にその条約よりも恩恵的な待遇を与えた場合、それと同等の待遇を与える取り決めです。相手国は一番有利な条件を自動的に手にいれてしまうことになります。

【開国前後の世界とペリーの航路】

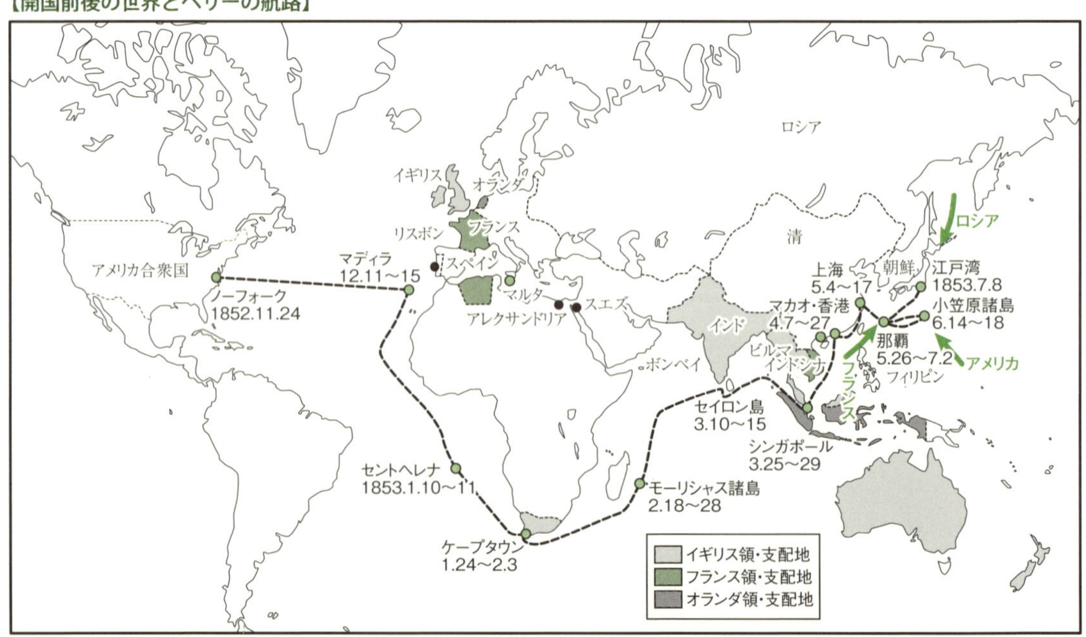

（注）河出書房新社『日本歴史大辞典』別巻、日本史地図、雄松堂出版『ペリー日本遠征日記』（新異国叢書第Ⅱ輯Ⅰ）などをもとに作成

黒船来航を描いた絵(6)

同様の条約を結びました（五か国条約）。その結果、神奈川（横浜）・長崎・新潟・兵庫を開港し、江戸・大坂を開市することとなりました。条約は、在留外国人の領事裁判権を認め[4]、関税の税率は協定で定めるとする など（関税自主権の放棄）、著しく不平等なものでした。こうして、日本はついに開国して、世界の大きなうねりに巻き込まれていくことになりました。

④日本に在留する外国人が日本で罪を犯したとき、日本在留のその国の領事が本国の法律によって裁判する権利です。

「文明国」の国際秩序

1840年、イギリスが密輸出していたアヘンを中国（清）側が没収し、廃棄したことを直接のきっかけとして、イギリスと清の間でアヘン戦争がおこりました。1842年、清がこの戦争に敗れたことから、東アジアではイギリスを先頭とする欧米列強の圧力が強まり、欧米中心の国際秩序に従属的に編入されていく時代が幕を開けました。欧米強国が作り上げた国際秩序は「万国公法」秩序、あるいは国際法秩序とよばれています[5]。この秩序は、19世紀半ば以後、欧米が非欧米地域に侵出するにつれて世界的な秩序となり、東アジアにも及ぶことになったのです。

⑤三十年戦争の後始末のため、1648年に開かれたウェストファリア国際会議で、ヨーロッパにおける国際関係の基礎はつくられたといわれます。そのポイントは、国家主権という考え方、国際法の原理、バランス・オブ・パワーの政策の3つでした。

近代のヨーロッパ人は、世界を文明国、半未開国、未開の3つに区分しており、文明国とは欧米のキリスト教国のことであったといいます（井上勝生 2006）。主権国家である文明国同士の関係は、自主自立で対等なものと考えられました。ところが欧米は、トルコ・ペルシア・中国・日本などの半未開国については、法律はあるものの、文明国の法としてはこれを認めず、領事裁判などによって主権を制限しました。不平等条約の強制です。さらに、未開の地域は「無主」の地と見なし、最初に発見ないし開拓した文明国が占拠してもよいとしました。こうして、ヨーロッパが世界を従属させ支配するシステムを合理化していたのです。「万国公法」の理論を吸収しようとする動きは、幕末維新期の日本でも強まりました。

第1章　開国──社会変動の序幕

2. 尊王攘夷から倒幕へ

政争の激化

ペリーが最初に来航した直後、老中阿部正弘はこれを朝廷に報告するとともに、諸大名に意見を求めました。朝廷（天皇）は幕府に「大政」を委任しており、また、各大名の権限はその支配領域内に限られていたので、本来、外交は幕府の専決事項でした。幕府は黒船の威力で開国を迫られるという重大な事態に直面して、これまでの慣例を破ることになりました。一方、有力大名たちは幕府政治の改革を求めて、人望の高い一橋慶喜を将軍家定の跡継ぎに押し立て、紀州藩主徳川慶福をおす井伊直弼らの譜代大名と対立しました。しかし、伝統的な支配の強化をねらう井伊は大老に就任し、勅許（天皇の許可）を得ないまま日米修好通商条約に調印するとともに、慶福を跡継ぎに定めて反対派を弾圧しました（安政の大獄[①]）。条約の調印は朝廷と幕府の意見対立をひきおこし、勅許を無視した幕府を攻撃する尊王攘夷運動が激しさをましました[②]。1860年3月、井伊は水戸藩の尊王攘夷派に暗殺され、幕府の独裁をはかろうとする道は挫折しました（桜田門外の変）。

フランス軍が占拠した下関の大砲(7)

①梅田雲浜・橋本左内・吉田松陰らが獄死ないし死罪となりました。関連して100人以上が処罰されたといいます。

②天皇を尊崇する尊王論と、外国を打ち払えとする攘夷論は、ともに儒教にもとづく思想で、本来は幕府批判の思想ではありませんでした。しかし、幕府が天皇の意に反して開国したことから、この両論は結びつき、幕府批判の運動を激しくさせていきました。

尊王攘夷運動

幕府は公武合体政策をすすめ、天皇・朝廷の権威を利用して、再び幕府の支配を強めようとしました。老中安藤信正は、孝明天皇の妹和宮を14代将軍家茂の夫人に迎えましたが、尊王攘夷派の志士に襲われて負傷し、失脚しました。長州・薩摩両藩などでも、尊王攘夷派をおさえて公武合体が藩論として採用されました。しかし、やがて長州藩では尊王攘夷派が藩の主導権を握るようになり、京都の公家と結んで幕府に攘夷の実行を迫りました。その結果、幕府は1863年5月10日を攘夷実行の日とすることを朝廷に約束しました。当日、長州藩は下関海峡を通過する外国船を砲撃しました。これにたいし8月18日、公武合体派の公卿・諸侯らは、会津・薩摩両藩の兵力によって、尊王攘夷派の公卿7人と、長州藩を中心とする志士を京都から追放しました。

生麦事件当時の生麦村(東海道)(8)

倒幕へ

1864年、長州藩は京都に兵を向けましたが、薩摩藩・会津藩などの兵士と戦って敗れました(禁門の変)。幕府は第1次長州戦争をおこし、また、イギリス・フランス・アメリカ・オランダの4国連合艦隊は、外国船砲撃にたいする報復として下関を攻撃しました。[③] これにたいし長州藩は尊王攘夷派を罰して幕府に謝罪しました。しかし、攘夷が不可能であることを悟った尊王攘夷派は、やがて藩の実権を握り、開国倒幕へと藩の方針を転換させました。1865年1月、藩の指導権を握った高杉晋作らは、農民・町人なども含めて結成した奇兵隊[④]以下の諸隊の軍事力を背景に、開国倒幕の方針を打ち出していきました。

一方、1863年の薩英戦争[⑤]でイギリスと戦った薩摩藩でも、軍備充実のためイギリスに接近する動きが強まり、下級武士が実権を握って藩の方針を倒幕に転換させました。こうして薩長両藩は、1866年1月、坂本龍馬らの斡旋(あっせん)によって提携を成立させました(薩長同盟)。

③下関砲撃事件。イギリス9隻、フランス3隻、オランダ4隻、アメリカ1隻、計17隻の軍艦が下関の砲台を攻撃し、陸戦隊2,000人が下関一帯に上陸して長州藩側の砲台などを破壊・占領しました。

④奇兵とは、藩の正規兵(正兵)にたいする呼び方です。1863年に結成され、隊員は武士と農民・町人が約半数ずつで、身分にとらわれず、力量を重視して編成されていました。

⑤前年8月、薩摩藩主の父島津久光一行が江戸から帰る途中、神奈川近郊の生麦(なまむぎ)村(横浜市鶴見区)で藩士がイギリス人を殺傷する事件が起こりました(生麦事件)。イギリス側は幕府に謝罪と賠償金、薩摩藩に犯人の処刑と賠償金を要求しましたが、薩摩藩が応じなかったため、イギリス艦隊7隻が鹿児島を砲撃し、薩摩藩と交戦しました。

第1章　開国――社会変動の序幕

3. 民衆意識と民衆運動

経済変動と民衆生活

五か国条約調印の翌年、横浜・長崎・箱館の３港で貿易が始まりました。外国商社は条約によって日本内地での活動を禁止されていたため、取り引きは外国人が居住・営業を認められた居留地でおこなわれました。輸出の中心は生糸・茶でした。[①] 輸出の増大は、国内の物資の不足を招き、価格を騰貴させました。幕府は五品江戸廻送令を出して、雑穀・水油（菜種油など）・蠟（ろう）・呉服・生糸の５品を産地からいったん江戸に回送させ、市中の需要にこたえようとしましたが、成功しませんでした。他方、機械制の大工業で生産された安価な欧米の綿織物や毛織物などが流入してきました。

①第1位の生糸が輸出額の50〜80％、第2位の茶が5〜17％を占めていました。

【幕末の貿易】

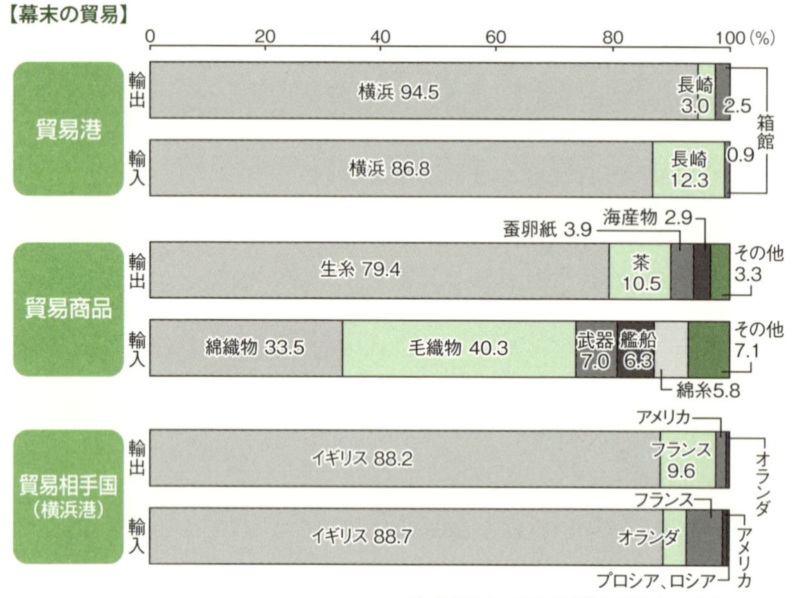

いずれも1865年。石井孝『幕末貿易史の研究』による

国内の銀価格にたいする金価格が欧米より低かったため、おびただしい量の金貨が海外に流出し、かわって低位の洋銀が流入しました。[②] 幕府は幣制改革によってこれに対処しようとしましたが、かえって混乱を招き、物価をはねあがらせました。こうして、開港による経済的変動は、下層の農民や都市民の没落に拍車をかけていったのです。

②安政の条約によって、外国貨幣が自由に日本国内で流通し、内外の貨幣は同種同量で交換されることになりました。当時、東アジアで国際通貨となっていたのは洋銀＝メキシコドルで、国際的な金銀比価は1対15でした。しかし日本国内の金銀比価が約1対5だったため、外国商人は銀貨を持ち込んで金貨である小判と交換してばくだいな利益をあげていました。

「世直し」と打ちこわし

開港後の経済的、政治的な変動の中で、「世直し」を求める一揆や打ちこわしが激増し、1866年には最高潮に達しました（佐々木潤之介 1979）。この年６月、幕府は第２次長州戦争を開始しましたが、民衆への負担は物価騰貴とあいまって騒動、打ちこわしを引きおこしていきました。6月13日夜、武州秩父郡名栗村（現在の埼玉県飯能市）などの農民たちは、飯能川原に集まり、翌日、飯能宿に押し掛けて、穀屋4軒を打ちこわしました。これに端を発した一揆は、またたくまに関東西北部一帯に広がって、1週間のうちに武蔵国15郡、上野国2郡で、高利貸・外国貿易商・米屋などの豪農商 520軒余を打ちこわす騒動へと発展していきました。結局、幕府は将軍家茂の死を理由に第2次長州戦争を中止せざるを得ませんでした。

ええじゃないか

1867（慶応3）年、薩摩藩の西郷隆盛・大久保利通、長州藩の木戸孝允、公家の岩倉具視らは、武力で幕府を倒す計画をすすめました。これにたいして土佐藩は、将軍による大政奉還（政権を朝廷に返上すること）を計画していました。

一方、この年8月、東海地方に伊勢神宮のお札がふったことから、喜んだ民衆は仮装して「ええじゃないか」と唄いながら乱舞し、金持ちの家に上がり込んでは飲食するなどの行動をおこしました。③この「ええじゃないか」は夏から秋にかけて、近畿・四国から関東に及ぶ広い地域に波及していきました。逆にこの年、一揆・打ちこわしは激減しました。

「ええじゃないか」を描いた絵(9)

「ええじゃないか」が繰り広げられているさ中の10月14日、将軍慶喜は大政奉還を申し出、政権を朝廷に返上することによって政権の延命をはかろうとしました。他方、同日、討幕の密勅を得た倒幕派は、朝廷の実権を握って12月9日、王政復古の大号令を発しました。④こうして、幕府から権力を奪って、天皇を中心とする新政権が誕生することになりました。

徳川慶喜が諸藩の重臣に大政奉還について諮問した際の様子を描いたとされる絵(10)

③「ええじゃないか」については、前年までの世直し一揆・打ちこわしが激減したことから、幕藩体制にたいする抵抗を弱めたとする見解がある一方、逆に世直し要求をひきついだ世直し運動の変型だとする評価があります。また、討幕派の政治的活動を隠蔽する役割をはたしたという見方もあります。

④王政復古の大号令は、出だしのところで「癸丑」つまり1853年のペリー来航以来、「未曽有の国難」がおとずれたと述べています。そして、外にたいしては国威を挽回する、つまり失われた威信を回復するのだと宣言しています。

column

幕末維新期の外圧と民族的独立

19世紀後半、欧米列強諸国がアジアに迫ってきました。その圧力の下で、インドが植民地化され、中国が半植民地化されていったにもかかわらず、日本は明治維新によって独立を維持しました。では、インド・中国と日本との違いはどこにあったのか。日本に植民地化の危機はあったのか。幕末・維新期の外圧をどう評価すべきかをめぐって、歴史学では1950年代はじめに論争がおこり、60年代にはさらに活発な議論へと発展しました。

明治維新が可能だった理由は、①列強の勢力が均衡していたからだという説、②列強は産業資本主義の特殊な段階にあり、植民地獲得に熱心でなかったからだという説、③列強は中国市場を重視しており、日本市場は軽視されていたからだという説、④半植民地化の危機があったにもかかわらず、国際的・国内的な反侵略闘争がそれをはねのけたからだという説などから説明されています。このうち、とくに②③の立場と④の立場との間で論争が展開されました。②③が独立の危機はなかったとするか、弱かったとするのにたいして、④は独立の危機を強調するからです。

「インドを植民地化した17世紀のイギリスの対印外交と、19世紀5、60年代の対日外交の性格を同一視して、わが国の独立の危機を、当時の国際環境に直ちに想定することは誤りである」（遠山茂樹）と主張する②の見解を、④は「欧米列強は日本を半植民地や従属国にする（中略）意図をもって日本にのぞんでいた」（井上清1951）と主張して、厳しく批判しました。他方、④をうけて維新期の外圧に「半植民地的分割化の危機」を見る説（芝原拓自）が提起されたのにたいして、②は「列強が東アジアを世界市場に組み入れる場合、まず中国が拠点とされ、それを足場に外圧は日本に及んだ」、「1860年代後半から70年代にかけて、東アジアにたいする外圧が若干ゆるんだ」（遠山茂樹）と批判しました。また、③も資本主義列強が中心的な市場として狙っていたのは中国であり、日本は列強から重要視されていなかったと論じました（石井孝1993）。

イギリス支配にたいするインドの大反乱（1857年）を描いた絵(11)

列強による半植民地的分割の危機があったとして、イギリス・ロシア等の侵略性を強調するのか、19世紀半ばの時期には外圧が緩和したとして、「半植民地化の危機」は幻想だと考えるのか、そこには国際情勢と変革主体のあり方にかんする鋭い対立がありました。

しかし、近年、こうした論争は後景に退き、列強側の政治的・軍事的な意図や条件を列強側の史料から解明しようとする研究が重ねられてきています。いずれにしても、こうした問題を解き明かすためには、幕末維新期の志士や政治家がいだいていた危機意識と、国際的な危機の実態との、双方からの解明が必要だといえます。前者の強調だけでは、意識や主張から実態を結論づけてしまう主観的な見方に陥りかねません。逆に後者の一面化は客観主義に傾斜して、当時の政治運動の実相を見えなくしてしまう危険性をはらんでいるからです。

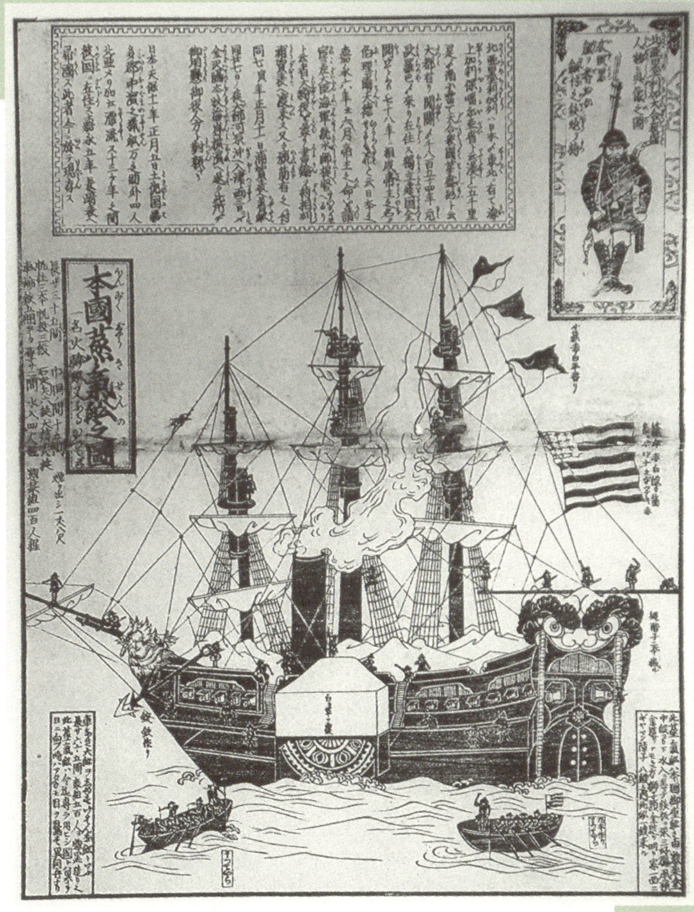

黒船を紹介した瓦版(12)

幕末の情報流通──風説留と瓦版

下総国結城郡菅谷村（現在は茨城県八千代町）の大久保家には、『異国沙汰・勝手の噺』『筆熊手─亜美利加・魯西亜二国書翰　全実秘』などと題された6冊の冊子が残されています（岩田みゆき 2001）。そこに記されているのは、嘉永6年から7年にかけての異国船来航とこれにたいする警備状況などの情報です。情報の形は御触・書状・風聞・日記・建白書などさまざまで、入手先は武士、学者、近隣の文化人や商人、親類・縁者など、広い範囲にわたっています。ペリー来航に強い関心を抱き、精力的に情報収集活動を展開していたことがわかります。

大久保家は同地の有力農民ですが、同じようにこの時期、各地の豪商・豪農は、政治情報・書簡などを筆写・転写した記録を多数残しています。現在、「風説留」と総称されているものがそれです（宮地正人 1999、落合延孝 2006）。それは、当時の人々の情報への関心の高まりを示すとともに、緊密な情報ネットワークが存在していたことを物語っています。地域を越えた経済活動の展開や文化的なネットワークの広がりがその背後にはありました。実際、「黒船」来航の情報は、私たちの予想を越える速さで各地に伝わっていたのです。

一方、庶民にたいしては、瓦版などが情報を伝えました。瓦版は火事や天災など社会的事件を伝える庶民の情報源となっていましたが、「黒船」来航は瓦版の格好の素材となりました。ペリーの来航直後から相次いで売り出されています。1853年から54年にかけて、江戸市中では約400種の瓦版が売られたのではないかと推測されています（田中彰 1991）。主な内容は、黒船そのもの、ペリーら外国人の肖像、幕府とペリー一行との献上品のやりとりの様子、幕府・諸藩の黒船来航への対抗策、政治風刺・幕府批判などです。瓦版は速報性と量産に特徴があり、正確さよりも読物としての面白さを主眼としていました。

第2章　明治維新——改革と近代化

1. 改革政策と社会状況

新政府の成立

王政復古の大号令によって、天皇①を押し立てた新しい政権が京都に成立し、武力による倒幕をすすめました。幕府側は対抗しましたが、新政府軍はこれをやぶり、戦争は約１年５か月で終わりました（戊辰戦争②）。戦争中の1868年３月、天皇が神に誓う形式をとって、新政府は５か条の基本方針を明らかにし、公議輿論の尊重、開国和親の重視などを打ち出しました（五箇条の誓文）。しかし、同時に幕府の高札に代えた５枚の立て札の中で、幕府と同様、儒教道徳をすすめ、徒党・強訴・逃散とキリスト教を禁止することを明らかにしました③。つづいて閏４月④、古代の制度にならって太政官制を定め、新政府の仕組みを固めました。９月には年号を明治にかえて、天皇一代は同じ年号をもちいる制度にかえました⑤。近世の幕藩体制を解体し、近代の天皇制国家を成立させていった政治変革・社会変革の過程を明治維新と呼んでいます⑥。

中央集権への道

新政府の実権を握ったのは、薩摩・長州・土佐・肥前などの藩を代表して活動していた武士たちでした。彼らは藩を廃止して権

①明治天皇は、当時、まだ満15歳でした。

②1868（慶応4）年1月、幕府側は鳥羽・伏見の戦いで薩長連合軍に敗れました。新政府側は征討の軍を江戸に向け、4月には江戸を開城しました。東北と北越の諸藩は対抗しましたが、新政府軍は9月これをやぶり、さらに翌年5月、箱館で抗戦をつづけていた旧幕府軍をやぶりました。

③欧米各国からの抗議をうけて、1873年、政府はキリスト教禁止の高札を撤廃し、黙認することにしました。

④太陰太陽暦を用いていたため、この年は4月のつぎに「閏4月」があり、1年が13か月でした。

⑤一世一元制と呼んでいます。それまでは、天皇の即位時だけでなく、めでたい出来事のしるしがあったときや、災害などの異変がおこったときなどに、しばしば元号（年号）が改められて

【中央官制の変遷】

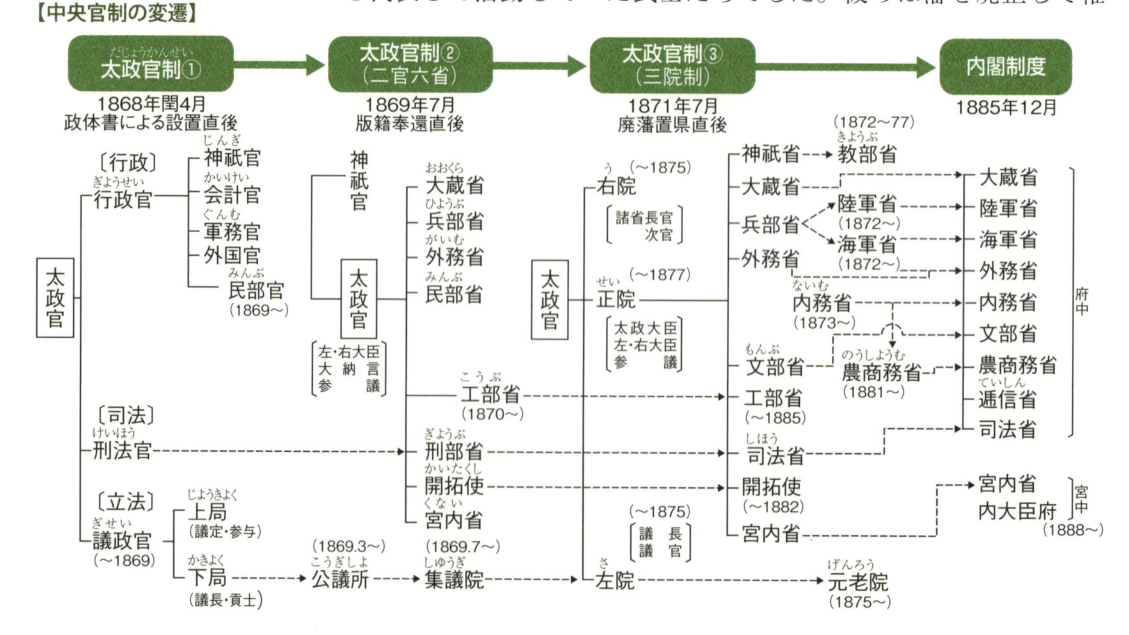

力を中央の政府に集める必要があると考え、1869年1月、出身藩の4藩主にはたらきかけて、版（土地）と籍（人民）を朝廷に返すことを申し出させました（版籍奉還）。ほとんどの藩主もこれにつづき、政治的・軍事的な権力が朝廷のもとに集められました。つづいて新政府は、薩長土3藩の兵士合計1万人を政府直属の軍隊とし⑦、この軍事力を背景に1871年7月、廃藩置県を断行しました⑧。261の藩は廃止され、府県を基礎とする中央集権的な権力が成立しました。大改革だったにもかかわらず、目だった反対はありませんでした。すでに戦乱のなかで藩の財政は破綻（はたん）し、とくに小藩では藩の存立そのものが脅かされていました。しかも、新政府の成立前後、いったん少なくなっていた一揆・打ちこわしの勢いはふたたび高まり、不平士族の不穏な動きとあいまって、支配体制を揺さぶっていたからです。

いました。ちなみに、幕末、孝明天皇が在位した20年間には、7つも元号が使われています。

⑥始期・終期には諸説があり、開港から西南戦争までとすることが一般的ですが、始期を天保改革のころまでさかのぼる見解もあり、最近は、終期について、日清戦争まで含めようとする考え方も出されています。

⑦翌年、近衛（このえ）兵と改称され、天皇の護衛が任務となりました。

⑧1868年、新政府は没収した幕府領などを直轄地とし、府・県をおきましたが、藩は従来どおり各大名に治めさせていました。

諸改革の推進

新政府は、1869年、公家・大名を華族、武士を士族、農工商の人々を平民としました。平民にも苗字の使用を認め、異なる身分の間の結婚や職業・居所を自由としました。1871年には戸籍法を定め、国民すべてを戸籍に登録する仕組みを固めました。徴兵令によって、これまで軍事とは無縁だった国民にも兵役を義務づけました。他方、士族の役割を否定して、まず家禄の返還を希望するものには数年分の公債を与えて部分的に家禄を廃止し、その後、金禄公債を交付して家禄を全廃しました。農民に対しては、田畑への作付の自由を認め、田畑売買の禁止を解いて地券を交付し、土地の所有権を認めました。1873年には土地調査を実施し、地価を算定して土地所有者に豊凶にかかわりなく地価の100分の3の地租の納入を命じること、納入は金納とすることを決定しました。この地租改正によって政府は毎年定額の地租を現金で徴収することができるようになりました。

地券(13)

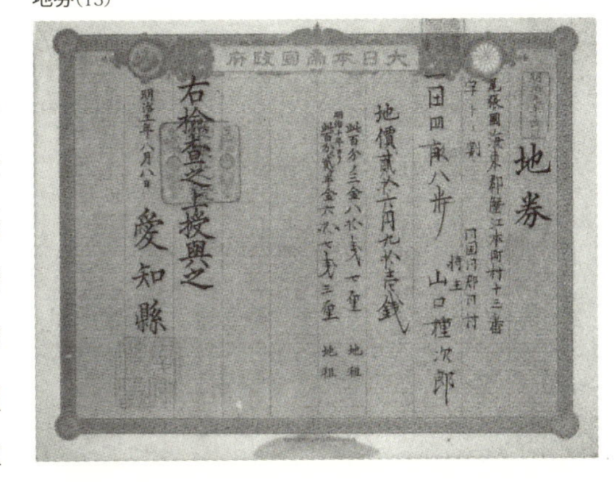
大日本帝國政府
地券
山口權次郎
右検査之上授與之
愛知縣
地租
地租

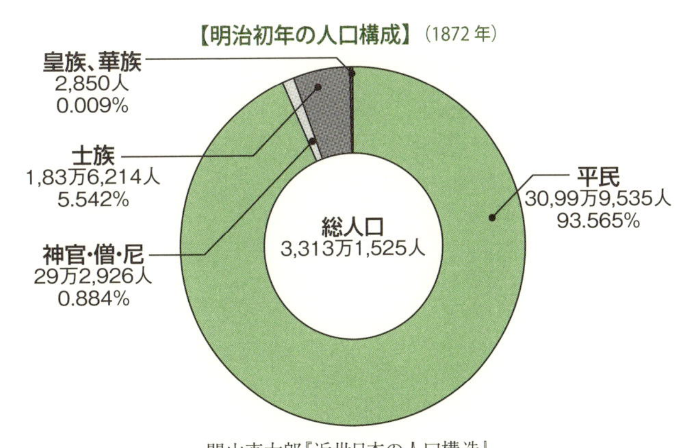

【明治初年の人口構成】（1872年）
関山直太郎『近世日本の人口構造』

第2章　明治維新――改革と近代化

2. 外交路線と国際関係

対西欧外交――和親路線

王政復古からほぼ1か月後の慶応4（1868）年1月、新政府は外交にかんする基本方針をうち出し、今後は対外和親の態度をとることを明らかにしました[①]。世界に対抗できる国づくりを掲げ、さまざまなかたちで西洋の近代文明の導入をはかって、富国強兵路線を推し進めようというのです。

1871年11月には、大使の岩倉具視（ともみ）、副使の木戸孝允（たかよし）・大久保利通・伊藤博文など46人の使節団が、留学生43人（うち女子5人）をともなって、横浜を出港しました[②]（田中彰1977・1984）。使命は、条約を結んでいる各国にたいし新政府成立の挨拶（あいさつ）をするとともに、条約改正の予備交渉をし、制度・法律・財政・産業・教育・軍事の調査・研究をすすめることにありました。使節団は1年9か月間、アメリカ・イギリス・フランス・ベルギー・オランダ・ドイツ・ロシアなど12か国を歴訪して、1873年9月に帰国しました[③]。

岩倉使節団。中央が岩倉具視(14)

①神戸での外国人襲撃やイギリス公使パークス襲撃事件など、攘夷的な運動が各地でおこり、外国側は新政府に圧力を加えていました。これにたいし新政府は、攘夷方針はとらないと宣言し、2か月後、五箇条の誓文で外国と友好関係をとることを確認しました。同時に、天皇自身の言葉として、万国に対抗して国威を四方に輝かしていくと、外交の基本路線を示しました。

②岩倉使節団の派遣計画を提起した文書は、今、日本が差別的な扱いをうけているのは、「東洋一種ノ国体風俗」に原因がある、対等を主張するためには、「列国公法」つまり西欧の国際法にかなうような制度改正をおこなう必要があると、述べていました。

③使節団は、イギリスでは政治制度の近代性に驚き、産業発展の偉大さに目をみはりました。プロシアでは、オーストリアと戦っ

近隣外交と征韓論・江華島事件

新政府は成立早々、対馬藩の使節を通じて朝鮮側にこれまでどおりの修好関係を申し入れる文書を送りました。ところが、朝鮮側はこの文書は受け取れないとつき返しました。文書の中に「皇」「勅」の文字があったというのです[④]。

1871年7月、日本と中国との間で日清修好条規が締結されま

した。不平等条約を押し付けられている国同士が対等条約を結び、互いに治外法権を認めあった条約です。当時、外務省の中には、清国と対等の条約を結べば、朝鮮は「支那」に服従しているから、日本の下になるという意見がありました。しかし、こうした思惑は朝鮮側の強硬な態度によってくずれました。その結果、1873年、朝鮮にたいして軍事行動をおこそうとする意見（征韓論）が強まり、政府は征韓の方針を決定しました。しかし、欧米視察から帰国した岩倉らの反対によって征韓論は具体化されることなく終わりました。10月の政変で征韓派は政府を去りました。

1875年、日本の軍艦が朝鮮近海で発砲演習などの挑発行動をおこない、朝鮮側と軍事衝突を引き起こしました（江華島事件）。翌年２月、事件の責任を追及するとして、日本の使節は軍艦を引き連れて朝鮮に赴き、圧力を加えて日朝修好条規を締結しました[5]。この条規と一連の付属文書で、朝鮮と中国の宗属関係は否定され、日本は釜山ほか二港の開港と居留地の設定、開港場における自由貿易・領事裁判権・日本貨幣使用、輸出入税の免除などの権利を手に入れました。欧米に不平等を強制されていた日本は、それを上回る不平等条約を朝鮮に押しつけたことになります。

「北」と「南」の編入－北海道と沖縄

1869年、新政府は蝦夷地を北海道と改称して開拓使を設置し、アイヌの人々を日本に組み込む政策を進めました。1875年にはロシアと樺太・千島交換条約をむすんで、全千島列島を日本領、樺太をロシア領としました。

一方、南では琉球を中国から切り離して日本に組み込む政策を進め、1872年、琉球王国を琉球藩にし、日本の一部だとしました。つづいて、1874年の台湾出兵[6]を経て、1879年、軍隊を琉球に送って藩を廃止し、沖縄県をおきました（琉球処分[7]）。

て勝利し、ついでフランスとの戦争にも勝利して、ドイツを統一したその力に注目しました。

④日本側は天皇の意思を示す語に「皇」「勅」の文字を用いましたが、朝鮮側にとってこの語は、中国の皇帝にたいしてだけ用いられるものでした。当時、朝鮮では国王の父親である大院君が実権を握って、排外的な政策をすすめていました。

⑤朝鮮では1873年、大院君にかわって国王の妃の一族である閔氏が政権を握りました。

⑥1871年、琉球の宮古・八重山の漁民66人が台湾に流れ着き、その内の54人が台湾の先住民に殺されるという事件が起きました。日本側は琉球民は日本の国民であり、台湾は中国の支配外にある主のない地（無主の地）だと主張して、1874年5月、台湾に3,000人の兵士を出動させました。近代日本で最初の海外派兵です。

⑦近年、「琉球処分」という用語は、歴史の一方（日本政府）の側からの呼称だとして、歴史的な事実に即して、「廃琉置県」とか「琉球併合」と呼ぶべきだという主張が提起されています。

台湾出兵時の日本兵と台湾住民。近代日本最初の海外出兵でした（15）

第2章　明治維新──改革と近代化

3. 開化政策と民衆生活

啓蒙思想と文明

新政府は西洋にならって積極的に近代化をすすめる政策をとりました。新しい知識や技術を学ぶため、積極的に留学生を欧米に送り出し①、また、多くの外国人を雇い入れました②。視察や留学から帰った人々によって、欧米の様子が紹介され、西洋の文明や思想がさかんに伝えられました。

日本の社会にとくに大きな影響を与えたのは福沢諭吉です。幕末に3度、西洋を体験した福沢は、『西洋事情』などの書物でわかりやすく西洋文明を紹介し、大きな影響を与えました③。また、彼が書いた『学問のすゝめ』は一大ベストセラーとなりました。この本で福沢は、人は生まれつき平等だと宣言したうえで、貧富の差、貴賤（きせん）の差があるのは、その人が学ぶかどうかにかかっていると、学ぶことの意義を説きました。他方、『文明論之概略』では、西洋文明を取り入れて日本国民の独立を維持する必要性を論じました。

①幕末から1874年にかけての留学生数は575人にのぼり、渡航先はアメリカ209人、イギリス168人、ドイツ82人、フランス60人となっています。新政府がどこから学ぼうとしていたかがわかります。

②御雇（おやとい）外国人の人数は、明治初年より1889年までで、イギリス928人、アメリカ374人、フランス259人、中国253人、ドイツ175人などで、合計2,299人に及びます。

③『西洋事情』は1866年から70年にかけ、「初編」「外編」「二編」の順に発行され、西洋文明と欧米5か国の様子を紹介しました。「初編」だけで15万部刊行されたといいます。

学校と教育

政府は1872年8月、学制を定め、学校教育の制度を発足させました。身分の差、男女の差なく、6歳以上の子どもはすべて学校に行かなければならないとしました。学ぶことは国民の義務となり、全国の村々には、くまなく小学校が設置されていきました。それは、福沢が教育の意味、文明の重要性を説いていた時期にあたります。

新教育制度がスタートをきりましたが、当時の子どもたちは、家の仕事や子守などを受け持つ働き手でしたから、学校は親から貴重な働き手を“奪う”側面をもちました。また、学校の建設費や授業料は民衆の負担になったため、民衆のなかには学校への反発も強くありました。そこで、行政側の督促や強制にもかかわらず、就学率はなかなかあがらず、1880年代になっても50％に満ちませんで

福沢諭吉の『文明論之概略』『西洋事情』（16）

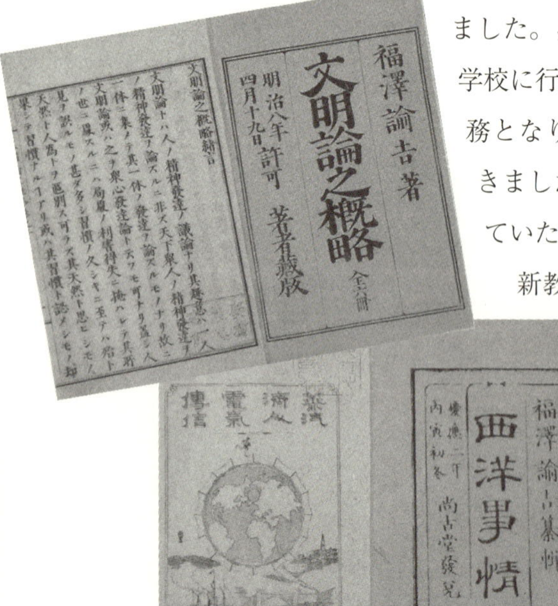

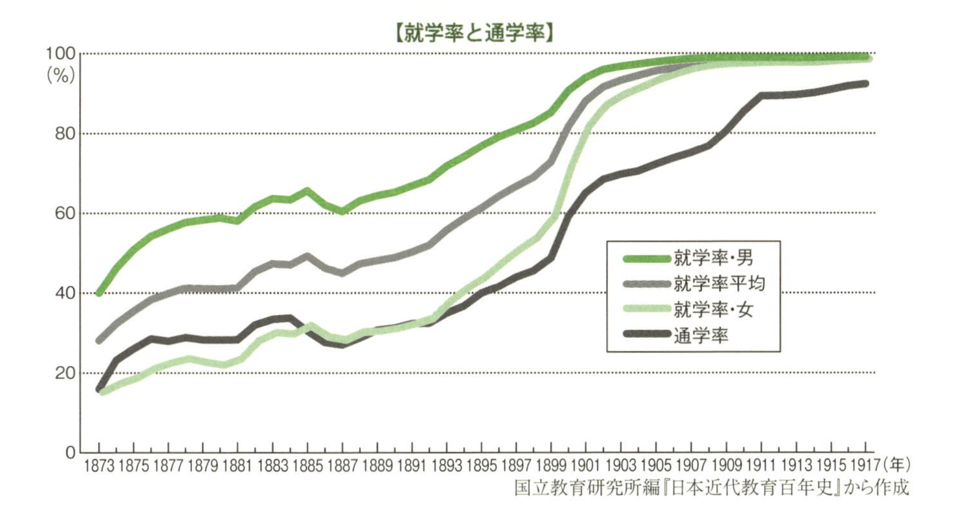

した。さらに通学率となると、30%前後にとどまりました[④]。しかし、他方で寺子屋以来の教育基盤が学校教育をささえたともいえます。

④就学率は、就学を義務付けられた人々の何パーセントが学校に在籍していたかを示すものですから、長期欠席している場合なども含まれます。これにたいして、通学率は実際に学校に通っていた率を示します。その後の就学率の変化については、69ページを参照。

文明開化と民衆

1873年に徴兵制度（28ページ参照）が定められると、生き血を搾り取られるという噂がひろがり、西日本の各地では参加者数万人の一揆があいつぎました。「徴兵告諭」（1872年11月）の説明——人である以上は生血で国に報いなければならない。西洋人はこれを血税と呼んでいる——を、民衆が誤解したからだといいます。しかし、人々を行動に駆り立てたのは、単純な無知による誤解ではありませんでした。新政策によって価値観や生活観を根本から揺るがされた民衆には、不安・不満・恐怖がひろがっていたのです。

しかも地価や基準となる米価が一方的に決定されたことなどから反発が強まり、1876年には地租改正反対一揆が三重県一帯や茨城県などでおこり、翌年、政府は地租の率を100分の2.5に引き下げざるをえませんでした。

一方、政府の近代化政策に不満をいだく士族は、1874年の佐賀の乱など、士族反乱を起こしましたが、1877年の西南戦争での敗北を最後に、武力で反抗する道をとざされました。

三重県での地租改正反対一揆を描いた絵(17)

column

近代天皇制と民衆の天皇観

この国にあるあらゆるものは、ことごとく天子様のものだ。生まれ落ちれば天子様の水で洗い上げられ、死すれば天子様の土地に葬られ、食う米も、着る衣類も、笠も杖も、皆天子様の土地にできたものであり、かせぐ金も使う銭も、ことごとく天子様の制度のおかげで使用できるのだ。

1868年10月、新政府は京都府下の民衆にたいして発した文書のなかで、このように述べました（遠山茂樹 1991）。日本が天皇の国であることを浸透させるため、天皇のありがたさを説いたのです。政府は翌年2月、これを印刷して全国に普及しようとしました。

近世の民衆は、天皇が京都の御所の中にいたため、その姿を目にすることはありませんでした。これにたいして、新政府は天皇を見える存在にしようとしました。1868年9月、2,300人のお供を従えて天皇は京都を出発し、東京に向かいました。途中、各地で「孝子節婦」（親孝行な子どもや節操を守る女性）に褒美を与え、70歳以上の高齢者、罹災（りさい）者などに金品を与えました。そして、東京に着くと、民衆に酒をふるまって天皇の恵み深さをアピールしました。

軍服姿の明治天皇（肖像画を写真に撮ったもの）(18)

1872年から1885年にかけて、天皇は6度にわたって全国を巡回しました。1872年の近畿・中国・九州、1876年の東北、1878年の北陸・東海道、1880年の中部・近畿、1881年の東北・北海道、1885年の山陽道の、各巡行がそれです。天皇像を広く民衆に知らせ、民心をひきつけることに主な狙いがありました。1880年、長野県松本で小学校生徒として巡行を体験した木下尚江（なおえ）は、後に回顧録『懺悔（ざんげ）』のなかで、要旨、つぎのように書いています。

学校の庭には真っ黒に人が集まっていた。待ち疲れた時、天皇一行の行列が近づいてきた。老若男女の群集は天皇の顔を見たいという一念で集まっていたが、見ることができたのは騎兵と馬だけだっただろう。行列が過ぎ去って通行の自由が許されると、多くの男女が駆け出してきて、馬に蹴飛ばされ車に踏み散らされた泥まみれの砂利（じゃり）を拾った。「天子様の御通行になった砂利をもっていれば、家内安全五穀豊穣だ」という信仰が流布されていたからだ。

権威・権力をもつ者を「生き神」として崇拝する意識が天皇と重ねあわされたといえます。

そこには現世利益的な要素も強く、天皇を神聖視する意識とはなお距離がありました。しかし、こうした意識が天皇の権威をうけいれる基盤になっていったと考えられます。

徴兵制をめぐる軍隊と民衆

徴兵制下の練兵場での兵士の訓練の絵(19)

新政府は、徴兵制度を定め、「平民」にも兵役を義務づけました。これによって、全国の男性は外からの攻撃や有事の際には軍隊に編入され、守備にあたることが義務づけられました。20歳になると徴兵検査を受け、抽選にあたると、3年間、軍隊に入らなければならなくなりました。これまで軍隊とは無縁だった庶民も、兵役に駆り出される時代となりました。実際に戦争となれば、兵士となった民衆は前線に動員され、生死の境に身をおくことになります。その機会は、早くも1877年に到来しました。西郷隆盛らの軍とたたかった西南戦争です。こうして、民衆が戦争に動員され、敵を殺し、敵に殺される時代がはじまりました。

徴兵は文字通り「血税」として、農民に新しい負担を強いるものでした。最初の徴兵令の場合、さまざまな免除規定がありました。背が低い、病気であるなどの身体的な条件のほかに、一家の主人、跡継ぎ、官吏、陸海軍の生徒、官立専門学校以上の生徒、一定の金額（270円）を納めた者などは、徴兵を免除されました。そこで民衆はさまざまな方法で徴兵を逃れようとしました。そのため兵役をまぬかれる者が多く、実際に兵役についたのは、貧しい農家の二男以下の男性でした。1878、79年には、免役率が徴兵該当者の96%にものぼっています。1879年の免役者28万7,229人のうち、戸主は8万8,772人、跡継ぎ関係は18万6,879人で、これだけで免役者のほとんどを占めていました（大日方純夫1995）。

その後、政府は1879年、80年、83年、86年と、徴兵令の改定を重ねながら次第に免除の幅を狭めていきました。そして、1889年1月、徴兵令を全面的に改定し、免役にかんする規定を基本的になくして、国民皆兵にこぎつけたのです。

1889年2月に発布された大日本帝国憲法（後述）は、第20条で「日本臣民ハ法律ノ定ムル所ニ従ヒ兵役ノ義務ヲ有ス」と規定しました。「法律」にあたる改正徴兵令では、「日本帝国臣民ニシテ満十七歳ヨリ満四十歳迄（まで）ノ男子ハ総テ兵役ニ服スルノ義務アルモノトス」と規定しています。ですから、国民皆兵の「国民」とは男性に限られていたことになります。「帝国臣民」は男性として生まれるか否かによって、一生が軍隊によって左右されるか否かを決定づけられました。男性には、兵士となるべき肉体的・精神的な資質が要求され、家庭・学校をはじめとする教育の場で、そうした資質が養成されていくことになりました。

第3章　自由民権運動——国家路線の選択

1. 民衆運動と政治要求

運動の発端

政府は国民を政治運営から除外して、近代化政策を上から強力に推し進めました。これにたいして、国民の政治参加を求める運動がおこりました。自由民権運動です。

運動の発端は、1874年1月、前年10月の政変で参議[1]を辞職した板垣退助らが、民撰議院設立建白書を政府に提出したことにありました。それは、一部の藩閥官僚が政権を独占している現状を批判し、民撰議院（国会）を開くことを要求したものでした。租税を払うものが政治に参加するのは当然だという思想がそこにはありました。ただし、参政権を士族と豪農商に限ったことから、当時、その主張は「上流の民権」と呼ばれました。

①1869年7月から内閣制度の成立（1885年12月）までの時期、設置されていた政府の重職。政治運営の実権をにぎり、各省の長官を兼任するなどしました。

②1864年、ジョセフ・ヒコ（浜田彦蔵、11ページ参照）は外国の新聞を翻訳して「海外新聞」を創刊しました。1868年には柳河春三の「中外新聞」など、国内ニュースを中心とする新聞も発行されるようになりました。1871年には最初の日刊紙「横浜毎日新聞」が創刊され、72年以後、「東京日日新聞」、「郵便報知新聞」など、新聞が続々と創刊されました。

新聞・雑誌と結社

幕末、長崎・横浜の居留地で外国人が外字新聞を発行したのにつづいて、日本人も新聞を発行するようになり、1871年には最初の日刊紙が創刊されました[2]。以後、新聞の発行が相つぎ、新聞が定期的に情報を届ける時代がはじまりました。民撰議院設立建白書はイギリス人が発行していた日本語新聞に掲載され、議会をすぐに開くべきかどうかをめぐる論争を引き起こしました。この民撰議院論争をきっかけに、新聞の中には民権の主張を掲げて激しく政府を攻撃するものがあらわれました。これにたいして政府は、1875年6月、新聞紙条例と讒謗律を定めて、弾圧体制を強めました[3]。

一方、1874年4月、板垣らは高知

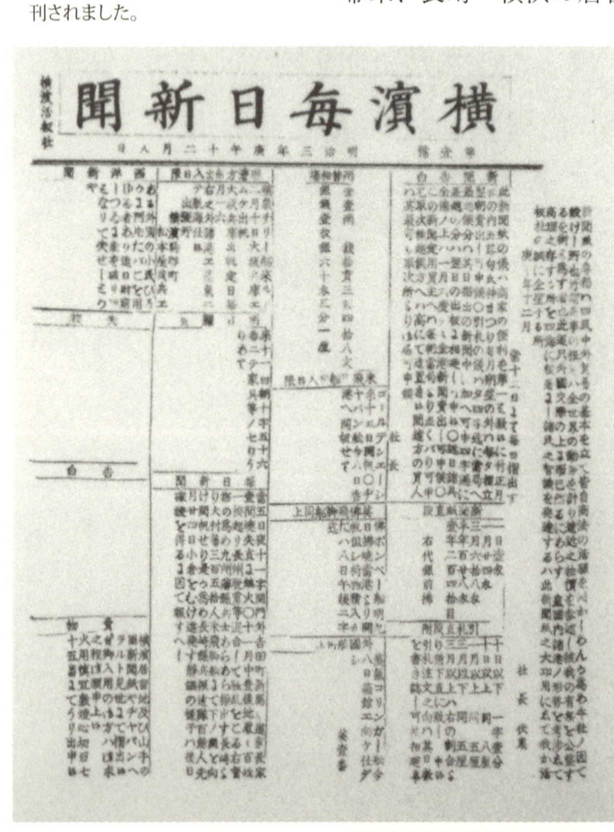
横濱毎日新聞

明治三年庚午十二月八日

最初の日刊紙「横浜毎日新聞」(20)

に立志社を創立し、これにつづいて各地で士族中心の結社が結成されました。1875年2月には全国の結社の連絡組織として、愛国社が創立されました。これに対し政府は4月、漸次（ぜんじ）立憲政体樹立の詔（みことのり）を出して立憲政治をめざすことを明らかにするとともに、最高裁判所にあたる大審院、立法諮問機関としての元老院などを設置しました。この改革に際して板垣が政府に復帰したため、愛国社は自然消滅の形となりました。

③新聞紙条例は、政府を代え国家を転覆する論を載せた者、法律を非難し法律に従う義務を乱した者などを処罰するとしました。讒謗律は、著作・文書・図画などで他人の名誉を毀損（きそん）した者、侮辱・誹謗（ひぼう）した者を取り締まるための法律でしたが、実際は新聞による政府批判・官吏批判を弾圧するため大いに活用されました。

国会開設請願運動

自由民権派の懇親会を描いた絵(21)

西南戦争での政府軍の勝利は、武力による抵抗が不可能なことを人々にさとらせました。1877年6月、立志社は政府に建白書を提出し（却下）、国会開設、地租軽減、条約改正などをもとめました。翌年、立志社は各地に呼びかけて愛国社を再組織しました。参加者は、最初、ほとんど士族でしたが、次第に上層の農民である豪農がふえていきました。

豪農たちは各地で結社をつくり、学習活動をすすめながら、演説会の開催、署名集めなどの政治活動に取り組みました。新聞は民権の主張を掲げて政府を批判し、各地の運動の様子を全国に伝えました。東京などの都市では、新聞記者、弁護士、私塾の教師などが結社をつくって演説会を開き、民権の主張を展開しました。士族中心の流れに、豪農層の流れ、都市知識人の流れが加わって、運動は盛り上がっていきました。

1880年3月、愛国社は国会の開設をめざす国会期成同盟を結成し、4月、請願書を政府に提出しました（受理されず）。各地の代表者も続々と上京して、建白書や請願書を政府に提出しようとしました[4]。しかし、政府はこれらを受け入れようとせず、集会条例を定めて取り締まりを強めました。

④政府が立法にかんする意見は建白(書)として元老院で受け付けることにしていたため、さまざまな意見書が政府に提出されました。しかし、民権運動側はこれでは単に元老院が受け付けただけで、政府が意見を受け入れるかどうかの応答がないとして、天皇・政府に要望して応答を求める請願書の提出を組織しました。しかし、政府は元老院宛の建白以外は受け取れないとして受領を拒否するとともに、1880年12月、政府にたいする意見書はすべて建白とし、管轄庁を経由して元老院に提出するように命じました。

第3章　自由民権運動——国家路線の選択

2. 国家路線をめぐる選択

憲法起草運動

これまで述べてきたような政府の対応にたいし、1880年11月、国会期成同盟は第2回大会を開いて運動方針を論議し、翌年の大会までに憲法草案を起草してもちよることなどを決めました。また、力を強めるため、政党をつくる準備の動きもおこってきました。

各地で憲法の研究・起草作業が本格化しました。高知の植木枝盛(えもり)は、立志社の憲法草案として「日本国国憲案」全220か条をつくり、思想・信仰・言論・集会・結社・学問・教育・営業など、幅広い国民の権利と自由を無条件で保障しようとしました。しかも、日本人民は無法に抵抗することができる、政府が憲法に違反して人民の自由権利を抑圧したときは、これを倒して新しい政府を樹立することができると書きました。また、現在、東京都あきる野市に含まれる五日市(いつかいち)の地域では、青年たちが204か条にわたる憲法案を起草しました①。地方の憲法研究には、都市知識人の結社の憲法草案が影響を与えました。

「明治十四年の政変」

民間での憲法研究の動きにたいし、政府首脳部の側には、まだ憲法にたいする統一見解がありませんでした②。こうしたなか、1881年3月に参議大隈重信が提出した憲法意見は、イギリス流の政党内閣制をとり、1881年に憲

①五日市憲法。1968年、五日市町(当時)の深沢家の土蔵で発見されました。薄い上質の和紙に清書され、表紙には「日本帝国憲法」と書かれています。宮城県出身の青年・千葉卓三郎(放浪の末、同地で教員をしていました)を中心に、学芸講談会に集っていたメンバーが研究・討論を重ね、共同で起草したものといわれます。

②政府側では、1876年以来、元老院が憲法の起草を担当し、1880年までに3度にわたって案を提出していました。しかし、政府側では、この草案にたいして、欧州の制度をまねることばかりに熱中していて、日本の「国体人情」をまったく考えていないと非難し(岩倉具視宛の伊藤博文の手紙)、採用を却下してしまいました。しかし、これにかわる憲法案の見通しは立っていませんでした。

植木枝盛(左)とその「日本国国憲案」(22)

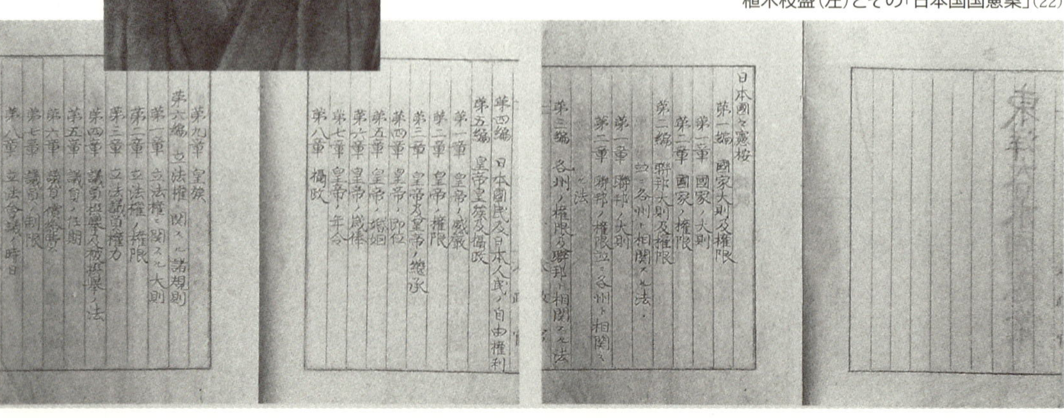

日本國々憲按
第一編　國家大則及權限
第一章　國家ノ大則
第二章　國家ノ權限
第二編　聯邦大則及權限
並ニ各州ト相関スルノ法
第一章　聯邦ノ大則
第二章　聯邦ノ權限並ニ各州ト相関ス
ルノ法
第三編　各州ノ權限及聯邦ト相関スルノ法

第四編　日本國民及日本人民ノ自由權利
第五編　皇帝皇族及攝政
第一章　皇帝ノ威厳
第二章　皇帝ノ權限
第三章　皇帝及皇帝ノ継承
第四章　皇帝ノ即位
第五章　皇帝ノ婚姻
第六章　皇帝ノ歳俸
第七章　皇帝ノ年令
第八章　攝政

第九章　皇族
第六編　立法權ニ関スル諸規則
第一章　立法權ニ関スル大則
第二章　立法權ノ権限
第三章　立法議員ノ權力
第四章　議員撰擧人被撰擧人ノ法
第五章　議員ノ任期
第六章　議員ノ俸給
第七章　議員ノ制限
第八章　立法会議ノ時日

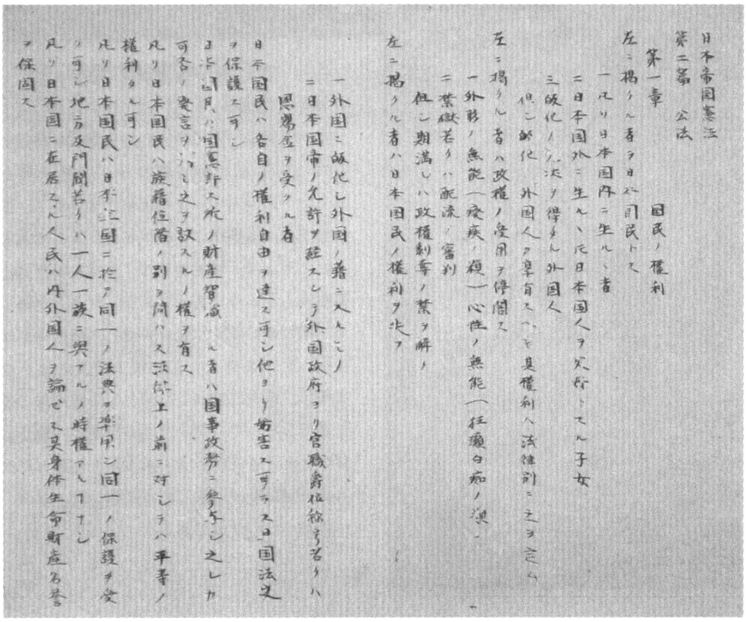

五日市憲法(23)

法を制定して、83年には国会を開設するという急進的なものでした。これにあわてた岩倉具視（ともみ）・伊藤博文らは、井上毅（こわし）に憲法の研究を依頼しました。井上が7月にまとめた憲法意見は、プロシア流の欽定（きんてい）憲法によって天皇の権限を守ることを主眼とし、君権主義を強く打ち出したものでした。

おりから北海道開拓使官有物の払下げ事件が暴露され[③]、民権派の政府攻撃は激しさを増しました。これに直面して、岩倉・伊藤らは10月12日、官有物の払下げを中止するとともに、天皇の勅諭をもって約10年後に国会を開くことを約束し、あわせて大隈を政府から追放しました。「明治十四年の政変」です。大隈とともにイギリス流の国家を構想していた自由主義的な官僚たちも、政府の中から一掃されました。

③開拓使（北海道開拓のために設置された官庁）長官の黒田清隆は、明治維新後、1,400万円を投じてきた開拓使の施設・鉱山などを、同郷の五代友厚らに、38万円余の無利息30年賦で、ただ同然に払い下げようとしました。

憲法起草と詔勅

維新から大日本帝国憲法発布までの時期、いつ、どのくらいの数の憲法プランが生まれたのでしょうか。現在、政府当局者・反民権派のものも含めて、94点がリスト・アップされています（未発見も含む。新井勝紘2004）。時期別に見ると、1867年から78年までが20点、1879年から81年までが55点、1882年から87年までが19点です。とくに1881年には39点と、全体の41%が集中し、これには前述の植木案、立志社案、五日市案も含まれます。逆に国会開設の勅諭後は急速に減少し、政府側が草案づくりに着手した1886年以後は、わずか8点にすぎません。勅諭は、国会の組織・権限は天皇自身が定めるとし、不満をいだき「国安」を乱すものは処罰すると威嚇（いかく）していました。憲法制定への道のりは、国民の憲法論議を保障するどころか、逆に抑えるものだったのです。

第3章　自由民権運動――国家路線の選択

3. 政党の活動と運動の激化

政党の時代

演説会を中止させせようとする警官の絵(24)

日本で最初の政党、自由党が党首に板垣退助を選んで正式に発足したのは、政府が国会開設の時期を決定した後の1881年10月29日のことです。しかし、10月1日、国会期成同盟第3回大会に集まった人々は、国会開設の発表前に自由党の結成を事実上決定し、その準備を着々とすすめていました（江村栄一1984）。民権家たちは政府の決定によって、突然、政党を結成しようと思い立ったわけではありません。それどころか、政党の結成は、すでに1年前の国会期成同盟第2回大会の席上で大いに問題となっていました。国会を開設させるためにこそ、政党の結成が必要だったのです。

1882年3月、政変で政府を追放された人々を母体として、立憲改進党が結成されました。党首は大隈重信です。政府の決定によって立憲政治の実現が定まった、一握りの人々が政治を牛耳るのをやめさせ、政治の改良と前進をはかろう、と宣言しました。自由党とは異なり、議会の開設を前提とし、政権を担当することを目指して政党をつくったのです。急激な変革は望まない、急進的な勢力とは一線を画すとして、自由党との違いを強調しました（大日方純夫1991）。民権運動は結社の時代から政党の時代に移りました。[①]

弾圧の強化と松方財政

1882年、政府は政党の活動にたいし、集会条例・新聞紙条例を改めて取締まりを強めるなどしました。福島県では自由党員・農民と警察が衝突する事件がおきました。[②] 事件後、関東地方の自由党員の中では、政府の弾圧に挙兵とテロで対抗しようとする傾向が強まりました。経済情勢と農民の状況がそれを加速しました。

①自由・改進両党に対抗するため、政府首脳部も政府系政党の結成を画策し、1882年3月、立憲帝政党が生まれました。また、これら中央の3政党だけでなく、各地で多数の地方政党が誕生しました。

②福島事件。福島県令三島通庸（みちつね）は県会の反対を無視して県民に労役と負担金を課し、道路工事を強行しようとしました。このため、反対する自由党員・農民との対立が激しくなり、指導者の逮捕をきっかけに農民は警察署を包囲。警察は2,000人余を逮捕し、内乱を計画したとして58人を起訴しました。

1881年に大蔵卿となった松方正義は、本位貨幣（金銀貨）と交換されない不換紙幣を整理して正貨を蓄える政策をとり、また、朝鮮での壬午(じんご)軍乱（35ページ参照）をきっかけに、軍備拡張のための大増税政策をすすめました。松方デフレとよばれる激しいデフレーションの結果、米価や繭価は下落し、重税に苦しむ農民の間では、借金を返せずに小作農になったり、離村する者がふえました。負債農民たちは、各地で地主や高利貸に負債の利子減免、元金の年賦払いなどを要求する行動をおこしました。これらのうち、組織をもって行動したものは、当時、困民党・借金党などと呼ばれました。

運動の激化と民衆蜂起

1884年、群馬県の自由党員は農民を組織して政府を倒すことを計画しましたが、高利貸を襲撃しただけで失敗に終わりました。福島・栃木・茨城の自由党員は県令・大臣らの暗殺を計画し、16人が茨城県の加波山(かばさん)で挙兵しましたが、敗れて逮捕されました（加波山事件）。自由党の本部は党員のこのような動きを統制することができなくなり、10月末、解党を決定しました。弾圧の強まりや党の財政難が理由ともいわれます。解党の3日後、埼玉県秩父地方の困民党は、農民数千人を革命軍に組織して蜂起し、一時、秩父地方一帯を制圧しましたが、軍隊によって壊滅させられました[③]（秩父事件研究顕彰協議会 2004）。

③自由党に入党した秩父の党員たちは、借金に苦しむ農民たちに呼びかけて困民党をつくり、当局や高利貸と交渉を重ねましたが、ついに11月1日、武装蜂起しました。困民軍は革命本部を設けて、警察・郡役所・高利貸などを襲撃し、警察・軍隊と衝突しました。

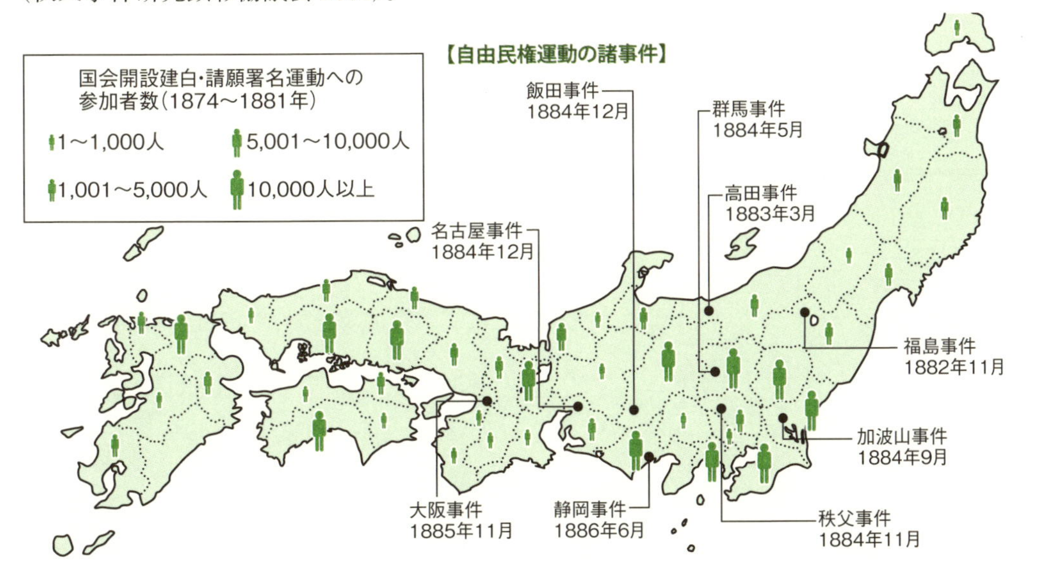

第3章　自由民権運動——国家路線の選択

4. 東アジア情勢と日本

朝鮮半島をめぐる対抗

日朝修好条規（24ページ参照）にもとづく有利な条件の下で日本は朝鮮に進出しました。こうしたなかで朝鮮内部では朝鮮政府と日本にたいする反発が強まりました。1882年7月、漢城（ソウル）で旧軍①の兵士と民衆が反乱をおこし、朝鮮政府の要人を襲撃するとともに、日本人の軍事教官を殺害し、日本公使館を襲撃する事件がおこりました（壬午（じんご）軍乱）。公使らは公使館を放棄して長崎に逃げかえりました。

日本政府は軍艦を派遣することを決定し、公使は軍隊を率いて漢城に入りました。一方、朝鮮を属国とみなす清国も、朝鮮に派兵しました。朝鮮では政権を握っていた王妃の勢力にかわって、国王の父大院君（だいいんくん）が政権に復帰しました。清国側は大院君を拉致（らち）して天津に連行しました。朝鮮では、再び国王高宗と王妃の政権が復活し、日本との間で、犯人の処罰、賠償金の支払い、公使館駐兵権の承認などを内容とする済物浦（さいもつぽ）条約が調印されました。

①朝鮮の閔（びん）氏政権は開国近代化政策をすすめ、新式の軍隊を編成して優遇しました。これにたいして、待遇が悪くなった旧軍の兵士たちが不満をつのらせました。

清仏戦争と甲申政変

壬午軍乱をきっかけに清国は宗主国として朝鮮への介入を強め、朝鮮進出をねらう日本との矛盾・対立を深めていきました。しかし、当時、清国が対抗しなければならなかったのは、日本だけではありませんでした。ベトナム進出を企てるフランスが迫り、やがて

壬午軍乱を報じた錦絵(25)

1884年、ランソンで清仏両軍が衝突した戦闘の絵。これを契機に清仏戦争が勃発(26)

甲申政変を起こした
開化派の金玉均(27)

清仏戦争（1884～1885）がおこりました。

清仏間で戦争が続いている最中の1884年12月、朝鮮では、清国から自立し、改革によって近代化をはかろうとする急進的な開化派がクーデターを起こしました。日本公使と日本軍の援助を得ての決行です。クーデター勢力は重臣を殺害し、いったんは政権を握りましたが、出動した清国軍によって弾圧され、目論見（もくろみ）は失敗に終わりました（甲申（こうしん）政変）。日本側は事件に武力介入した事実を否定して事後処理にあたり、朝鮮側に謝罪と補償を約束させました。つづいて清国との天津条約で、両国軍の朝鮮からの撤退と、将来、出兵する際の事前通告などを申し合わせました。

アジア認識と「脱亜」

壬午軍乱をきっかけに、日本政府は将来の対清戦争に備えて軍備拡張をすすめる路線を打ち出しました[②]。民間では、福沢諭吉の「時事新報」のように、清国との戦争を主張するものもありましたが、民権派をはじめとする新聞には、慎重論も多く、日本・清国・朝鮮３国の連帯を主張する意見もありました。

しかし、２年後の甲申政変の際には、日本の新聞各紙は、一部を除いていっせいに清国にたいする強硬論を展開しました。これは、日本がクーデターと関係した事実が伏せられ、清国軍の不当性だけが強調されたこともかかわっています。民間では清国と戦争するための義勇兵や義捐（ぎえん）金を募る運動が広がりました。福沢は事件後の1885年３月、「脱亜論」を発表し、アジアとの連帯を断ち切って、西洋人と同じ態度でアジアに接すべきだと主張しました。

②政府は陸海軍増強8か年計画の財源を確保するため、酒造税・煙草税を増加するなどの増税政策をすすめていきました。また、壬午軍乱直後の1882年8月、戦時または非常時に行政権・司法権などを軍の指揮下におくことを定めた戒厳令と、軍事行動に際して必要な物資を地方の人民に賦課するための徴発令を、あいついで制定しました。

column

世界史のなかの憲法と議会

憲法とは、国家の統治体制の基礎を定めた基本法のことです。歴史的には、君主の専制的な権力に対抗し、これに制約を加えるために登場してきました。最初の成文憲法であるアメリカ合衆国憲法や、フランス革命期の諸憲法をはじめとして、憲法は憲法制定議会で定められました。この新憲法によって選挙がおこなわれ、新しい議会が構成されたのです。フランス革命の場合、身分制議会である三部会が国民議会となり、憲法制定議会となりました。そして、君主権の制約の度合いや基本的人権の範囲に相違はあるにしても、憲法をもつことが近代国家の条件と見なされるようになり、憲法は近代化の過程を通じて世界の諸地域に波及していくこととなりました。

アジア最初の憲法は、1876年、オスマントルコ（帝国）のミトハト・パシャがつくった「ミトハト憲法」ですが、ミトハトが反対派によって追放されたため、実際には施行されませんでした。ですから、実際に施行された憲法としては、大日本帝国憲法がアジア最初です。しかし、それは天皇を主権者とし、国民を「臣民」（家来）とする天皇中心の憲法でした。このことは、日本での憲法の誕生の仕方と深くかかわっています。

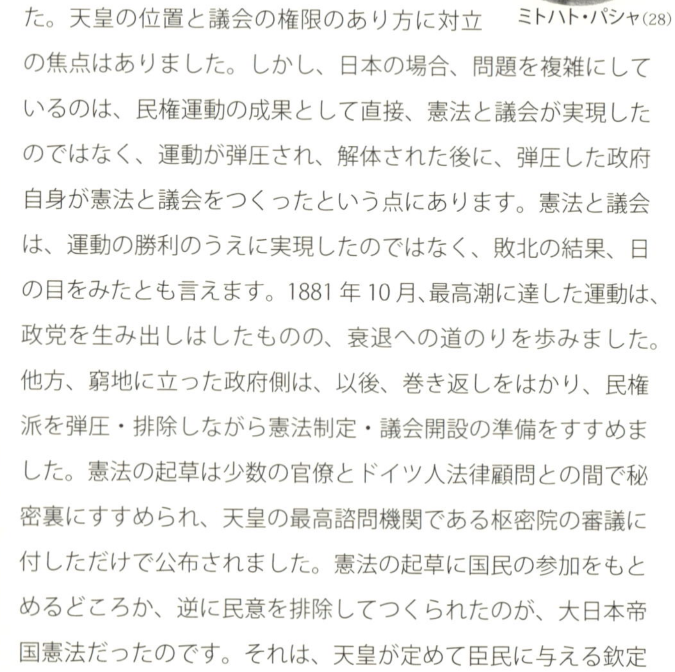
ミトハト・パシャ(28)

憲法制定・議会開設は、明治維新につづく近代国家づくりの最大の課題でした。自由民権運動と政府の対抗関係は、どのような国家をつくるのか、そのあり方をめぐる鋭い対立に根ざしていました。天皇の位置と議会の権限のあり方に対立の焦点はありました。しかし、日本の場合、問題を複雑にしているのは、民権運動の成果として直接、憲法と議会が実現したのではなく、運動が弾圧され、解体された後に、弾圧した政府自身が憲法と議会をつくったという点にあります。憲法と議会は、運動の勝利のうえに実現したのではなく、敗北の結果、日の目をみたとも言えます。1881年10月、最高潮に達した運動は、政党を生み出しはしたものの、衰退への道のりを歩みました。他方、窮地に立った政府側は、以後、巻き返しをはかり、民権派を弾圧・排除しながら憲法制定・議会開設の準備をすすめました。憲法の起草は少数の官僚とドイツ人法律顧問との間で秘密裏にすすめられ、天皇の最高諮問機関である枢密院の審議に付しただけで公布されました。憲法の起草に国民の参加をもとめるどころか、逆に民意を排除してつくられたのが、大日本帝国憲法だったのです。それは、天皇が定めて臣民に与える欽定憲法でした。

明治憲法の内容に大きな影響を与えたドイツの法学者・社会学者のローレンツ・フォン・シュタイン(29)

アイヌ・沖縄にとっての近代

近世の時期、北の「蝦夷地」は、「蝦夷」・「異族」のアイヌが生活する地域と認識されていました。一方、南には琉球王国があり、中国に朝貢しながら、薩摩藩の支配もうける状態がつづいていました。これにたいし新政府は、1869年、蝦夷地を北海道と改称し、失業士族を送り込むなどして、積極的に開拓をすすめました。琉球については、中国から切り離して日本に組み込む政策を推し進め、1872年、まず琉球国を琉球藩に改め、1879年には軍隊の威圧のもとで琉球藩を廃止して沖縄県を設置しました（琉球処分）。

1871年の戸籍法はアイヌも対象としたので、アイヌの人びとも「日本」の戸籍に登録されることになり、和人式の姓名をつけることが強いられました。1872年、政府は規則を定めて、北海道の土地所有権を確定しようとしました。これは、アイヌが漁労・狩猟などのために共用してきた土地も対象としましたが、適用されたのは移住してきた和人だけでした。このため除外されたアイヌは生活する土地を奪われていきました。1875年、樺太・千島交換条約が成立したため、日本政府は樺太のアイヌを日本に強制移住させる政策をすすめました。1877年、土地の所有者に地券が発行されましたが、アイヌの居住地は、当分、「官有地」に編入されることになりました。1878年にはアイヌの呼称が「旧土人」に統一されました。政府は、アイヌの風俗・習慣を遅れたものと見なしてつぎつぎに禁止し、日本語や農業を奨励しました。その結果、アイヌの伝統的な狩猟法は規制されました。1899年には北海道旧土人保護法を制定して、政府が与える土地にアイヌを定住させ、農業に従事させようとしました。同化政策によってアイヌ固有の生活と文化は否定され、「日本人」化がはかられていきました。

一方、沖縄県では、琉球の旧支配層が日本の支配に執拗な抵抗をつづけました。清国の支援をえて琉球王国を復活しようと密出国するものがあいつぎました。血判誓約書を集める抵抗運動には、農民の参加もみられました。これにたいして政府は弾圧・規制を強めるとともに、土地制度・税制・地方制度など統治の基本政策については、これまでの制度をそのまま引きついで利用する方針をとりました。1892年からは、16年間にわたって奈良原繁（ならはらしげる）知事の専制的な県政が続きました。これにたいし謝花昇（じゃはなのぼる）らは参政権獲得運動を展開し、国政参加を実現しようとしました。沖縄の自由民権運動です。沖縄県民が不十分ながらも参政権をえたのは、謝花の死後4年目、1912年のことでした。しかし、根深い差別と偏見は、その後もずっと続きました。

北海道に移住した樺太のアイヌの女性(30)

第4章　日清戦争――国際関係の変動

1. 大日本帝国憲法体制

大日本帝国憲法の性格

1889年、天皇の名をもって大日本帝国憲法が制定されました[①]。それは、天皇を唯一の主権者とし、あらゆる国家機構を天皇のもとに編成することを基本原理としていました[②]。権力の頂点に位置づけられたのは、「万世一系」の「神聖ニシテ侵スヘ(べ)カラ」ざる天皇でした（第1条・第3条）。天皇は国の「元首」であり、「統治権ヲ総攬(そうらん)」するとされました（第4条）。天皇は「帝国議会ノ協賛」をもって立法権を行使し（第5条）、「国務各大臣」の「輔弼(ほひつ)」をもって行政権を行使し（第55条）、司法権は裁判所が天皇の名をもっておこないました（第57条）。三権分立とはいえ、すべての権力は天皇に一元化され、天皇はあらゆる権力の源泉に据えられました。憲法は天皇が議会の協賛なしに執行できる「大権事項」を規定しました。法律の裁可・公布・執行、帝国議会の召集・開会・閉会・停会と衆議院の解散、緊急勅令の発布、陸海軍の統帥(とうすい)などがそれです[③]。

①憲法発布と同時に、皇室制度の基本的なあり方を規定する皇室典範が定められました。憲法とならぶ最高法で、議会は関与できないとされました（現在の皇室典範とは性格が違います）。「女帝」は否定され、皇位継承は男系の長子によるとされました。

②政治は憲法の支配のもとでおこなわれるべきだとする立場を立憲主義と呼びます。しかし、どのような内容の憲法でも憲法が支配する体制が立憲主義だとする形式的な意味と、国民の政治参加・人権保障を定めた憲法が支配する体制こそ立憲主義だとする実質的な意味に、主張は分かれます。立憲主義である限り、専制主義に制約を加える要素は含まざるを得ませんが、問題は君主権限に対する制約のあり方です。帝国憲法の主眼は、君主の権限を拘束することを否定することにありました。

③軍隊を指揮・命令する権限を統帥権といい、天皇が大臣や議会に拘束されることなく行使するものとされました。

議会と選挙の仕組み

帝国議会は貴族院と衆議院の2院に分けられました。国民が選挙で議員を選べるのは衆議院だけです。貴族院の議員は皇族・華族・勅撰・多額納税者などから構成され[④]、衆議院（国民）から皇室をまもる防壁とされました。しかし、「法律」はすべて帝国議会の「協賛」を経ることとなりました。また、予算は帝国議会の「協賛」を経なければ成り立たないこととなりました。非常に

「憲法発布御通輦(つうれん)之図」(31)

大日本帝国憲法の原本(32)

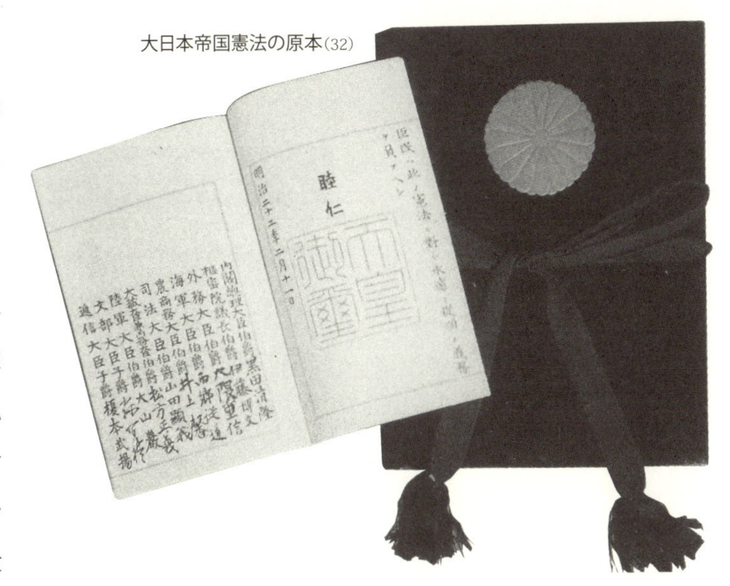

大きな制約つきですが、国民は衆議院を通じて法律と予算にたいし意思を公に反映させる手段を手にすることになりました。

ただし、国民とはいっても、それはごく一部でした。衆議院議員の選挙権は、25歳以上の男性で直接国税（地租・所得税）15円以上を納める者に限られました。女性は完全に政治から門前払いされ、男性の一般民衆も財産制限によって政治から排除されました（90ページ参照）。当初の有権者は人口の1.1％です。98.9％の国民が国政選挙から排除されていました。ですから、衆議院議員は直接にはわずかな人々の代表にすぎませんでした。ただし、圧倒的な国民世論が背後にあれば、議員は国民を代表して政府に迫ることができます。

④勅撰議員とは、満30歳以上の男性で、国家に勲功のある者、もしくは学識経験者のなかから天皇が任命した終身議員です。多額納税議員とは、各府県上位15人の直接国税納入者の互選によって1名選出される任期7年の議員です。

内閣のあり方

憲法は内閣について何も規定していません。国務「各」大臣は天皇を輔弼し責任を負うとして、大臣それぞれと天皇の関係を規定しているにすぎません。議会と内閣の関係を明らかにしたのは、黒田清隆首相の「超然主義」演説です。彼は、政党が社会に存立することは免れがたいが、政府はつねに一定の方向を取り、超然として政党の外に立ち、「至公至正」の道をとらなければならないと主張しました。政党内閣を拒否する政府側のこうした基本姿勢にたいし、帝国議会の開設当初から、政党勢力は議会に責任を負う内閣の実現、政党内閣の実現を課題としました。自由民権運動の流れをくむ民党⑤の政策の中心は、議会・政党の側に内閣を引き寄せることに据えられていたといえます。

⑤議会開設後から日清戦争の開戦前の時期、立憲自由党（のち自由党）・立憲改進党など民権派の政党を民党と呼びました。ちなみに第1議会では、民党系171人にたいして、吏党（政府系の政党）は84人でした。

【近代天皇制の政治構造】

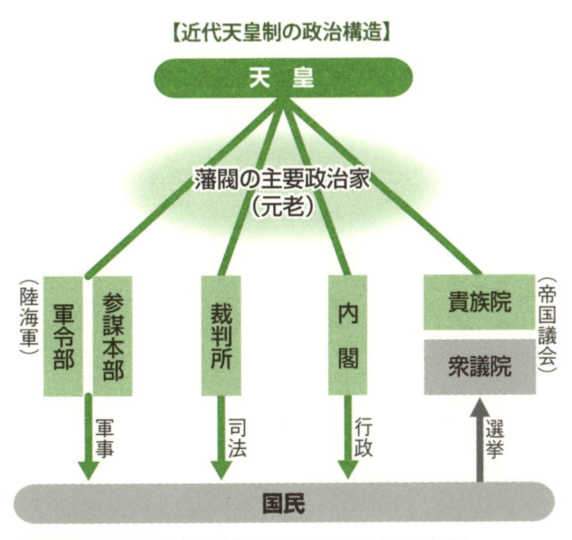

第4章　日清戦争——国際関係の変動

2. 日清戦争

初期の議会

1890年11月、最初の帝国議会が開かれました。施政方針演説で山県有朋（やまがたありとも）首相は、国家の独立を維持するためには、「主権線」だけでなく、「利益線」も確保しなければならないと主張しました。「主権線」とは日本の国境線、「利益線」とは、この場合、朝鮮半島をさしています。日本の防衛のためには、朝鮮半島の軍事的な確保が必要だというのです。軍隊は防衛のためだけでなく、他国・他地域を勢力圏に組み込むためにこそ必要だということになります。政府は議会にたいして軍備拡張予算の承認をもとめました。こうした政府の路線にたいして、民党（反政府派）は、「政費節減」「民力休養」を掲げて反対しました。両者の対立は、表向き、日清戦争の前まで続きます。ただし、政党の側では、自由党系の勢力が次第に政府に接近する道を歩みはじめていました。

日清戦争と朝鮮

1894年5月、南朝鮮一帯に農民反乱が広がりました。甲午（こうご）農民戦争①です。朝鮮政府は清国に出兵を要請し、これに対して出兵の機会をねらっていた日本は、さっそく、朝鮮に出兵しました。ほどなく農民軍は朝鮮政府側と和約を結んで撤退しましたが、日本は清国の拒否を見越して共同で朝鮮の内政改革にあたろうと提案し、軍隊をそのまま居座らせました。7月、イギリスとの新通商航海条約の調印にこぎつけた日本は②、その支持を見込んで清国に戦争を仕掛けました。

開戦前、日本軍は朝鮮王宮を占領し、朝

①地方官吏の悪政に苦しむ農民たちが、民間宗教である東学の地方指導者に率いられ、閔氏政権の打倒と日本人の駆逐を掲げて立ち上がりました。1894年が干支の甲午の年であることからこう呼んでいます。

【日清戦争関係地図】

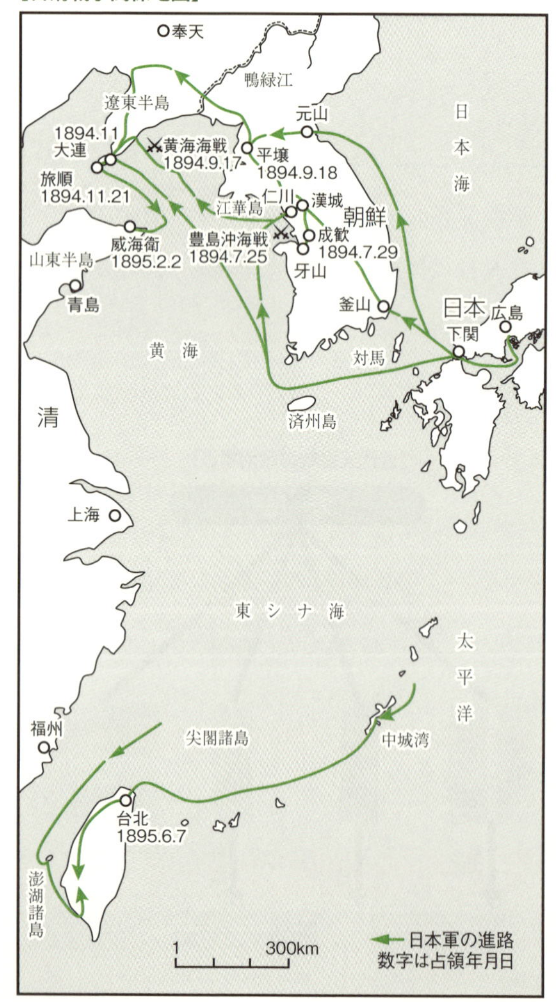

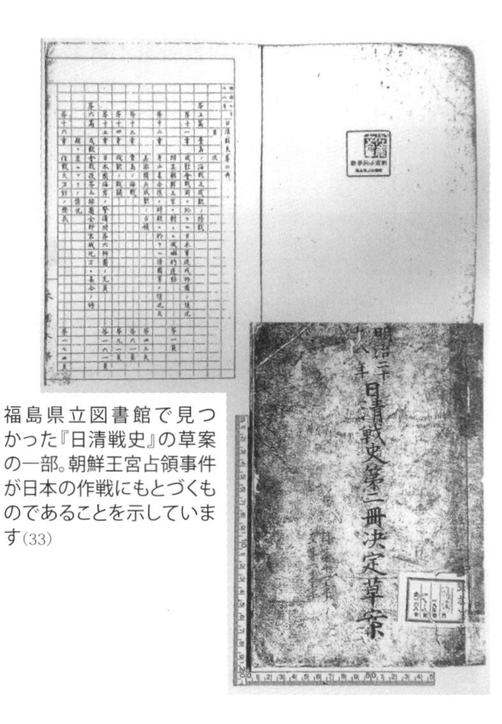

福島県立図書館で見つかった『日清戦史』の草案の一部。朝鮮王宮占領事件が日本の作戦にもとづくものであることを示しています(33)

鮮軍を武装解除して政権を倒し、日本寄りの政権をつくりました③（中塚明 1997）。8月、日本政府は朝鮮政府と「日韓暫定合同条款」を結んで、朝鮮側に日本からの内政改革の勧告を受け入れること、日本が京釜鉄道・京仁鉄道④を敷くことなどを認めさせました。さらに「大日本大朝鮮両国盟約」によって、日清戦争で日本に協力し、食糧を準備するなどの便宜をはかることを約束させました。こうして、日本軍は朝鮮を足場に清国領内に迫っていきました。日本軍は朝鮮の各地で食糧や物資、人馬を強制的にかき集めながら、戦争をすすめました。朝鮮の民衆は各地で日本軍に抵抗しました（朴宗根 1982）。10月中旬には、農民軍がふたたび蜂起しましたが、日本軍はこれを徹底的に弾圧しました。

講和と三国干渉

1895年4月、戦争に勝利した日本は、講和条約で朝鮮にたいする清国の支配権を排除し、また、遼東半島・台湾・澎湖列島と賠償金2億両（約3億円）などを手にいれました。しかし、日本の膨張はたちまち列強の利害と衝突することとなりました。ロシア・フランス・ドイツが遼東半島を清国に返せと迫り、日本政府はやむをえずこれを受諾しました。この三国干渉は、国民のなかに屈辱感を植えつけ、「臥薪嘗胆」⑤を合言葉に、つぎの戦争の準備へと駆り立てられていきました。

日本

論說 嘗膽臥薪（上）

三宅雪嶺が「日本」1895年5月15日付に記した「嘗胆臥薪」(34)

②幕末に欧米諸国と結んだ不平等条約について、歴代の外務卿・外務大臣はその改正に取り組みましたが（43ページ参照）、いずれも失敗に終わりました。1893年7月、閣議は改正案と交渉方針を決め、12月、まずイギリスとの交渉を開始しました。そして、日清間の関係が険悪となっているさ中の1894年7月16日、ようやく調印にこぎつけました。こうして、領事裁判権の廃止は実現されましたが、関税自主権の回復は棚上げにされました。最終盤、清国との情勢を考えて早く調印にこぎつけようと、日本側が譲歩を重ねたからです。イギリスの外相は、この条約の調印は、日本にとって清国の大軍を敗走させたよりもはるかに意味があると語ったといいます。

③1994年、福島県立図書館で発見された記録（旧日本陸軍の参謀本部がまとめた『日清戦史』の草案の一部）は、朝鮮王宮占領事件が事前に周到に準備された日本側の作戦計画にもとづくものであったことを明らかにしています。

④ソウルと釜山を結ぶ京釜鉄道は全長約440キロメートルで、1905年に全通しました。ソウルと開港場仁川を結ぶ全長約42キロメートルの京仁鉄道は、朝鮮最初の鉄道で、1900年に全通しました。

⑤もともとは中国の「史記」に出てくる語で、復讐するために苦労にたえる（薪の上に横たわり、苦い胆を嘗める）という意味ですが、三国干渉後、新聞などによって広がり、軍備拡張を精神的に支え、ロシアへの報復心をかきたてることとなりました。

3. 思想状況と民衆意識

欧化とナショナリズム

幕府が倒れても、幕府が欧米諸国と結んだ不平等条約はそのまま“効果”を発揮していました。そのため、政府は欧米諸国との対等な関係を実現しようと、1870 年代後半から条約改正交渉をすすめました。外相井上馨(かおる)は、改正を実現するためには、日本社会の西洋化をはかることが必要だと考え、欧化政策を推進しました。その象徴が鹿鳴館(ろくめいかん)でした。井上は 1887 年に内閣に提出した意見書のなかで、日本を「欧州的新帝国」にすべきだと主張しています。しかし、1890 年前後には、欧化主義を批判するナショナリズムの思潮も台頭しました。徳富蘇峰(そほう)の平民主義、三宅雪嶺(せつれい)らの国粋主義、陸羯南(くがかつなん)の国民主義などがそれです。①それぞれ特徴がありますが、大きくは国民の自覚をうながし、国民の独立をはかろうとするところに共通性がありました。

①蘇峰は、「武備社会」の士族・貴族にかわって、これからは「生産社会」を担う「自活自立の人民」＝平民こそが中心だと説きました。国粋主義の「国粋」はnationalityの訳語で、他国がまねできない日本国民「固有の元気」のことを指し、雪嶺ら政教社の雑誌『日本人』が提唱しました。陸羯南は自分の立場を「国民論派」と位置づけて欧化政策を批判し、新聞「日本」を発行しました。

アジア認識の変化

日清開戦の直前、徳富蘇峰は雑誌『国民之友』で、清国と開戦する好機を逃すな、これこそ膨張的日本が、膨張的活動をする好機だと主張しました。福沢諭吉も新聞「時事新報」で、日清の戦いは文明と野蛮の戦いだと書きました。文明進歩のために戦争はやむを得ない。中国人は、「文明の誘導者」である日本人に感謝して当然だというのです。内村鑑三も、日清戦争は「義戦」つまり正義の戦争だと主張しました。開戦に先立つ6月初め、政府と

「鹿鳴館　貴婦人慈善会之図」。1883年11月28日の開館以降、連日のように園遊会、舞踏会、仮装会、慈善会が開かれました(35)

議会は激しく対立し、政府は窮地にたたされましたが、戦争が始まると、政党の政府攻撃は影をひそめました。10月には戦争の前線基地、広島で臨時議会が開かれましたが、政党はこぞって戦争勝利のために積極的に政府を支持しました。政党も知識人も民衆も、戦争を支持したのです。

徳富蘇峰と『国民之友』第１号(36)

当時の最大かつ詳細な情報源は新聞でした。新聞社は特派員や従軍記者を戦地などに送って読者に戦況を伝えました。国民は戦場への関心をかき立てられ、戦争の緊張状態のなかで、国民的な一体化がはかられました。また、これまで彼方のことだった中国・朝鮮の問題が身近なものになっていきました。同時に中国・朝鮮、とくに中国にたいする蔑(さげす)みの感情が広がり、社会に根をはっていくようになりました。

国語と愛国心

日清戦争の年にヨーロッパ留学から帰国した言語学者の上田万年(かずとし)は、「国語」をもって「国家」の確立をはかろうと考えました（イ・ヨンスク 1996）。「日本語は日本人の精神的血液」であり、日本の「国体」はこの「精神的血液」によって主として維持され、「日本の人種」はこの「鎖」によって散乱しないのだ。上田は帰国直後の講演でこう主張しました。この年、愛国心を育成することを意図して「国語」教育の強化がはかられ、さらに、1900年には、読書・作文・習字の３つに分かれていた小学校の教科が「国語科」に統一されました。

第4章　日清戦争――国際関係の変動

4. 日清「戦後経営」

東アジアの関係変化

日清戦争の結果、東アジアの国際関係には大きな変化が生まれました。第1は、清国が朝鮮を属国扱いすることをやめ、朝鮮の独立が確定したことです。以後、朝鮮ではロシアに接近して日本の進出を抑えようとする勢力が力を強めていきました。これにたいして、1895年10月、日本公使三浦梧楼（ごろう）らは勢力の挽回をねらい、王宮に侵入して王妃を殺害するという事件を引き起こしました（閔妃（びんひ）殺害事件）。この蛮行は国際問題となり、また、朝鮮では反日感情が高まって、反日反開化の武装闘争が激しくなりました。こうしたなかで、親露派は国王をロシア公使館に移し、クーデターで権力を握りました。これにたいして日本側は、何とか朝鮮への影響力を維持しようとして、ロシアと覚書・協定を結んだりしました[①]（糟谷憲一1996）。

第2は、台湾を清国に割譲させた結果、はじめて日本が海外領土をもつことになったことです（台湾植民地化の過程については57～58ページ参照）。第3は、清国と日本の関係の変化です。日清修好条規は廃止され、かわって日清通商航海条約などが成立しました。これは、日本に有利な不平等条約で、日本は清国にたいして欧米列強と同じ位置を占めるようになりました。

「戦後経営」

清国が敗北した結果、列強の中国大陸侵略は本格化し、日本の勝利は東アジアに軍事的な緊張を呼び込みました。日本は帝国主義諸国の中国分割競争に食い込もうと、過大な軍備拡張を推し進めていきました。「戦後経営」と呼ばれる政策の中心は、軍備拡張のための財源確保でした。国の歳出規模は戦前の3倍になり、こ

①1896年6月、山県有朋とロシア外相のロバノフは、朝鮮の財政改革・軍隊訓練、朝鮮での電信線管理・架設などについて申し合わせました。

【日清戦争賠償金の使途】

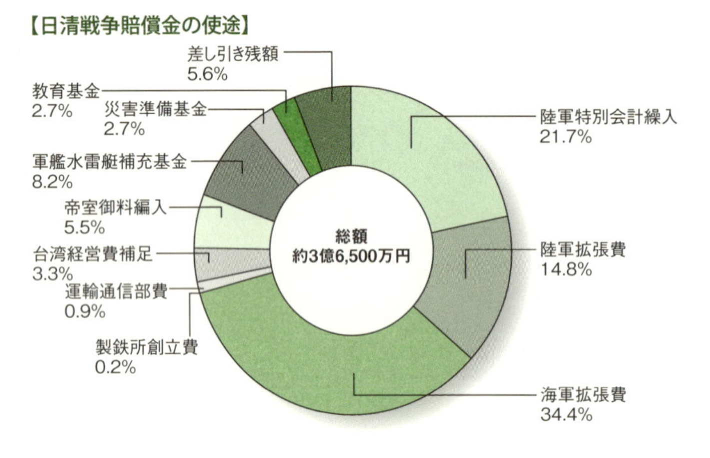

②明治前期の租税の中心は地租でしたが、1899年には酒税がこれを抜いて税収のトップとなり、1902年には税収の42％を占めるまでになりました。他方、日清戦前（1892年）、57％を占めていた地租は、戦後（1902年）、31％となり、3対2だった直接税と間接税の比率は2対3に逆転しました。主な原因は、酒税を中心とする消費税の増税にありました。すでに1896年、営業税・登録税が新設され、酒税法の制定による酒税の増徴と、葉煙草専売が実施されていました。ついで1898年、日清戦争後、第2回目の増税が推進され、地租の増徴とともに、所得税・酒税・登録税・醤油税なども増加されました。1901年1月には、義和団事件（49ページ参照）鎮圧の経費などにあてるためとして、酒税・砂糖税・関税などの間接消費税の増税が決定され、第3次の増税が実施されました。

れをまかなうための増税が相次ぎました。直接税である地租と所得税も、もちろん増税されましたが、とくに著しかったのは酒税・営業税など、各種の間接税の増税・新設でした。[②]

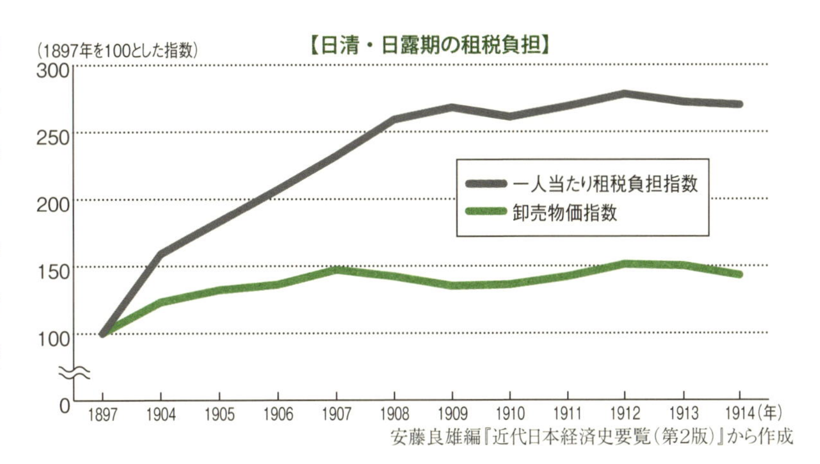

安藤良雄編『近代日本経済史要覧(第2版)』から作成

藩閥と政党

長州・薩摩両藩出身の藩閥政治家は、元老として政治の実権を握り、政党と対抗してきましたが、日清戦争後になると、政党と提携して政治運営にあたる動きもみせるようになりました。第2次伊藤内閣は自由党との提携によって危機を乗り越えようとし、つづく第2次松方内閣は進歩党の党首大隈重信を外相としました。しかし、第3次伊藤内閣にたいしては、地租増徴問題をめぐって両党が提携し、合同して憲政党を結成しました(1898年)。そして、伊藤内閣にかわって最初の政党内閣である第1次大隈内閣を成立させました。ただし、内閣内部の対立などから憲政党は分裂し、内閣はわずか4か月で総辞職しました。その後に成立した第2次山県内閣は、政党勢力の影響が官僚や軍に及ぶのを抑えようとする措置をとりました。[③] しかし、1900年、自由党の流れをくむ憲政党と官僚勢力・実業界の一部は、伊藤博文を党首とする立憲政友会を結成し、第4次伊藤内閣を組織しました。こうして民権運動を担った"自由党"は名実ともに消滅しました。

③山県内閣は文官任用令を改正して政党員が官僚になる道を制限し、また、軍部大臣現役武官制を定め、大臣には現役将官をもってあてるとして、軍に政党の影響が及ぶのを排除しようとしました。

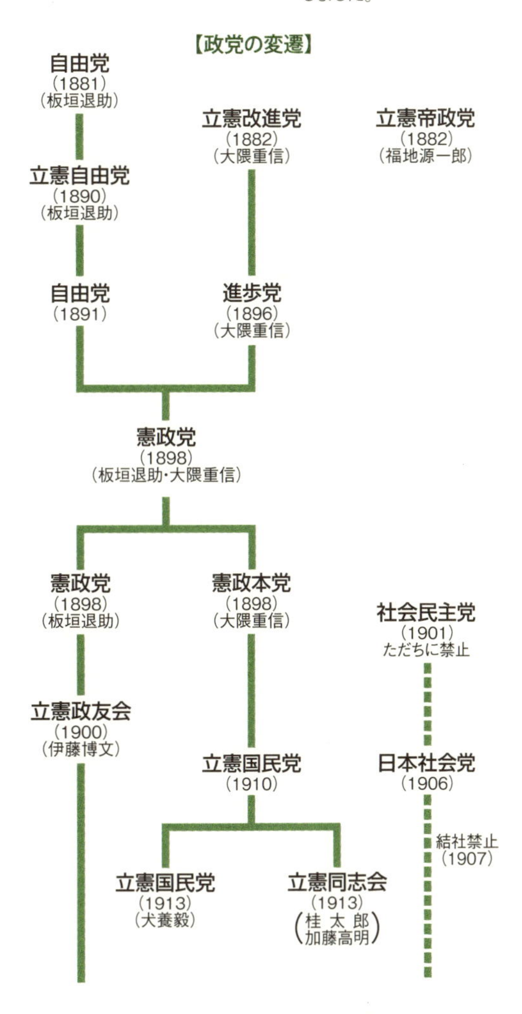

column

「家」制度と「良妻賢母」

1890年、民法（旧民法）が公布されました。これにたいして、日本固有の家族制度を破壊するものだという非難・攻撃がおこり、実施の賛否をめぐる大論争がおこりました。とくに穂積八束は「民法出でて忠孝亡ぶ」と題する論文を発表して、家父長によって統合される家族制度こそが日本の美俗だとして、近代的な家族法の原理を攻撃しました。結局、施行は延期され、新たに設置された法典調査会のもとでつくられた民法（明治民法）が1898年、公布・施行されることとなりました。

明治民法では、戸主の親族でその家にいる者および配偶者を家族とするとなっており、配偶者は家族の末尾に位置づけられました。妻は婚姻によって夫の家に入り、家族はその家の氏を称し、妻の財産は夫が管理するものとされました。ですから、妻名義の財産であっても、夫の許可がなければ譲渡などができないこととなりました。離婚については、夫は妻が「姦通」すれば離婚訴訟ができたのに、妻の方は夫が姦通罪の刑に処せられなければ、訴訟をおこすことができませんでした。また、家督相続・遺産相続は、直系の男子が優先されたため、妻が遺産相続できない場合も多く生じました。

結婚した女性に求められたのは、夫にたいしては良い妻、子にたいしては賢い母となることでした。1902年5月、文部大臣菊池大麓は全国高等女学校長会議で、「女子の職というものは、（中略）結婚して良妻賢母となるということが、将来大多数の仕事であるから、女子教育というものは、この任に適せしむるということを以て目的とせねばならぬのである」と訓示しています。修身の教科書を見てみましょう。1911年に編纂された第2期国定教科書の巻6（6年生用）の第24課「男子の務と女子の務」は、「男子は成長の後、家の主人となりて職業を務め、女子は妻となりて一家の世話をなすもの」で、男と女は「務」が違うと書いています。男は「主人」で職業に従事するもの、女は家事をするものと、はじめから性別によって役割は決まっているというのです。しかも、女子が一家の世話をし、「家庭の和楽」をはかるのは、やがて「一国の良風美俗」をつくるためであり、母としての子どもの育て方の良否は、その子の人となりに影響し、ひいては「国家の盛衰」にも関係すると説明しています。女子教育の目標は、「良妻」「賢母」をつくることにありました。

軍隊と教育――勅諭と勅語

1878年8月、天皇の守衛などを任務とする近衛兵が、西南戦争の恩賞に対する不満などから蜂起しました（竹橋事件）。自由民権運動の影響をうけていたともいわれます。政府はこの反乱事件を弾圧するとともに、10月、陸軍卿山県有朋の名で軍人訓誡を発し軍律を強化しました。それは、軍人精神の基本として、天皇への忠実、勇敢、上官への服従の3つを要求するものでした。ただし、主な対象は将校・士官でした。これにたいして、4年後の1882年1月に出された軍人勅諭は、一般の兵士を含む全軍人を対象としたものです。天皇の言葉というかたちをとって、天皇が兵士たちにたいして「朕は汝等軍人の大元帥（だいげんすい）なるぞ」と宣言し、陸海軍が天皇の軍隊であることを強調しました。そして、忠節、礼儀、武勇、信義、質素の５つの徳目について説明しました。

機構上で軍隊を天皇に直結させる方向は、1878年、天皇直属の参謀本部の設置によって具体化しました。海軍については、1884年、天皇直属の作戦機関として軍事部が設置され、その後、軍令部となりました。1889年、帝国憲法の規定によって、陸海軍を率いる最高軍事指導者としての天皇の位置が固まりました。

教育の根本精神を天皇が定めようとする動きは「教学大旨」にはじまります。1879年8月、北陸・東海道巡行から帰った天皇は、教育にかんする方針としてこれを示し、仁義忠孝の精神を徳育の基本とせよと指示しました。また、「小学条目」では、忠臣・義士・孝子・節婦の画像・写真を使って、幼少の時に「忠孝の大義」を「脳髄に感覚」させる必要があると指示しました。巡行に随行した側近たちの進言によったものと考えられます。天皇の意向をうけ、1881年には文部省が小学校教則綱領を定めて、修身と国史を重視する方針を示しました。また、小学校教員心得を出し、道徳教育に力を入れて忠君愛国の精神を養うように指示しました。

憲法発布の翌1890年、天皇自らが教育勅語を首相と文相に下付しました。忠孝を基本とする儒教的な徳目を掲げた勅語は、以後、天皇の肖像画の写真（御真影、27ページ参照）とともに全国の学校に配布され、祝祭日ごとに慎んで読み上げることが義務づけられました。入学式や卒業式でも同じように扱われるようになり、教育勅語は国民が守るべき絶対的な道徳として強制されていきました。

こうして、国民すべてが学ぶ学校教育では教育勅語が、成年男性が入隊する軍隊では軍人勅諭が、天皇にたいする絶対服従の精神をうえつける聖典の役割をになっていきました。

朕惟フニ我カ皇祖皇宗國ヲ肇ムルコト
宏遠ニ德ヲ樹ツルコト深厚ナリ我カ臣
民克ク忠ニ克ク孝ニ億兆心ヲ一ニシテ
世世厥ノ美ヲ濟セルハ此レ我カ國體ノ
精華ニシテ教育ノ淵源亦實ニ此ニ存ス
爾臣民父母ニ孝ニ兄弟ニ友ニ夫婦相和
シ朋友相信シ恭儉己レヲ持シ博愛衆ニ
及ホシ學ヲ修メ業ヲ習ヒ以テ智能ヲ啓
發シ德器ヲ成就シ進テ公益ヲ廣メ世務
ヲ開キ常ニ國憲ヲ重シ國法ニ遵ヒ一旦
緩急アレハ義勇公ニ奉シ以テ天壤無窮
ノ皇運ヲ扶翼スヘシ是ノ如キハ獨リ朕
カ忠良ノ臣民タルノミナラス又以テ爾
祖先ノ遺風ヲ顯彰スルニ足ラン
斯ノ道ハ實ニ我カ皇祖皇宗ノ遺訓ニシ
テ子孫臣民ノ倶ニ遵守スヘキ所之ヲ古
今ニ通シテ謬ラス之ヲ中外ニ施シテ悖
ラス朕爾臣民ト倶ニ拳拳服膺シテ咸其
德ヲ一ニセンコトヲ庶幾フ
明治二十三年十月三十日

教育勅語(37)

軍人勅諭(38)

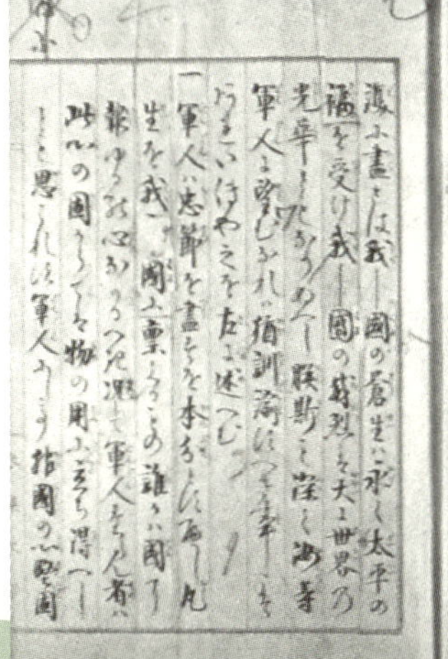

第5章　日露戦争

1. 日英同盟と日露戦争

日英同盟の締結

19世紀後半以来、イギリス・ロシア両国は、バルカン半島・アフガニスタン・極東で権益を拡大しようと激しく対立してきました。明治政府を構成した国家指導層には、イギリスと結んでロシアに対抗し、満州（中国東北地方）方面に権益を拡大していこうとする北進論と、満州でのロシアの権益を認める代わりに朝鮮での日本の優越権をロシアに認めさせ、北方の安全を確保したうえで中国福建省方面に権益を拡大していこうとする南進論がありました。日清戦争を経て、政府は、南進して英・仏との関係を難しくするよりも、北進してロシアと対決する路線を選択しました。

しかし、大国ロシアとの対決路線は、日本単独では困難なことでした。そのため、1902年1月、第1次桂太郎内閣は、日英同盟[①]を結んで、中国におけるイギリスの権益をすべて承認する代わりに、朝鮮・中国における日本の権益をイギリスに認めさせ、イギリスを後ろ盾としてロシアと対決する道を選択したのです。

日露戦争の始まり

義和団事件[②]後、ロシア軍が満州から撤退せず、1903年7月、韓国北部に軍事施設をつくり始めたと報じられると、日本国内には開戦論が強まりました。内村鑑三や幸徳秋水・堺利彦らは非戦論を唱えましたが、政府と新聞に誘導された世論は開戦論に傾斜しました。

1904年2月8日、日本海軍が遼東半島のロシア租借地にある旅順軍港を奇襲攻撃して、日露戦争は始まりました（宣戦布告は10日）。日英同盟によってイギリスから重要な軍事情報を得て、日本は戦争の主導権を握ることができました。陸軍は、旅順・遼陽・奉天などにおける地上戦で多大な損

①正式には第1回日英同盟協約といい、日英両国の東アジアにおける権益を相互に承認しました。とりわけ日本にとっては韓国における日本の政治的利益をイギリスが承認したことに意味がありました。イギリスは、日露戦争中は表向きは「中立」の立場をとりましたが、この同盟を背景にして日本に財政・軍事・情報の各分野でさまざまな援助をあたえました。

②義和団事件は、欧米列強の中国侵略に反発して山東省に端を発した民衆の武装蜂起で、1900年の一時期、北京を占領したり満州方面へも勢力を拡大させました。清国政府も朝廷内の排外主義的主張に押され、義和団の勢いに乗じて列国に宣戦布告しましたが、欧米・日本8か国連合軍のために義和団は鎮圧されました。

【日露戦争要図】

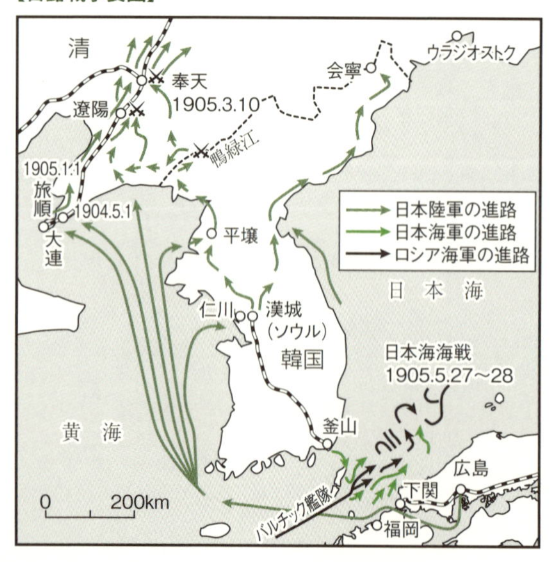

【日清戦争と日露戦争の比較】

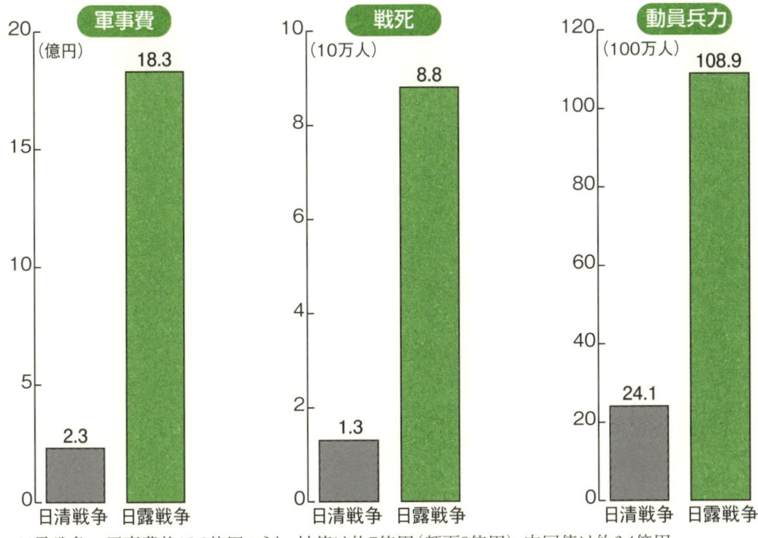

日露戦争の軍事費約18.3億円のうち、外債は約7億円(額面8億円)、内国債は約6.4億円。

害を出しながらもロシア軍の後退戦略に乗じて兵力を北上させました[③]。また、海軍は1905年5月の日本海海戦でロシアのバルチック艦隊を壊滅させて日本近海の制海権を確保しました。

③とりわけ旅順要塞をめぐる戦いでは、バルチック艦隊が到着する前に旅順の太平洋艦隊を無力化しようと要塞の攻略を急ぎすぎたために、準備不足のまま3回にわたる総攻撃が強行され、6万人以上の死傷者が出ました。

継続困難だった戦争

しかし、日本はこの戦争で11万人以上の戦死者・重傷者(兵役から除外された人)を出し、18億円以上の戦費(1904年度の国家予算の約6倍)を費やしました。とりわけ膨大な戦費は、当時の日本の国力の限界を超えるもので、戦費の4割以上を英・米からの借金(外債)によってまかないました。日本が、資金と武器弾薬の欠乏と兵力不足から戦争継続に苦しみだした頃、ロシアでもツァーリ(皇帝)の専制政治に反対し、立憲政治を求める第1次ロシア革命(1905年)が起き、反政府運動が軍隊内にも拡大したためロシアも戦争継続が難しくなってきました。

満州における権益確保をめざすアメリカは、調停にのりだし、アメリカの斡旋(あっせん)で、1905年9月5日、日本全権小村寿太郎とロシア全権ウイッテの間でポーツマス講和条約が結ばれました。それにより、ロシアは朝鮮における日本の優越権を認めるとともに、旅順・大連など中国からの租借地と南満州での鉄道利権を日本に譲渡すること、北緯50度以南の樺太を日本に割譲することなどを約束しました。

第5章　日露戦争

2. 戦争と民衆の生活

戦争にむけての軍備拡張

日露戦争にむけての日本側の軍備拡張は、日清戦争直後からすすめられました。海軍力については、イギリスの技術的援助を受けながら、開戦前には戦艦６隻・装甲巡洋艦６隻（戦艦はすべて、装甲巡洋艦は４隻がイギリス製）を基幹とする強力な艦隊を保有するに至りました。これらの軍艦は、日清戦争の時とは異なり、世界最高水準の最新鋭艦ばかりでした[①]。また、陸軍力も日清戦争終戦時の８個師団から日露開戦前には 13 個師団へと増設され[②]、部隊の火力（銃と大砲の数と威力）も大幅に強化されました。

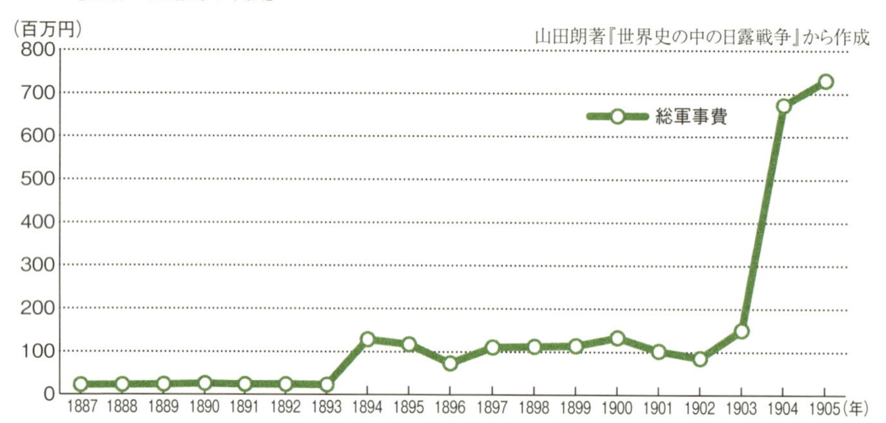

①当時の戦艦は排水量1万5,000トン前後、30センチ主砲4門、15センチ副砲十数門、装甲巡洋艦は排水量1万トン前後、20センチ主砲4門、15センチ副砲十数門を装備していました。

②当時の日本軍の1個師団は歩兵4個連隊・砲兵1個連隊・騎兵1連隊などから成り、2万人前後の兵力を有していました。

日露戦争に向けての急速な軍備拡張のために、国家予算（一般会計）に占める軍事費の割合は、日清戦争前の 10 年間（1884 ～ 93 年）の平均 27.2％から、日露戦争前の 10 年間（1894 ～ 1903 年）の平均 39.0％に達しました（山田朗 1997）。政府はこの軍拡費用を捻出するために大増税をおこない民衆の生活は圧迫されました。

戦争による民衆の犠牲

また、日露戦争が始まると大規模な軍事動員がおこなわれました。日清戦争の際に兵士として動員された総数は約 24 万人でしたが、日露戦争では約 109 万人に達しました。そして、戦争中には、陸軍は南山・遼陽・旅順・黒溝台・奉天など地上戦闘において苦戦に苦戦を重ねたために、動員兵力の 10 人に 1 人以上の割合で戦死者・重度の戦傷者が出ました。その大多数が徴兵された一般国民の若者でした。国内の民衆も戦費調達のための増税、献金や国

君死にたまふこと勿れ
（旅順口包圍軍の中に在る弟を歎きて）
與謝野晶子

あゝをとうとよ君を泣く
君死にたまふことなかれ
末に生れし君なれば
親のなさけはまさりしも
親は刃をにぎらせて
人を殺せとをしへしや
人を殺して死ねよとて
二十四までをそだてしや

堺の街のあきびとの
舊家をほこるあるじにて
親の名を繼ぐ君なれば
君死にたまふことなかれ
旅順の城はほろぶとも
ほろびずとても何事か
君知るべきやあきびとの
家のおきてに無かりけり

君死にたまふことなかれ
すめらみことは戰ひに
おほみづからは出でまさね
かたみに人の血を流し
獸の道に死ねよとは
死ぬるを人のほまれとは
大みこゝろの深ければ
もとよりいかで思されむ

あゝをとうとよ戰ひに
君死にたまふことなかれ
すぎにし秋を父ぎみに
おくれたまへる母ぎみは
なげきの中にいたましく
わが子を召され家を守り
安しと聞ける大御代も
母のしら髮はまさりけり

暖簾のかげに伏して泣く
あえかにわかき新妻を
君わするるや思へるや
十月も添はでわかれたる
少女ごころを思ひみよ
この世ひとりの君ならで

与謝野晶子と『明星』（1904年9月）に発表された「君死にたまふこと勿れ」(39)

債（内国債）購入、農村では軍馬供出などで負担を強いられました。日露戦争では約20万頭の馬が動員され、騎兵用の乗馬だけでなく、輸送用にも多くの馬が使用され、戦地で約3万8,000頭が犠牲になったと言われています。

戦争中にあっても内村・幸徳・堺らの反戦の言論活動は続き、与謝野晶子・大塚楠緒子（くすおこ）らは浪漫主義の歌人・詩人の立場から戦争謳歌（おうか）の風潮に疑問をとなえる作品（晶子の「君死にたまふこと勿（な）れ」がとくに有名）を残したものの、戦争熱が多くの国民を支配していました。また熱狂の反面、ロシアのウラジオストク艦隊の近海出没や「露探」（ロシアのスパイ）が潜入しているといった噂が、しばしば民衆をパニックにおちいらせました。

民衆の不満の爆発

日本の国力・戦力の実態をまったく知らされていなかった国民の多くは、犠牲・負担が大きかっただけに講和における賠償金・領土割譲に多大な期待をよせました。そのため、講和条約で賠償金が得られないことを知るとその不満を爆発させました。全国で講和反対の集会が開かれ、1905年9月5日に東京・日比谷公園で開かれた国民大会では、民衆は、集会後に内務大臣官邸や交番などを焼き討ちにしました（日比谷焼き討ち事件）。政府は、戒厳令の一部を勅令をもって施行し、軍隊を出動させて武力でこれらの動きを鎮圧しました。

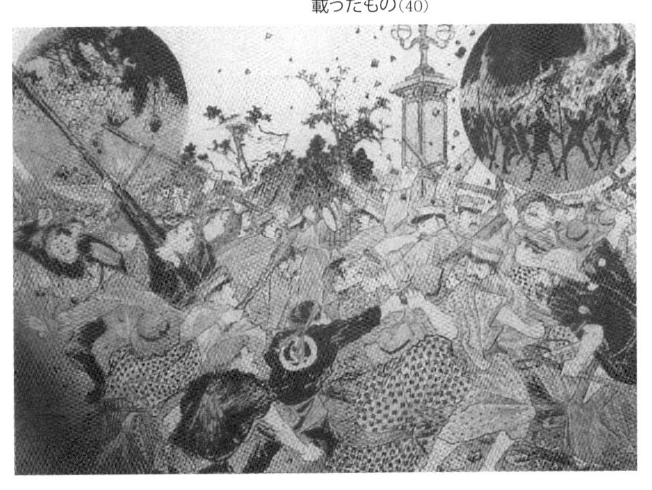
日比谷焼き討ち事件の絵。『風俗画報』に載ったもの(40)

第5章　日露戦争

3. 軍部の成立

世界政治に及ぼした日露戦争の影響

日露戦争は単に極東における日本とロシアの勢力圏争いということにとどまらず、世界の政治の力関係を大きく変化させ、新たな衝突の危機を表面化させました。敗北したロシアの地位が低下したため、それまでの〈英・露仏・独〉の３極対立時代は終わりをつげ、戦争中から戦後にかけてイギリスは仏・露への接近を図り、〈英・独〉の２極対立の時代が到来しました。それにともない、建艦競争を中心とする軍備拡張も、日露戦争を経ることによって〈英仏露・独〉を新たな対立の軸にしてさらに過熱したのです。

「日本を観察する欧米列強」のイラスト。『東京パック』に載ったもの(41)

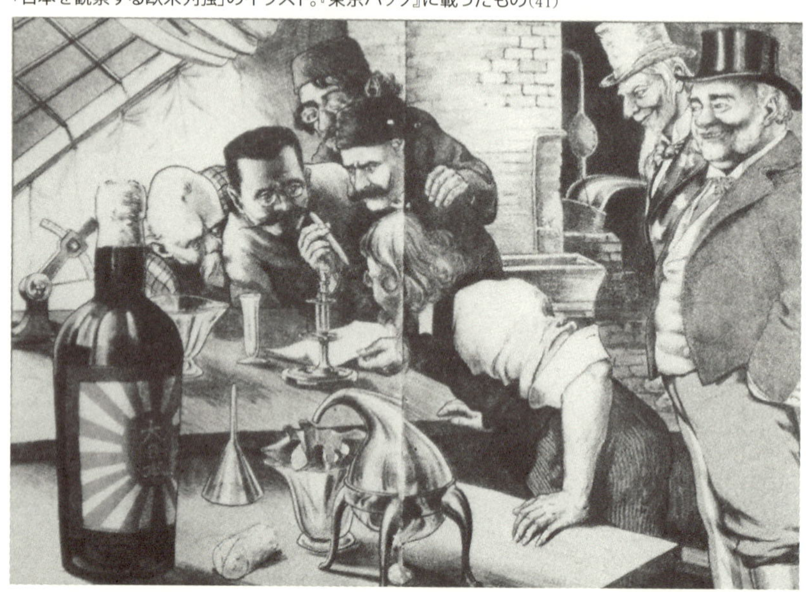

日本はからくも日露戦争に勝利し、世界の大国（当時は「一等国」といいました）の一員となりましたが、そのために欧米諸国との軍拡競争に否応（いやおう）なく加わることになり、自らの経済力とは不釣り合いな軍事力を有する軍事大国となっていきました。

さらなる軍備拡張

1907年に軍部主導のもとに決定された「帝国国防方針」では、ロシアからアメリカ・ドイツ・フランスと順位をつけて仮想敵国とし、同時に決定された「所要兵力」では陸軍＝常設25個師団、海軍＝戦艦８隻・装甲巡洋艦８隻を実現するとしました[①]。「帝国国防方針」は以後、しばしば改定されながら日本の軍備拡張の基準となりました。

①陸軍力は平時25師団・戦時50師団とされ、艦齢8年以内の最新式の戦艦8隻・装甲巡洋艦8隻からなる「八・八艦隊」を建設することが国家の目標となりました。

日露戦争後も、戦時中の巨額な国債（内債・外債）の償還や軍備拡張・植民地経営のために国民には重税が課せられました。政府は、1908年、戊申詔書（ぼしん）を発して国民に勤勉と節約を求め、町村財政の立て直しのための地方改良運動をすすめました。一方、国民の間には「一等国」意識（大国意識）が広まり、政府の推進する軍備拡張や大陸経営、植民地支配を結果として支えることとなりました。

増税の風刺画。『東京パック』に載ったもの(42)

軍部の成立と大正政変

戦後、陸海軍の地位は高まり、独自の政治勢力（軍部）として政治に介入するようになりました。第2次西園寺公望（さいおんじきんもち）内閣が、朝鮮への2個師団増設を行財政整理のために拒否すると、1912年12月、反発した上原勇作陸軍大臣は帷幄上奏権（いあくじょうそう）②を利用して単独辞職し、陸軍は、後任を推薦しませんでした。そのため西園寺内閣は倒れ、内大臣③であった桂太郎が陸軍・官僚を基盤とする第3次内閣を組織しました。

軍人・官僚閥の横暴に、尾崎行雄（立憲政友会）や犬養毅（立憲国民党）らの政党人やジャーナリストは、「閥族打破・憲政擁護」をスローガンに桂退陣運動を展開しました（第1次憲政擁護運動）。桂内閣は、1913年2月、数万の民衆が議事堂を包囲するという反対運動の高揚によって50日あまりで退陣に追い込まれました（大正政変）。その後、海軍大将・山本権兵衛（ごんべえ）が第1次内閣を組織し、政党勢力と協調する政策をとり、軍部大臣現役武官制を変更して、軍部大臣の資格を予備役・後備役にまで拡大するなどしましたが、1914年、シーメンス事件などの海軍関連の汚職事件の責任を問われて総辞職しました。

②帷幄上奏権とは、総理大臣の許可がなくてもおこなえる軍事にかんする上奏（天皇へ意見を述べること）のことで、陸海軍大臣や参謀総長（陸軍）・海軍軍令部長など陸海軍の最高幹部だけに許された特権でした。

③内大臣とは、内閣に属する大臣とは別に存在するもので、天皇の政治的な助言者としての役割を果たしていました。

column

『坂の上の雲』で日露戦争はわかるか?

司馬遼太郎『坂の上の雲』で明治時代や日露戦争に興味を持ったという人は多いと思います。この小説の日露戦争の叙述、とくに秋山好古・秋山真之・児玉源太郎・明石元二郎らの軍人たち、山県有朋らの明治の元勲たちの言動については、一定の史料の裏づけをもっており、普通に読む限りはあまりフィクション性を感じさせません。読者が、この本にフィクション性を感じないのは、登場人物の言動にとてもリアリティがあるからです。

しかし、この小説の登場人物の言葉がそれらしく聞こえるのは、登場人物の性格の特徴づけがきわめて巧みで(わかりやすくて)、読者が「秋山真之とはこういう人物だ」「明石元二郎はこういう行動をする人物だ」というイメージを知らず知らずのうちに抱いてしまうからです。読者は、読み進めていくうちに、なるほど秋山ならそう言いそうだ、明石ならこんなことをしたにちがいないと感じてしまうようになるのです。

『坂の上の雲』が読者にそのように思わせるのは、司馬遼太郎が史料に依拠して登場人物の特徴づけをおこなっているからというよりも、むしろ、司馬自身が、歴史上の人物になりきって発想し、叙述しようと最大限の努力をしているからです。したがって読者は、たとえば明石元二郎になりきった司馬遼太郎が語っていることを、歴史上の人物である明石その人が語っていることと思って読んでしまうのです。ここに一見すると「小説」を感じさせない司馬遼太郎の目に見えないフィクション技法があります。

重要なのは、司馬遼太郎のフィクション技法が、作品の中でどこが歴史上の人物の本当の発言(史実)で、どこが司馬の言葉(想像・創作)なのか、わかりにくいということだけではありません。この技法そのものは、現代人の目ではなく、歴史上の人物の目と感性(と

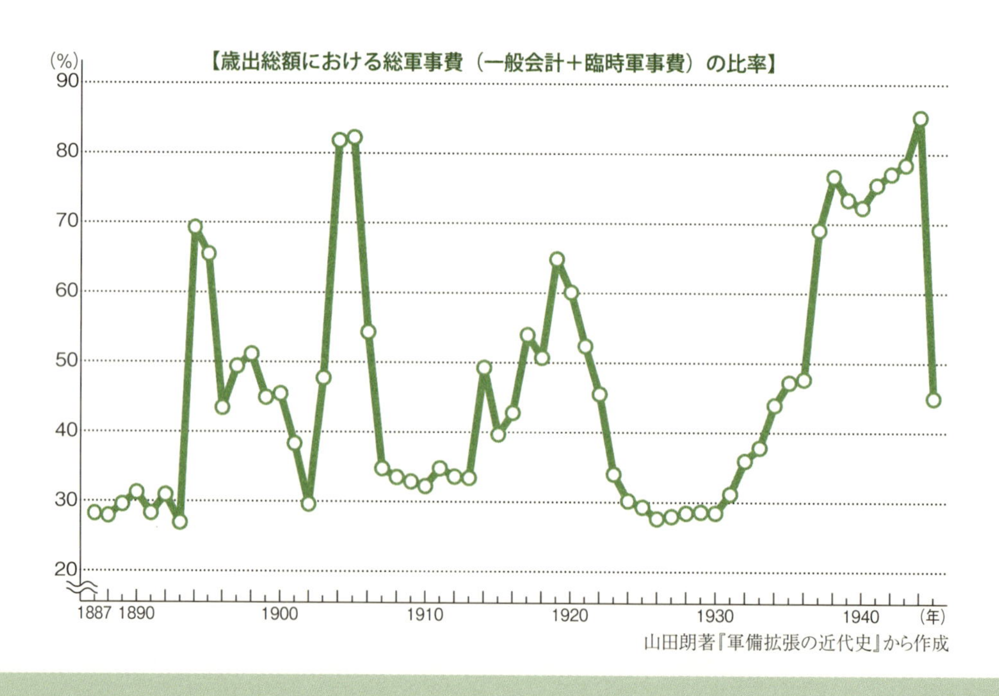

山田朗著『軍備拡張の近代史』から作成

1904～05年にイギリスで出版された『自由のための日本の戦い』と題した３巻本。日露戦争をとりあげた写真・スケッチ3000点を収録

司馬が感じているもの）だけでその当時の歴史を見ようとする同時代史的な歴史把握であり、その当時の人物には見えなかったことはそのまま見過ごしてしまうという大きな限界をもっています。歴史から学ぶためには、その当時の人々には何が見えていなかったのかを探る必要があるのです。

戦争と税金

近代の日本国家は、膨張主義的な国家戦略のもと出兵や戦争をくりかえしてきました。そのために国家予算（一般会計）に占める軍事費の割合は、明治維新以来朝鮮で壬午軍乱のあった1882年までは10%～19%であったものが、1883年以降20%を突破し、日清戦争前には30%前後に達します。日清戦争後から日露戦争までは30%台から40%台になり、日露戦後はだいたい35%前後を推移し、第１次世界大戦後の1919年以降、世界的な建艦競争のために40%を越え、1921年には49%にも達します。ワシントン海軍軍縮条約（1922年）によって軍事費は減少し、1930年までは25%～28%を保ちます。昭和の初期が、日清戦争以降では最も軍事費の割合が低かった時期といえます。1931年に満州事変が始まると軍事費は30%を越え、その後は右肩上がりに上昇し、1934年には40%を突破、日中戦争が始まる1937年以降、30%台の後半から40%台の半ばとなります。

このように日清戦争前の「富国強兵」の時代以降、軍事費は常に国家予算の４分の１以上、時には半分にせまる割合を占め続けました。戦時には、戦費を調達するために外債（外国で発売する国債）を発行したりしましたが、平時の軍拡費用は、だいたい増税と国内における国債の発行でまかないました。

日清・日露戦争の時期から、軍事費を確保するためにおこなわれたのは、各種の税の設定です。それまでの地租（地税）に加えて、1887年からは所得税、1896年からは営業収益税（営業税）、1899年から法人税が設定されます。さらに、1872年に設定された酒税の税率アップを図り、1888年以降は税収に占める酒税の割合は20%を超え、97年以降は30%を突破、99年から1903年までと1909年以降は、酒税は地租を上回り、1918年以降は地租・酒税を所得税が上回ります。日露戦争とその後の軍備拡張は酒税によって支えられたといっても過言ではありません。塩・たばこなどの国家専売品の値上げも軍拡費用を支えました。また、全国の郵便局に貯金機能（郵便貯金）をもたせ、国民にあらゆる機会に貯金させて、その資金を軍事を含めての公共事業に投資するというやり方が明治期からおこなわれました。税制面では、日中戦争期に導入された源泉徴収が、軍事費確保のための税収安定化のきわめて有力な手段でした。

第6章　植民地支配の始まり

1. 台湾支配の始まり

台湾征服戦争

日清戦争は、1895年5月に日清両国間で講和条約の批准書が交換され、形式的にはその時点で終結しました。しかし、日本軍による台湾征服戦争は、それから始まったのです。講和条約によって日本に割譲されることになった台湾では、割譲反対派により「台湾民主国」の建国が宣言され、日本の支配に抵抗する動きがありました。5月末に台湾北端部に上陸した日本軍は、各地で武装した民衆によるゲリラ戦に悩まされ、南部の台南を占領したのは10月下旬のことでした。この5か月間の侵攻・鎮圧作戦により、台湾の軍民約1万4,000人が犠牲になったとされています（若林正文1983）。また、日本軍側も戦死527人、戦病死3,971人を出しました。これは、台湾征服戦争をふくめた日清戦争全体の日本軍の戦死・戦病死者1万3,458人[①]の実に33%を占めており、台湾島民の抵抗がいかに激しかったかを示しています（小田部雄次ほか1995）。

台湾征服戦での台南地域攻撃の想像図(43)

①日清戦争（台湾征服戦争を含む）全体の戦没者1万3,458人のうち実に1万2,081人は病死でした。戦地における衛生・栄養管理が悪く、脚気や胃腸病などで多くの兵士が死亡したのです。

台湾にたいする植民地支配の始まり

日本は、1895年8月に台湾総督府を設置し、翌96年3月まで軍政（占領軍による直接支配）をしきました。1896年4月から民政に移行し、恒常的な植民地支配を始めました。しかし、民政に移行してもゲリラ鎮圧作戦は間断なく続けられました。児玉源太郎総督の統治時代に民政長官をつとめた後藤新平の報告によれば、1898年から1902年までの5年間だけで「叛徒（はんと）」1万950人を処刑あるいは殺害したと記録されています（海野福寿1992）。

台湾における植民地支配の特徴は、台湾島民の抵抗を軍隊・警察によって抑圧しつつ、民衆に日本語と天皇崇拝を強制する同化政策をとり、また、農地改革を実施したり、製糖業を中心に米・樟脳（しょうのう）・木材などの「産業振興」策をとったことにあります[②]。「産業振興」策の中心として植民地における最初の特殊銀行として1897年に台湾銀行が設置され、日本本国からの資本導入の窓口となりました。ただし、これらの産業経済政策は、台湾の近代化をすすめるためではなく、基本的に、台湾統治のための財政基盤を確保し、同時に台湾を日本資本主義の再生産構造のなかに組み込むためのものでした。

②樟脳はクスノキから樹液を精製した薬品で、近年では防虫剤などに使われていましたが、この当時は火薬の原料として使用されていました。

植民地領有が日本人に与えた影響

戦争と植民地獲得は、日本人自身に大きな思想的影響を与え、植民地帝国の本国国民である日本人の多くに大国主義イデオロギーを浸透させることになりました。日清戦争中、日本国内では、この戦争は「文野の戦い」すなわち「文明」＝日本対「野蛮」＝清国の戦争であるとのキャンペーンが政府により展開され、中国人を蔑視（べっし）する風潮が公教育とマスコミを通じて日本社会に急速に浸透していきました。この中国人蔑視・排外主義的傾向は、日本の戦勝と領土獲得により、日清戦後も定着し、その後の日本の膨張政策と日本人の中国人観を規定していくことになります。また、台湾の領有は、日本の国家指導層の中国福建省方面への進出意欲を増大させることになりました[③]。

③台湾を足場にして対岸の中国本土に進出しようという動きは、1900年に廈門（アモイ）への出兵（廈門事件）として現実のものになりますが、列国の抗議によって日本政府は当面は南進をしないことを決定します。

日清戦争中の1894年9月、平壌で日本軍に降伏した清国兵捕虜。戦争は少なくない日本人に大国主義イデオロギーをもたらしました(44)

第6章　植民地支配の始まり

2. 朝鮮支配の始まり

朝鮮支配をめぐる列強への工作

日本は日露戦争中から、朝鮮への日本の排他的な優越権を列強に承認させるための工作を始め、1905年7月にアメリカとの間に桂タフト協定を、8月に日英同盟を更新し、07年6月にはフランスとの間に日仏協約を、7月にはロシアとの間に第1次日露協約を締結しました。これらの一連の条約によって、日本は、米・英・仏・露などの列強との間で、権益と勢力圏を相互に承認しあいました（井口和起1998）。すなわち、日本は朝鮮および南満州にたいする優越権をこれら列強に認めさせるかわりに、列強の東アジアにおける植民地支配や既得権益をすべて承認したのです。日本が日露戦争後、ただちに列強との支配・権益の相互承認へとすすんだのは、明らかに韓国併合の伏線でした。日清戦争後の「三国干渉」に懲りた日本の国家指導層は、勢力圏拡張に際してはあらかじめ列強の承認をとりつけておくという方法をとったのです。

韓国統監時代の伊藤博文（中央）(45)

被保護国から併合へ

韓国にたいして日本は、日露戦争中の1904年8月締結の第1次日韓協約によって、財政・外交にかんする日本人顧問を韓国政府が任用することを認めさせました。そして、日露戦争終結直後の1905年11月、日本政府は、韓国政府に第2次日韓協約の締結をせまりました。その結果、日本は韓国から外交権を剝奪（はくだつ）するとともに、韓国統監府（初代統監・伊藤博文）を設置して、韓国政府への支配力を強めて被保護国としました①。さらに日本は、1907年には、

①国家の主権の一部を奪って半独立状態とすることを被保護国化といいますが、一般に単に保護国化、保護国にするという言い方もします。

韓国皇帝（高宗）を退位させ、第3次日韓協約を結んで軍隊を解散させ、以後、司法・警察権をも掌握するに至りました。このように、韓国にたいする支配力を強めていったうえで、1910年8月、「韓国併合に関する日韓条約」調印により日本は、韓国を廃して日本領として併呑（へいどん）したのです。

広がる抗日義兵闘争

こうした日本の進出、支配強化にたいして、日清戦争中の1894年10月頃より農民主体の義兵闘争が始まり②、日露戦争中にも朝鮮半島南部を中心に義兵闘争が広まりました。1907年に韓国軍隊が強制的に解散されると、旧韓国軍の将兵たちの多くが蜂起して、農民義兵に合流し、反日義兵闘争は組織的な戦闘力を高めつつ韓国全土をおおいました。義兵の蜂起に手を焼いた日本軍＝朝鮮駐剳（ちゅうさつ）軍は、村々を焼きはらい、ゲリラ闘争を続ける義兵を大量に殺害し、あわせて日本軍に非協力的な民衆もみせしめに殺傷しました③（海野福寿1995）。

②義兵とは正規の軍隊の兵士ではない、自らの意思で武装闘争に立ち上がった義勇兵のことを指します。義兵闘争は、日本軍の猛烈な弾圧のために1909年以降は次第に満州やロシア領沿海州に根拠地を移しました。とりわけ、韓国国境に隣接した中国吉林省南東部＝間島地方は、抗日闘争の拠点となりました。

③義兵闘争のピークであった1908年には、日本軍と交戦した義兵の数は6万9,832人、殺傷されるか捕虜となった義兵も1万4,698人におよんだとされています。

日本による朝鮮支配の特徴は、同化主義と武断主義（63ページのコラム参照）にあったとされています。1919年の三・一独立運動のあとは、弾圧と懐柔策をおりまぜた「文化政治」が導入され、武断主義一辺倒からの若干の転換が見られましたが、日本は、朝鮮を食糧（米）と工業原料（生糸・綿花）供給地として農民に作つけ転換などを強要しました。

銃を構える朝鮮の義兵(46)

第6章　植民地支配の始まり

3. “大陸経営”の始まり
―支那駐屯軍と関東州・満鉄・関東軍―

列強による中国分割と日本

日清戦争に敗れた清国に、欧米列強と日本はそれぞれの勢力範囲を設定して権益の拡大につとめました。1900年の義和団事件に際しても、欧米･日本の8か国連合国は、01年の北京議定書によって清国に多額の賠償金を課するとともに、北京・天津周辺への軍隊駐屯権を認めさせました。ここに日本も中国において欧米列強と並んで、権益を獲得しました。日本も天津に司令部を置く支那駐屯軍を設置しました。当初は数百人規模の駐屯でしたが、次第に増加し、昭和初期には1,800人ほどになり、北京・天津・山海関に駐屯し、1936年には5,800人へと増強されました。のちに盧溝橋(ろこうきょう)事件で中国軍と衝突したのはこの支那駐屯軍[①]の部隊でした。

①北京議定書にもとづいて1901年6月に清国駐屯軍が設置され、1912年4月に支那駐屯軍に改称されました。

遼東半島のロシア権益の継承

日露戦争に勝利したことで、旅順・大連などがある遼東半島の租借権は、日本に引き継がれました。租借地というのは、あくまでも清国の領土で、借りている土地なのですが、実質的な統治権は借りた国が持ち、司法・立法・行政を実施する準領土のことです。日本政府は、租借した遼東半島の先端部（旅順･大連地区）を関東州と名づけ、そこを管轄する関東都督府という役所を1906年に旅順に設置しました。

また、ポーツマス講和条約の結果、日本政府は、ロシアが建設した東清鉄道の南満州支線（長春～旅順）をロシアから譲渡されました。この鉄道は1906年には半官半民の国策会社・南満州鉄道株式会社（満鉄）となりました。このような勢力範囲に敷設された鉄道は、内陸部の資

【列強により中国に設定された勢力圏】

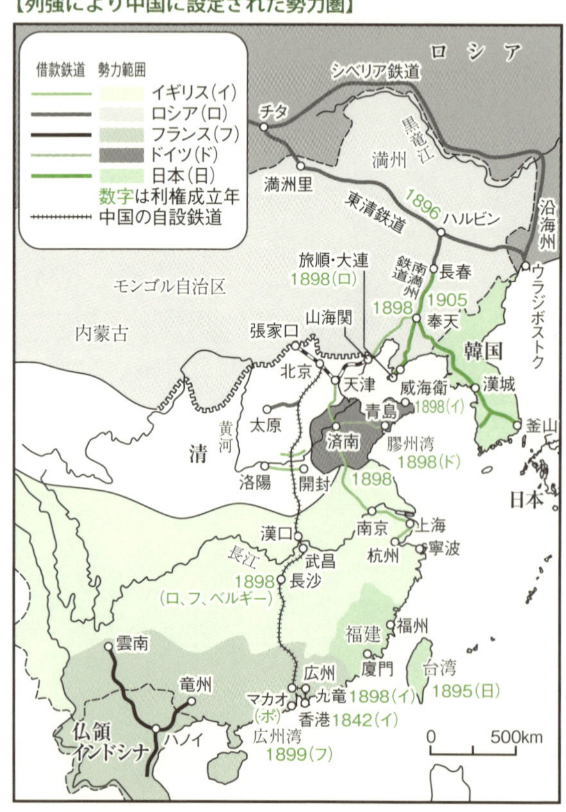

源・商品を運び出し、列強の商品や軍隊・植民者を送り込む植民地政策の大動脈の役割を果たしました。また、満鉄は、のちに炭鉱なども経営する一大企業体となっていきました。

遼東半島という中国の要地をおさえ、大連港と満鉄線を獲得したことによって、朝鮮半島だけでなく南部満州に日本の勢力を拡大していく、いわゆる"大陸経営"が日本の国策・対外政策の最も重要な柱となりました。また、日本はロシアと1907年以降4次にわたって日露協約[②]を結び、満州・蒙古における勢力範囲を分割しました。

②1907年7月、日露両国は日露協約(第1次)を締結し、相互の領土保全などを確認しましたが、これに付随する秘密協定において両国の勢力範囲を、北満州はロシア、南満州は日本、西内蒙古はロシア、東内蒙古は日本、と線引きしました。協約はその後、1910年・12年・16年と3回にわたって更新・改定されました。

満蒙特殊権益の成立

日本は、日露戦争で獲得した関東州と南満州鉄道という大きな権益を守るために、関東州に守備隊を設置しました。守備隊は、1919年に関東都督府が関東庁に改組された際、関東軍という名称になり(司令官は陸軍中・大将)、天皇に直属する有力な部隊となりました。関東州・満鉄・関東軍は日本が保有する満蒙(まんもう)(中国東北地方と内モンゴル)特殊権益の三本柱となりました[③]。

③特殊権益というのは、1国だけが保有している権益のことを言い、列強が共通して保有している権益を一般権益と言います。

関東軍は、重要地点を守備する独立守備隊6個と日本国内から派遣される1個師団などから編成され(兵力はおよそ1万人)、その後も関東州と満鉄・満鉄付属地を守備するということを名目に、次第に権限と戦力を拡大させ、日本の大陸政策に大きな発言力を持つようになります。

旅順に設置された関東都督府(47)

column

日本の植民地支配の特徴

戦前期日本の植民地支配の最大の特徴は、同化主義＝皇民化政策（植民地住民を内面的にも「日本人」にする）という点にありました。「皇民」（天皇の民）は、天皇のもとで平等なのだという「一君万民」「一視同仁」の天皇制の支配原理からすれば、「みな日本人になる」という同化主義に行き着くのですが、これは、欧米帝国主義の支配（本国人と植民地人を明確に区別するやり方）との違いを強調したかったためであると思われます。

しかし、皇民化政策は日本の本国人と植民地の人々を平等にあつかったということではなく、植民地住民を半人前の「日本人」として、本国人に近づくことを強要しながら、それらの人々を遅れた存在として力によって押さえつけ、差別するというものでした。

また、同化主義と並んで日本の植民地支配の特色をなすのが武断主義です。台湾でも、朝鮮でも日本への抵抗は、陸軍部隊・憲兵隊・警察によって徹底的に弾圧されました。台湾では、軍隊による抗日勢力の鎮圧後は、おもに警察によって地域支配がおこなわれました。朝鮮では、併合以前の段階から、日本軍の電信線の保護などの理由から憲兵隊を主体とした弾圧がおこなわれ、義兵闘争には陸軍部隊が出動して大規模な軍事作戦が展開されました。のちに中国で日本軍がおこなった「三光作戦」（殺し尽くし、焼き尽くし、奪い尽くす）の原型は、義兵闘争にたいする武力鎮圧の際に形成されました。

【「大日本帝国」と植民地】

地名	面積（平方km）	人口（人）
本国	381,256.1	50,716,600
植民地合計	296,526.9	17,205,087
台湾	35,847.1	3,341,217
澎湖島	126.9	
樺太	36,090.4	31,017
関東州	3,462.5	519,836
満鉄付属地	256.0	
朝鮮	220,744.0	13,313,017

（注）人口は『大日本帝国統計年鑑』による1910年現在数

植民地支配への評価は台湾と朝鮮では違うのか？

日本による台湾の植民地支配は緩やかで、朝鮮の植民地支配が厳しかったということはありません。植民地支配は、ともに武断的な形で始まり、次第に硬軟とりまぜたやり方になっていきました。

日本が植民地支配を始めた段階で、台湾と朝鮮では、ナショナリズム（民族としての意識）の段階が大きく異なっていたといわれます。

台湾の住民はきわめて多様で、漢人と高地系住民は言葉も異なり、高地系住民の中でもさまざまな言語が存在していました。高地系住民には自分たちの部族（集団）という強固な意識はあっても、「清国人」「中国人」あるいは「台湾人」という意識は希薄でした。したがって、日本の支配に抵抗したのは主として自分たちの生活や利益を守るために戦ったのであり、必ずしも台湾住民が「清国人」「中国人」「台湾人」という国民意識（一体感）をもって戦ったわけではありませんでした。その後、日本の同化政策・皇民化教育が浸透してくると、それまで言葉さえ通じなかった台湾の住民の中で、日本語を媒介にして結果的に“一体感”が生じるということもありました。

朝鮮では、日本が進出し、支配を始めた段階で、すでに朝鮮語を話す単一性の強い民族としての意識が住民にありました。朝鮮人は、古くから共通の言語・伝統文化（価値観）を土台として、地域（古代からの行政区画としての「道」の単位）での一体感だけでなく、「朝鮮民族」としての強い一体感（民族意識）をもっていました。したがって、日本の進出・支配の初期段階で起こった抗日運動は、個人の生活・利益を守るとともに、民族・国家としての独立性を守ろうとしたものだったのです。つまり、日本による支配＝皇民化政策は、既存の朝鮮民族の文化的・伝統的一体感を破壊しようとするものであったため、きわめて激しい抵抗をうけ、さらに今日まで継続する嫌悪感を生み出したのです。

また、朝鮮民族の「文明」の序列観も、日本への反感を強めた一因だと思われます。歴史的に、古代から「文明」は、中国から朝鮮へ伝わり、そして日本に伝わりました。朝鮮民族にしてみれば、文化的に中国は常に上位にある存在ですが、日本は下位にある存在だったわけで、その文化的に下位の存在である日本に、支配されるというのは、民族の「文明」の序列観に反する、きわめて屈辱的なものであったと考えられます。

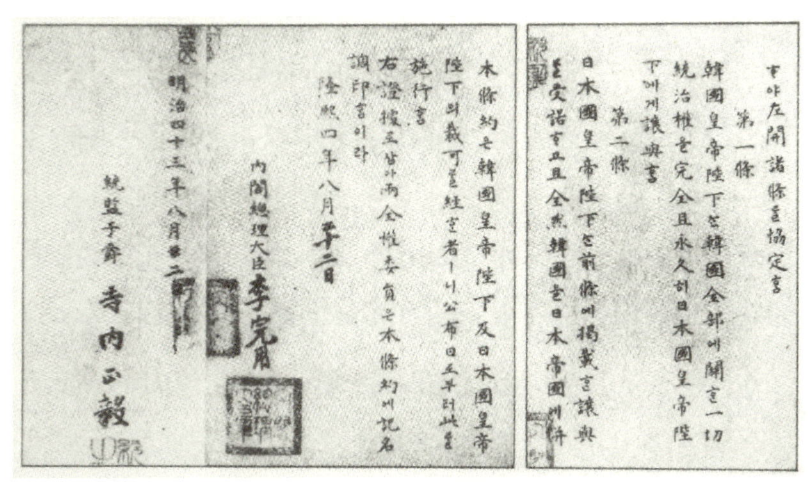
ᄒᆞ야左開諸條를協定홈
第一條
韓國皇帝陛下는韓國全部에關흔一切
統治權을完全且永久히日本國皇帝陛
下에게讓與홈
第二條
日本國皇帝陛下는前條에揭載흔讓與
를受諾ᄒᆞ고且全然韓國을日本帝國에倂

本條約은韓國皇帝陛下及日本國皇帝
陛下의裁可를經흔者ㅣ니公布日로브터此를
施行홈
右證據로삼아兩全權委員은本條約에記名
調印홈이라
隆熙四年八月二十二日
內閣總理大臣李完用
明治四十三年八月二十二日
統監子爵寺內正毅

1910年8月22日に調印された韓国併合条約。第１条で「韓国皇帝陛下は韓国全部に関する一切の統治権を完全且永久に日本国皇帝陛下に譲与す」とされました(48)

台湾の開墾集石作業場で重労働をする現地女性(49)

第7章　産業の発達と社会の変動

1. 産業革命と社会の変化

工業生産の変化

官営八幡製鉄所（50）

政府は富国強兵を掲げ、政府主導で産業の振興政策をおしすすめましたが、1880年代には民間にも企業の新設ブームがおとずれました。民間工場で最も規模が大きかったのは紡績工場です[①]。一方、開港以来、生糸は日本の輸出品のトップでしたが、製糸工場には小規模なものが多く、長野県・山梨県・群馬県などの養蚕地帯に散在していました。初期の重工業の中心は、軍直属の軍事工場でした[②]。製鉄事業は、1901年、官営の八幡製鉄所が操業を開始して、ようやく本格化しました。日清・日露戦争の間の時期、手工業から機械制工場への生産の転換がはかられ、産業革命が急速にすすみました。こうしたなかで、三井・三菱・住友・安田・古河（ふるかわ）（71ページ参照）など、政商と呼ばれる商人たちは、造船所や鉱山などの官業事業の払下げを受けて[③]、財閥の基礎をつくっていきました[④]。

鉄道の発達

政府は鉄道の建設をすすめ、1889年には新橋―神戸間の東海道本線が全通しました。80年代後半には鉄道会社の設立が相次ぎ、第1次の鉄道ブームが到来しました。1891年には日本鉄道会社の上野―青森間が開通しました。日清戦争後には第2次鉄道ブームがおとずれ、多数の鉄道会社が鉄道を敷設しました。こうして日清戦争前（1892年）、約3,107キロメートルだった鉄道営業キロは、日露戦争後（1907年）には約7,807キロメートルと、2.5倍以上になりました（原田勝正 1991）。旅客輸送人員（年間）も、2,846万4,000人から1億4,231万7,000人へと5倍近くになりました。日露戦後の1906年には鉄道の国有化がはかられ、鉄道全体の90％以上が国鉄となりました。こうして張り巡らされた鉄道網によって、移動の時間は短縮され、長距離の移動も容易になりました。人々が自

①1883年に操業を開始した大阪紡績では、イギリス製の最新の紡績機を導入し、電灯を設備して昼夜二交替制で生産性をあげました。以後、各地に工場がつくられ、日露戦後には、3,000人から4,000人の職工が働く工場がいくつも出現しました。

②陸軍工廠（こうしょう）は東京と大阪に設置され、海軍は横須賀・東京・呉・佐世保・舞鶴に工廠を設置しました。最大の呉海軍工廠では、2万人の職工が軍艦・小銃・大砲などの兵器を生産していました。

③政商とは、政府高官と結びつき、便宜や特権を手に入れてもうけた商人のことです。政府は1884年以降、直営の鉱工業を民間に払い下げる政策を本格化させ、新町紡績所・富岡製糸所が三井、長崎造船所・佐渡金山・生野銀山が三菱、院内銀山・阿仁銅山が古河などに払い下げられました。

④財閥とは、家族・同族が資本を握って、多角的な経営をおこ

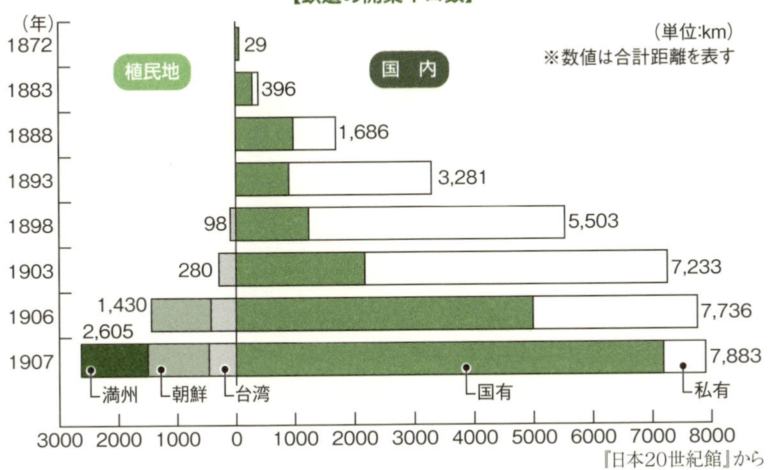

『日本20世紀館』から

なっている企業集団のことをさします。

由にできる空間は格段に広がり、視野の拡大、相互の交流がはかられていきました。

農業と地主制

1881年からの松方デフレ（34ページ参照）の結果、土地を手放す自作農民が続出し、その土地は地主（所有地を貸し付け、その地代を収入とする者）のもとに集まってゆきました。1880年代半ばには、全国の農地のうち小作地が占める比率は35%を超え、小作農家は20%を超えました。1900年代には、小作地率が45%、小作農家率が27%を超えました。小作農民は地主から土地を借りる代わりに、小作料を支払わなければなりませんでした。田の小作料は収穫した米の半分以上に及び、稲作だけで生活することは不可能になっていきました。小作農民は高率・高額の小作料を払うため、養蚕などをおこなったり、娘を出稼ぎ女工として製糸業や紡績業に送り込んで（67ページ参照）、その低賃金でようやく家計を成り立たせざるを得ませんでした。また、零細な自作農も、資本主義の発展による肥料代の増加や租税負担の増大によって負債がかさんでいきました。

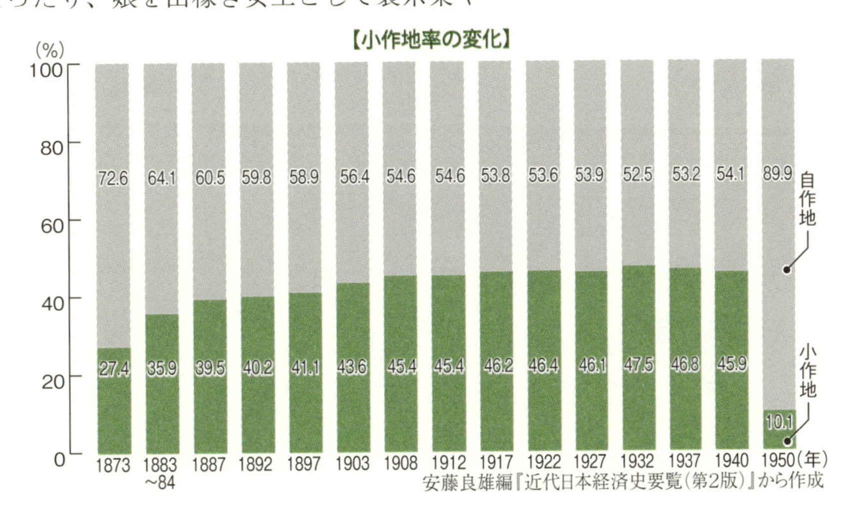

安藤良雄編『近代日本経済史要覧（第2版）』から作成

第7章　産業の発達と社会の変動

2. 労働運動と社会主義

労働者と労働組合

工場制工業の急成長で大量の賃金労働者がうまれました。繊維産業の労働者の中心は女工で、その多くは貧しい農家から連れてこられた十代の少女たちでした。不衛生な寄宿舎に入れられ、1日の労働時間は短くても12～13時間、長ければ17～18時間に及びました。長時間労働と塵芥・有毒ガスが発生する工場環境のなか、肺結核や消化器病などが女工たちの体を蝕みました。①

一方、男性は造船業・軍需産業などの重工業や鉱山業などで働いていました。そうしたなか、アメリカで労働運動を体験した高野房太郎らは、1897年、職工義友会という団体をつくって労働組合の結成を呼びかけました。さらに高野・片山潜らは労働組合期成会を結成しました。②これにこたえて東京砲兵工廠（65ページ参照）の職工など金属機械工場の労働者の鉄工組合、日本鉄道（65ページ参照）の機関士の日本鉄道矯正会、印刷工の活版工組合が結成されました。政府は1900年、治安警察法を制定して、労働者の団結、団体交渉、争議を禁止しました。これによって労働組合運動は致命的な打撃を受け、衰退にむかいました。

①農商務省編『職工事情』全5巻（1903年。岩波文庫3冊、1998年）には、各種職工にかんする克明な調査結果と、女工の虐待などにかんする談話が収められています。これは、工場法を立案するための基礎資料として、同省に設置された臨時工場調査掛がまとめたものです。また、細井和喜蔵『女工哀史』（1925年、岩波文庫、1954年）には、1920年代前半を中心に、紡績女工の労働条件と生活実態が記録されています。

②労働組合期成会は各地で演説会を開き、労働組合の結成を訴えました。また、準機関紙として創刊された「労働世界」（月2回刊）の論調は、最初、労使協調的でしたが、次第に社会主義にも関心を寄せていきました。

社会主義の起こり

社会主義にかんする知識は、すでに明治初期、日本に伝えられていましたが、日清戦争後、資本主義の矛盾にたいする自覚が、人々を社会主義へとかりたてました。1899年、安部磯雄・幸徳秋水・片山潜らは社会主義の研究団体、社会主義研究会を設立しました。翌年、実践団体である社会主義協会にこれをあらため、安部が会長となり

女工160人が働いていた石岡製糸会社（茨城県）の工場(51)

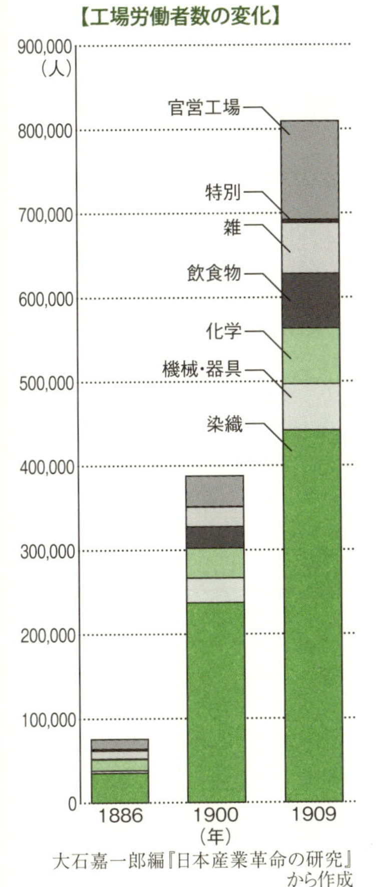

大石嘉一郎編『日本産業革命の研究』から作成

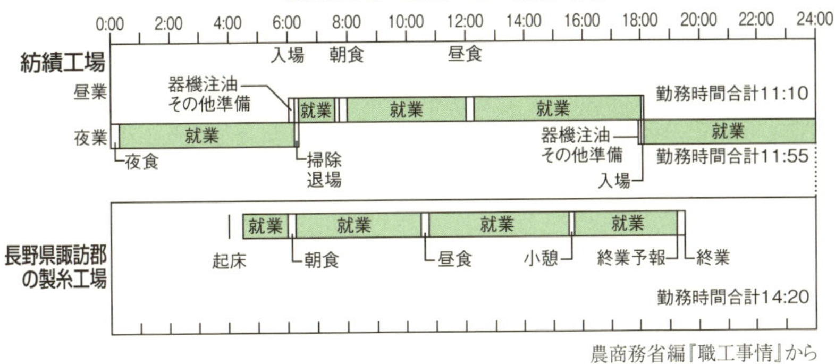

農商務省編『職工事情』から

ました。1901年5月には、安部・片山・幸徳ら6人が、日本で最初の社会主義政党、社会民主党を結成しました。[3] しかし、治安警察法によってただちに結社を禁止され、具体的な活動をする間もなく解散しました。1903年には、幸徳秋水『社会主義神髄』、片山潜『我(わが)社会主義』が刊行され、社会主義理論を紹介しました。[4]

③幸徳以外はクリスチャンであり、キリスト教的な改革思想と人道主義が彼らを突き動かしていたといえます。社会民主党の宣言は、軍備の全廃、階級制度の全廃、土地と資本の公有、教育の機会均等など8項目の理想綱領を掲げました。また、行動綱領として、8時間労働制、普通選挙、貴族院廃止、治安警察法廃止など、28項目をあげました。社会主義をタテ糸、民主主義をヨコ糸とし、平和的な手段で目的を実現しようとしたのです。

④幸徳秋水は、『廿世紀の怪物帝国主義』(1901年)で、「愛国心」をタテ糸とし「軍国主義」をヨコ糸とするものだと、帝国主義を厳しく批判しました。日露戦争の際には、堺利彦とともに「平民新聞」を創刊して非戦論を展開し、また、1904年3月、ロシア社会党に連帯を呼びかける文書を発表しました。一方、片山潜は、同年8月、アムステルダムで開かれた第2インターナショナル大会の席上、ロシア代表のプレハーノフと握手して、労働者階級の国際的な連帯を世界にアピールしました。

労働争議と社会主義

日露戦後の恐慌のなかで、労働争議の件数は急増し、規模も大きなものとなりました。1906年には官営軍事工場や造船所・銅山・鉱山など、大工場・大経営で大規模な争議が相次ぎました。1907年の足尾銅山争議は3000人規模の暴動になり、弾圧のために軍隊が出動しました。

一方、社会主義者は1906年2月、「国法の範囲内」で社会主義を主張することを掲げて日本社会党を結成し、政府もこれを認可しました。しかし、1907年2月、幸徳秋水が状況を打破するためには団結した労働者の直接行動しかないと主張すると、社会党のなかでは、直接行動論と、議会を重視すべきだとする議会政策論との対立が激しくなりました。そして、運動が直接行動論へと傾斜するなか、日本社会党は解散させられ、運動内部の分裂も深まりました。やがて、大逆事件(72ページ参照)によって社会主義は“冬の時代”に追い込まれました。

第7章　産業の発達と社会の変動

3. 近代文化と民衆

教育と教化

学制によって学校で学ぶことは国民の義務となり、小学校が全国の町・村すべてに設置されていきました。就学率は日清戦争後の1900年代に90％をこえ、日露戦争の頃にはほぼ100％となりました。小学校を教化の機関として使えば、国民の認識や意識を操作することができます。1891年、帝国大学教授・久米邦武は論文を発表し、神道は日本にあった天を祭る古い習俗であると書きました。翌年、久米は神道家などの保守派から激しい攻撃をうけ、大学を追放されました[①]。その際、攻撃した人々は、教科書は「国民鋳造の模型」だから、研究にもとづく必要はないと主張しました（永原慶二 2001）。歴史教科書は「天照大神（あまてらすおおみかみ）」「天孫降臨（てんそんこうりん）」といった天皇中心の神話からはじまるようになり、天皇が歴史の中心となりました。教科書採用をめぐる贈収賄（ぞうしゅうわい）事件をきっかけに、1903年、教科書は検定から国定にかえられました。1911年、後醍醐天皇側の南朝と足利氏側の北朝とを並立して書くのは「万世一系」に反するという教科書攻撃がおこり、政治問題化しました。政府は教科書を修正して南朝を正統とし、執筆者を休職処分としました（海後宗臣 1969）。この問題を通じて、教科書は国民教化を目的とするものだ、教育と学問は別だという考えが強まりました。

①同じ頃（1891年）、第一高等中学校の教員でキリスト者の内村鑑三は、教育勅語に礼拝しなかったとして攻撃され、職を追われました（内村鑑三不敬事件）。

唱歌と軍歌

学制により小学校には唱歌という教科がおかれました。文部省は西洋・東洋の音楽を折衷するという方針のもと、唱歌づくりをすすめ、1881年から85年にかけて最初の唱歌集を刊行しました[②]（山住正己 1994）。学校の唱歌を通じて西洋風の音楽は次第に広がりました。しかし、唱歌には当時のイデオロギーも埋め込まれていました[③]。1891年、文部省は「小学校祝日大祭日儀式規程」を定め、重要な国家の祝祭日を学校行事としました[④]。それぞれの儀式では、「君が代」をはじめ、「紀元節」「天長節」など、天皇をたたえる歌を歌うことが義務づけられました。他方、日清戦争期には多くの

②「蝶々」（原曲はドイツの童謡）、「蛍の光」（スコットランド民謡）、「庭の千草」（アイルランド民謡）など、欧米の曲に日本風の歌詞をつけた歌もおさめられています。

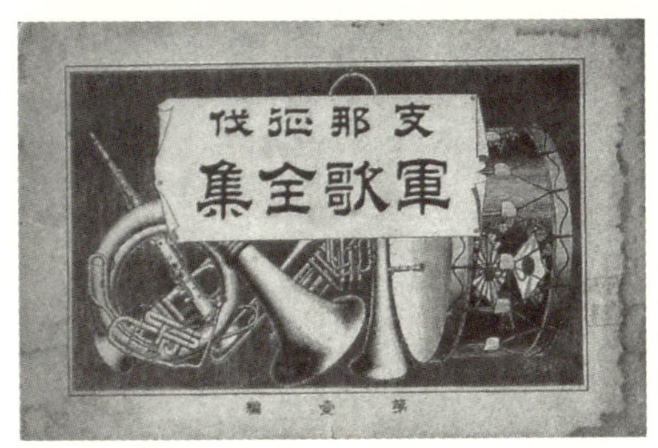

『支那征伐軍歌全集』。一般から公募し、戦意を高める勇ましい内容のものを編みました(52)

軍歌が流行し⑤、民衆は軍歌を介して西洋風音楽に接することとなりました。

南朝忠臣の歌
落合直文先生作歌及訂正
山田正雄作曲
大楠公
小楠公
児島高徳
東京 文鳳堂發兌

南北朝期の後醍醐天皇側の「忠臣」楠正成らをたたえる唱歌(53)

芝居と演劇

1872年、政府は歌舞伎を国民教化の道具にしようとする方針を打ち出しました。その後、貴人や西洋の賓客に見せても恥ずかしくないものにしようと、政府高官らは演劇改良に乗り出し、1887年には天皇臨席のもとで歌舞伎が上演されるに至りました。しかし、民衆は民権運動の流れをくむ壮士芝居や川上音二郎の口語の演説調せりふの方にひかれ、「オッペケペー節」などの演歌⑥が流行しました。日清戦争の際、川上一座は日清戦争劇で大成功をおさめましたが、それは日本の大義を支持し、勝利に熱狂する民衆意識と呼応しあうものでした（兵藤裕己2005）。その後、こうした流れから新派劇が生まれ、「金色夜叉」「不如帰」などの作品を上演して⑦、多くの観客を動員しました。他方、1906年に島村抱月らが結成した文芸協会は、シェークスピアなどの西洋演劇を上演していきました。

市民の人気を集めた「オッペケペー節」(54)

③「蝶々」は「さくらの花の、さかゆる御代に」と天皇の治世を歌い、「蛍の光」は3番で「真心はへだてなく、一つに尽せ、国のため」、4番で「千島のおくも、沖縄も、八洲のうちの、守りなり。至らん国に、いさおしく、つとめよ、わがせ、つつがなく」と、ナショナリズムを高唱しています。また、死んでも皇国のため、天皇のために退くなと歌う「来たれや来たれ」や、「敵は幾万」といった軍歌も、学校唱歌です。

④1873年、政府は、新年宴会（1月5日）、紀元節（2月11日）、天長節（天皇誕生日、11月3日）を祝日、元始祭（1月3日）、孝明天皇祭（1月30日）、神武天皇祭（4月3日）、神嘗祭（10月17日）、新嘗祭（11月23日）を祭日としました。

⑤黄海海戦を歌った「勇敢なる水兵」、看護婦の活動を歌った「婦人従軍歌」などが生まれました。

⑥自由民権派の活動家たちが演説がわりに歌った社会批判の歌。

⑦前者は尾崎紅葉原作で、貫一とお宮の、後者は徳冨蘆花原作で、武男と浪子の物語です。

column

近代化と“公害”──田中正造のたたかい──

資本主義の発展は、農民の上にも暗い影をおとしました。1877年、足尾銅山を買収した古河(ふるかわ)市兵衛は、設備の近代化をはかり、これを産銅量全国一の銅山にかえました。しかし、産銅量の増加によって、製錬にともなう亜硫酸ガスの放出量が増え、銅山周辺の山林は枯れました。有毒重金属を含む鉱毒が渡良瀬(わたらせ)川に大量に垂れ流されたため、1890年代には魚が大量に死んだり、稲が枯れるなどの被害が目立つようになりました。

栃木県選出の代議士田中正造は、1891年の第2議会以来、くりかえし鉱毒問題を取り上げて政府に迫りました。1896年の大洪水によって、鉱毒被害は栃木・群馬から茨城・埼玉の各県に広がり、東京・千葉にも及びました。そこで、被害民たちは政府に古河鉱業の操業停止を訴えるため、1897年2回、1898年、1900年と、4度「押出(おしだ)し」と呼ばれる請願行動をおこしました。しかし、政府は警官隊を差し向けてこれを弾圧し、51人が起訴されました。正造は議会で質問に立ち、次のように政府を厳しく批判しました。

民を殺すは国家を殺すなり。法を蔑(ないがしろ)にするは国家を蔑にするなり。皆自(みずか)ら国を毀(こぼ)つなり。財用を濫(みだ)り民を殺し法を乱して而(しこう)して亡びざるの国なし。

銅は生糸・綿製品につづく重要な輸出品でした。政府は輸出の花形＝銅をまもり、被害民を切り捨てたのです。正造は1901年、議員を辞して天皇に直訴しました。足尾銅山の流す鉱毒は渡良瀬川の下流、茨城・栃木・群馬・埼玉4県を浸し、数万町歩の田園を荒野に変えてしまった。古河鉱業の営業を停止してほしい。憲法と法律によって権利を守ってほしい。正造は訴えました。社会主義者・キリスト教徒・学生らが支援運動にたちあがりました。

1902年、政府は渡良瀬川下流の谷中(やなか)村を買収して村民を立ち退かせ、遊水地にして洪水を防ごうとする計画を打ち出しました。正造は遊水地化に反対して村民とともに運動を展開し、谷中村に移り住んで抵抗しましたが、1907年、政府は最後に残った16戸を強制破壊しました。正造はなおも抵抗をつづけましたが、1913年に死去しました。

その前年、正造は日記に「真の文明は山を荒らさず、川を荒らさず、村を破らず、人を殺さざるべし」と書いています。100年後、2011年3月におこった東日本大震災と福島原発事故を踏まえ、私たちもまた、「真の文明」のあり方を考えるべきでしょう。

田中正造(55)

大逆事件と“冬の時代”

1908年7月に成立した第2次桂太郎内閣は、社会主義者を厳重に取り締まることを基本方針とし、監視体制を強化しました。そうしたなか、1910年5月、爆裂弾を製造・所持していたとして、警察は長野県の機械工宮下太吉を検挙しました。これにつづいて全国で社会主義者・無政府主義者の一斉検挙をおこない、幸徳秋水らを逮捕しました。検察当局は、爆裂弾で明治天皇の暗殺を計画したものとして、刑法の大逆罪を適用し、26人を起訴しました。実際に計画を相談したことを認めたのは宮下ら4人だけでしたが、翌年1月、わずか1か月の審理で裁判所は幸徳ら24人に死刑を宣告しました。そして、幸徳・管野スガら12人を絞首刑にしました（12人は天皇の特赦として無期懲役に減刑）。この事件は、社会主義を抹殺するためのフレームアップ（でっち上げ）でした。

幸徳秋水と大逆事件の第1回公判廷の絵(56)

大逆事件は石川啄木・徳冨蘆花・永井荷風らの文学者に衝撃を与えました。啄木は1910年6月のことを、「幸徳秋水等陰謀事件発覚し、予の思想に一大変革ありたり。これよりポツポツ社会主義に関する書籍雑誌を聚む」と書きました。1911年1月には、事件の弁護士の友人から幸徳の陳弁書を借りて筆写し、また、「日本無政府主義者陰謀事件経過及び付帯現象」という文書をつくりました。蘆花は1911年1月25日、天皇あての公開直訴文を朝日新聞社に送って、幸徳ら12人を処刑しないようにと訴えました。2月1日には一高弁論部の求めに応じて演壇に立ち、「謀叛論」と題して演説しました。死刑によってかえって無政府主義者の種子は蒔かれた、幸徳らは死んでも復活した、謀叛を恐れてはならぬ、新しいものはつねに謀叛である、と青年たちに訴えかけました。

一方、取締り当局は、事件をテコに弾圧体制の整備をはかりました。1910年7月、内務大臣は首相に社会主義にたいする意見書を提出し、警察に社会主義専門の担当者をおいて偵察を徹底させることなどを提案しました。このような意見をふまえ、1911年4月、社会主義の取締りを専門におこなう警察官の増員がはかられました。8月、警視庁に特別高等課が設置され、翌年、大阪にも置かれました。“特高”の登場です。監視の網はいっそう厳しくなり、社会主義者などを「特別要視察人」としてリストアップして監視する体制がかためられました。大逆事件を契機に社会主義には“冬の時代”がおとずれました。

第二部

2つの世界大戦と日本

1914　第1次世界大戦（〜18）
1915　日本、中国に「21か条の要求」
1917　ロシア革命、ソビエト政権成立
1918　シベリア出兵
1919　朝鮮で三・一独立運動、中国で五・四運動
1920　国際連盟発足
1922　ワシントン海軍軍縮条約締結。日本共産党結成
1923　関東大震災
1924　第2次憲政擁護運動。中国で第1次国共合作、北伐開始
1925　治安維持法公布、男子普通選挙。中国で五・三〇運動
1927　金融恐慌。山東出兵
1928　張作霖爆殺事件。治安維持法を死刑法に
1929　四・一六事件。世界恐慌始まる
1931　満州事変
1932　上海事変。「満州国」建国。五・一五事件
1933　日本軍、熱河侵攻。日本、国際連盟を脱退
1933　ドイツ・ヒトラー政権成立
1936　二・二六事件。日独防共協定調印
1937　盧溝橋事件。第2次国共合作。南京大虐殺（12月）
1939　第2次世界大戦始まる
1940　朝鮮で「創氏改名」。大政翼賛会発足。日本軍、北部仏印に進駐。日独伊三国同盟
1941　治安維持法改正（予防拘禁制）。日ソ中立条約。日本軍、南部仏印に進駐
1941　東条内閣成立。アジア・太平洋戦争始まる
1942　ミッドウエー海戦、ガダルカナル島への連合軍反攻作戦
1943　カイロ宣言
1945　米英ソ「ヤルタ会談」。沖縄戦。　広島、長崎に原爆投下。ソ連が対日参戦。日本降伏。
　　　国際連合成立

第8章　第1次世界大戦とロシア革命の影響

1. 日露戦争から第1次世界大戦へ

日露戦争がもたらしたパワーバランスの変化

日露戦争中、ロシアの形勢が悪くなると次第に帝国主義列強の間のパワーバランスが変化し始めました。ロシアの海軍力喪失によりロシアの相対的地位が低下し、それまで一大陣営を形成してきた露仏同盟は急速に力を失い、その機に乗じてイギリスはフランスとロシアに接近したのです。1904年の英仏協商、1907年の英露協商、1912年の英仏海軍協定の成立により、従来の〈英・仏露・独〉の3極構造は、〈英仏露・独〉の2極構造へと変容しました。この間、ドイツはトルコへの影響力を強め、バルカン半島への進出をはかるなど、ヨーロッパにおける戦争の危機は次第に高まっていきました。

1911年10月11日、「革命」を叫んだ新軍の蜂起で砲火に燃える漢口。翌年1月1日、孫文（下）が南京で大統領に就任し中華民国が成立しました（57）

戦争を予期した欧米列強は、各国とも国家財政の30～40%を軍備拡張に投入し、日露戦争の教訓にもとづく軍備拡張に全力を挙げました。列強の建艦競争は、イギリスを先頭にして弩級戦艦の建造から超弩級戦艦の建造へとすすみ①、膨大な物的・人的資源が主力艦建造へとつぎ込まれました。また、陸戦力の重武装化もすすめられ、機関銃と重砲などの大量生産・配備がおこなわれました（山田朗1997）。

この時期、アジアでも情勢は大きく変化しつつありました。1911年には辛亥革命によって清朝が崩壊し、翌1912年に孫文が指導する中華民国が成立したものの、アジアの中心である中国は以後、革命勢力と軍閥勢力が武装闘争と内紛をくりかえす時代となりました。このことは、その後、日本の膨張主義を新たな段階に

① 「弩級」戦艦とは1906年にイギリスが建造した排水量1万8,110トン、30センチ主砲10門（従来の戦艦は4門）を装備した戦艦ドレッドノート号にちなんでつけられた名称で、1909年にイギリスが34センチ主砲搭載の戦艦・巡洋戦艦（これ以前は装甲巡洋艦と呼んでいた艦種）を完成させると、以後の戦艦・巡洋戦艦は「超弩級」と呼ばれるようになりました。

踏み込ませる重要な要因となります。

第１次世界大戦と未曽有の大量殺戮

軍備拡張と勢力圏拡大の激烈な競争の末、ヨーロッパでの戦争は、「世界の火薬庫」とよばれたバルカン半島サラエボでオーストリア皇太子暗殺事件を発端に発火しました。1914年７月から８月にかけて、宣戦布告の連鎖がヨーロッパをおおいました。戦争は、西部戦線において激戦をくりかえしながらも、一進一退をくりかえす膠着（こうちゃく）状態となりました。ドイツは、西部戦線の膠着状態を打開するために、1917年２月、無制限潜水艦戦を宣言し、連合軍側艦船を無警告で撃沈し、ドイツのこの手段を選ばぬやり方は、アメリカの参戦（同年４月）をひきだすことになりました。アメリカの参戦で西部戦線の軍事バランスは崩れ、ドイツ側は物的・人的資源の枯渇と、ロシアで始まった革命運動の波及によって崩壊をとげ、1918年11月、４年以上にわたった戦争はドイツの敗北をもって終結しました。

第１次世界大戦は、人類史上最大規模の戦争でした。この戦争は、国家総力戦として展開され、全国民が戦場と工場に動員されました。[②] 作戦や戦術よりも、国家の経済力と技術が、そのまま戦争の帰趨を決する決定的要因となったのです。戦争の大規模化と重砲・機関銃の大量投入、戦車・飛行機（空襲）・潜水艦・毒ガスの使用などにより、未曽有の大量殺戮（さつりく）を引き起こしました。

②動員兵力は、独＝同盟国側約2,390万人、英＝連合国側約3,692万人にも膨れ上がり、戦争による死傷者は、独＝同盟国側約746万人、英＝連合国側約1,157万人におよびました。

【第１次世界大戦中のヨーロッパ】

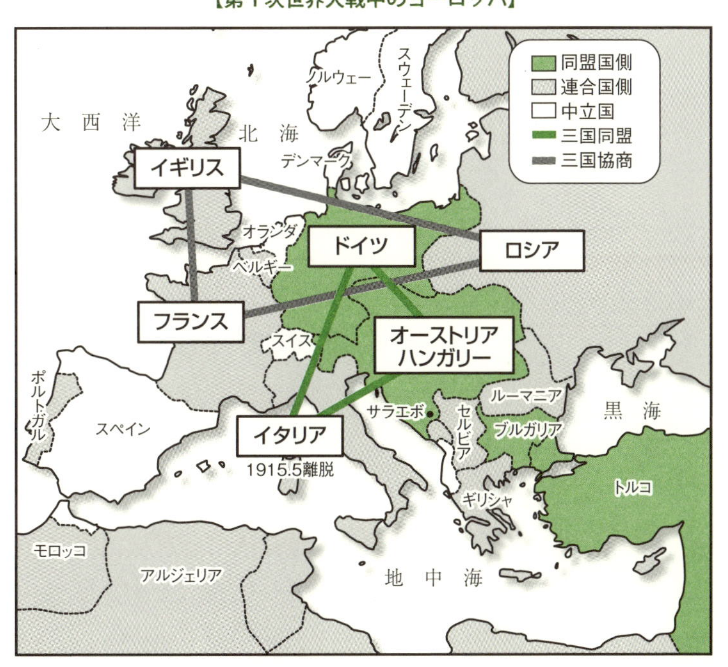

第8章　第1次世界大戦とロシア革命の影響

2. 第１次世界大戦と日本の膨張

日本の対独参戦

日本はヨーロッパで戦争が始まるとただちに、1914年8月23日、ドイツにたいして宣戦布告をおこないました（第２次大隈重信内閣）。日英同盟にもとづくイギリスの要請による参戦というのがその大義名分でした。日本はイギリスからドイツ艦艇掃討を要請されたことを格好の口実にして、山東半島の青島だけでなく山東鉄道や太平洋のドイツ領諸島（グアム島以外の赤道以北の南洋群島）を11月までに占領しました。日本政府と海軍は、南洋群島の占領をドイツ艦艇掃討のための一時的な措置とは考えていませんでした。その証拠に、12月１日、日本政府は、イギリスにたいして南洋群島の永久保持を希望する旨を秘密覚書で表明しています。日本は、対独参戦を機会に南進膨張を果たしたのです。

第１次世界大戦で中国の青島にあったドイツ領を攻略し入城する日本軍(58)

また1917年に日本海軍は、ドイツ潜水艦の脅威にさらされていた連合軍側の輸送船を護衛するために、地中海に巡洋艦１隻・駆逐艦８隻（のち増加）を派遣しました。

「対華21か条の要求」

日本は欧米列強がヨーロッパでの戦争に全力を投入し、アジアのことをかえりみる余裕がない時をとらえて、中国における独占的な権益の拡大を図りました。1915年１月に日本政府は、中華民国の袁世凱（えんせいがい）政権①に「対華21か条の要求」をおこない、山東半島におけるドイツ権益の継承、関東州租借期限と満鉄権益の99か年延長など、満州南部と東部内蒙古（うちもうこ）での日本の優越権の強化、中国政

①袁世凱は軍閥の巨頭で、辛亥革命に際しては、革命派と取り引きをして清朝を廃絶に追い込みました。その功により孫文から臨時大統領の地位を譲られました。その後、革命派を弾圧して1913年に正式大統領となりました。

府への日本人顧問の採用などを求めました。日本政府は5月に最後通牒を発し、中国側に顧問採用を除く要求の大部分を認めさせました②。

次の寺内正毅内閣は、中国にたいする政治的影響力と経済進出をさらに強化するために、袁の死後政権をにぎった段祺瑞に多額の経済援助③を与えました。また、日本政府は、ドイツの権益を日本が継承することを、英・仏・露に承認させ、1916年には第4次日露協約によって「満蒙」（中国東北地方と内蒙古）における相互の特殊権益擁護をさらに強化、1917年に石井・ランシング協定を結んで、満州における日本の特殊権益をアメリカに認めさせました。

②これは、中国の主権をおかすものであったため、中国民衆の憤激をかうことになりました。中国では、要求をうけいれた5月9日は「国恥記念日」とされました。

③寺内内閣は、中国への進出をはかるために、1917年から18年にかけて、首相の私設秘書である西原亀三を派遣して、段祺瑞政権に1億4,500万円の借款をあたえました（援段政策）。これは、列強の日本にたいする警戒感を高めるきっかけにもなりました。

シベリア出兵とその失敗

1918年からはじまった列強諸国によるシベリア出兵は、ロシア革命にたいする英・米・仏との共同干渉戦争であり、シベリアにいるチェコ軍捕虜救出を口実に、反革命勢力を支援しようとしたものでした。日本は、列強との協議による割り当て兵力1万2,000人をはるかに上回る7万3,000人もの大兵力を東部シベリアに派遣しました。この出兵には、朝鮮・満州への革命運動の波及を防止し、あわよくば東部シベリアを占領して領土化するといった思惑がありました（藤原彰 1987）。

しかし、1919年秋までに反革命地方政権は次々に崩壊し、共同干渉は失敗に終わり、他国が、1920年6月までに撤退したにもかかわらず、日本はただ一国、シベリアに居座りました。その後、日本は内外世論の批判にさらされ、シベリアからは1922年10月に、北樺太からは1925年5月にいたって撤退しました④。

④この出兵は、戦費10億円、戦死者3,500人以上の損害を出しただけで終わりました。また、長期にわたる革命への干渉戦争によってソビエト連邦との外交関係は、きわめて悪いものになりました。

シベリアに出兵しウラジオストク市を行進する日本軍(59)

第8章　第1次世界大戦とロシア革命の影響

3. ロシア革命と世界の変動

ロシア革命と社会主義体制の成立

第１次世界大戦のさなかの1917年、ロシアで革命が起きました。戦争でドイツ軍に大敗を喫したにもかかわらず、戦争が継続されたために首都ペトログラード（現在のサンクト・ペテルブルク）で食糧と平和を求める労働者と兵士が大規模なデモをおこない、議会もこれに呼応した結果、皇帝の専制政治は倒され、ソビエト①と臨時政府が生まれました（2月革命）。しかし、臨時政府は戦争をなお継続したために、ボリシェヴィキ②が指導権を握る労働者・兵士ソビエトは臨時政府を打倒しました（10月革命）。ボリシェヴィキは、レーニンを最高指導者とする政権をつくり、「無賠償、無併合、民族自決」の原則による講和をよびかけ、ドイツと単独講和を結び、世界戦争から離脱しました。ロシア革命は、マルクス主義を指導理念として社会主義体制の成立をめざして成功した世界最初のものでした。ロシア革命は、専制政治と資本家・地主の搾取に苦しんでいた労働者・農民の生活と権利を守ろうとする民衆の運動に支えられたものでした。しかし、ソビエト連邦は、レーニンの死後、スターリンのもとで次第に専制的な社会に変貌（へんぼう）していきました。

①ソビエトとは本来は「会議」の意味で、労働者・農民・兵士などの地域単位の意思決定機関をさします。また、ロシア革命における「2月革命」「10月革命」はロシア暦にもとづく表現で、一般的な西暦で言えば「3月革命」「11月革命」となります。

②ボリシェヴィキとは本来「多数派」の意味で、ロシア社会民主労働党の一派を指し、ソ連共産党の前身となりました。

第２回全ロシア・ソビエト大会で発表された「平和に関する布告」。無賠償、無併合、民族自決にもとづく即時講和を第１次世界大戦の交戦国に呼びかけました（60）

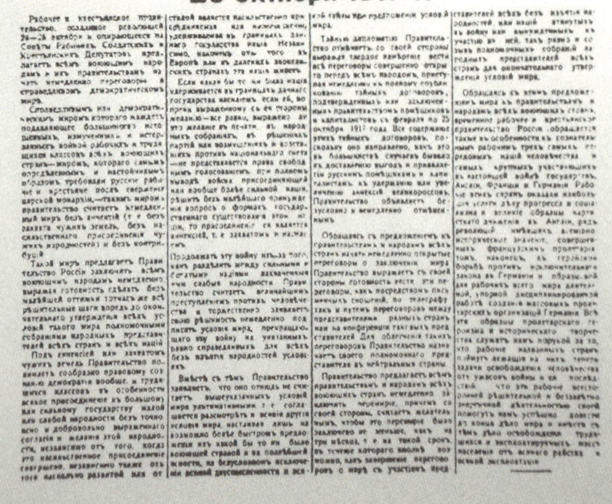

№ 208.
Пятница.
27 октября 1917 г.

ИЗВѢСТІЯ

ЦѢНА:
въ Петроградѣ 15 коп.
на ст. жел. д. 18 коп.

Центральнаго Исполнительнаго Комитета
и Петроградскаго Совѣта
Рабочихъ и Солдатскихъ Депутатовъ.

Декретъ о мирѣ,
принятый единогласно на засѣданіи Всероссійскаго Съѣзда Совѣтовъ Рабочихъ, Солдатскихъ и Крестьянскихъ Депутатовъ
26 октября 1917 г.

世界に波及した革命運動

革命は成功したものの、ロシア国内には帝政復活や社会主義体制打倒をねらう勢力が残存し、内戦状態となっていました。ロシア革命に危機感をつのらせた英・米・仏と日本は共同出兵して、反革命派を支援しました（シベリア出兵）。しかし、その一方で、世界で最初の社会主義革命の成功は、世界の革命運動・労働運動を活性化させました。革命運動は国境を越えて波及し、戦争中の西欧諸国でも労働者・兵士のストライキなどが頻発するようになり、すでに連合国との休戦交渉に入っていたドイツでは1918年11月キール軍港の水兵の反乱をきっかけに皇帝制が倒れ、ワイマール共和国が成立するに至りました。革命の成功によってロシアは革命運動の中心地となり、1919年には国際的な共産主義組織であるコミンテルンが組織され、その影響の下で世界各国に共産党が結成されていきました。

ロシア革命後の1918年、人民委員会で。左から8人目がレーニン(61)

ロシア革命の影響

ロシア革命は世界の革命運動を活性化させただけでなく、革命政権が当初かかげた民族解放の理念も、第1次世界大戦後の世界の民族解放運動に大きな影響を与えました。戦争によって多数の民族を支配してきたオーストリアやオスマントルコなどの旧帝国が動揺すると、東欧・中東地域において、あるいは列強本国の戦争に協力させられてきたアジア・アフリカなどの植民地において、さらには欧米・日本の侵略にさらされていた中国・朝鮮においても、民族自決を求める運動が高揚しました。大戦末期からレーニンやアメリカ大統領ウィルソンが民族自決の理念を主張したことも影響し、東アジアにおいても、1919年には朝鮮での三・一独立運動や中国での五・四運動など、従来の植民地主義支配の根幹を揺るがす大規模な運動が起こりました。第1次世界大戦とロシア革命は、旧来の大国中心の国際秩序を揺るがし、支配からの脱却をめざすさまざまな運動を拡大させたのです。

レーニン(62)

第1次世界大戦は世界をどう変えたのか？

第１次世界大戦とその過程で起きたロシア革命は、その後の世界を大きく変えました。大戦の結果、ヨーロッパではロシア、ドイツ、オーストリア、オスマントルコなどの皇帝が支配する国家が次々に崩壊し、これらの大国の支配下にあった諸民族が解放され、北はフィンランド、バルト３国（エストニア・ラトビア・リトアニア）からポーランド、チェコスロバキア、ハンガリー、ユーゴスラビアにいたる新興国家が成立しました。

アメリカ大統領ウィルソンとロシア革命当初のレーニン政権は、民族自決主義を掲げ、それは帝国主義列強の支配下におかれていた諸国民の民族解放運動（国民国家形成の動き）を活性化させました。中東・北アフリカ・アジア地域での独立運動を始め、日本支配下の朝鮮での三・一独立運動（1919年）、欧米列強の分割の対象になっていた中国での五・四運動（1919年）などが高揚しました。第１次世界大戦で植民地の物的・人的な支援なくして戦争が継続できなかったヨーロッパの列強は、戦後、植民地の自治を認めざるを得なくなりました。

また、欧米列強と日本が、アメリカ大統領ウィルソンの提唱によって国際連盟を結成したこと（アメリカは議会の反対で不参加）は、従来の帝国主義諸国による軍事力による勢力均衡と力による植民地支配がもはや限界に達したことを示していました。これ以降、欧米列強は、軍事力の制限による列強の協調をはかりながら、アジア・アフリカ地域におけるナショナリズム（民族自決）の高揚には、正面から敵対せず、そうした傾向と妥協したり懐柔をくりかえしながら、既得の権益を保持しようとするようになります。欧米諸国は第１次世界大戦とその後の植民地の変化に敏感に反応し、19世紀的な力ずくの膨張主義政策から植民地と勢力範囲を自らの支配下につなぎ止めておく、より開放的なやり方に転換していきました。

ところが、列強の中で日本は、こうした帝国主義本国と植民地・勢力範囲でのナショナリズムとの関係の新しい動きを捉えきれず、第１次世界大戦中から戦後にかけても、「対華21か条の要求」、山東出兵、満州の軍事的支配という路線を変えず、次第に欧米列強との対立を強めていくことになります。

世界的建艦競争と日本海軍

日本海軍は、日露戦争の際の日本海海戦を主力艦決戦の典型として、それを理想化し、常にその再現をめざそうとして、その後、大艦巨砲主義（大型の大砲をできるだけ多数搭載しようとする建艦方針。結果的に艦は大型化する）の道を突き進みました。日露戦争後、海軍はアメリカを仮想敵国とし、主力艦クラスの軍艦の国内建造が可能になったこともあり、弩級戦艦（12 インチ =30 センチ主砲を 8 門以上搭載）、さらには超弩級戦艦（13.5 インチ =34 センチ主砲を 8 門以上搭載）の世界的建艦競争に参入しました。

日露戦後の建艦競争は、イギリス・ドイツを対抗軸に、アメリカ・フランス・日本・イタリアなどが参加しました。イギリスは 1905 年に弩級戦艦の一番艦ドレッドノートを、1909 年には超弩級戦艦オライオンを起工し、建艦競争を常にリードしました。毎年のように、起工される戦艦の大きさと主砲のサイズ・搭載数は増えていきました。そのため、技術的に後発であった日本は、弩級戦艦の時代が始まっても前弩級戦艦を、超弩級戦艦の時代が始まっても弩級戦艦を造るという、後手後手に回ることになります。

しかし、日本海軍が技術導入のために英ヴィッカース社に建造させた巡洋戦艦「金剛」（1913 年完成）は世界に先駆けて 14 インチ（36 センチ）砲 8 門を搭載した軍艦で、日本は以後、艦数の劣勢を大砲のサイズで補うという「巨砲」の先進国になりました。1920 年にはこれまた世界に先駆けて 16 インチ（40 センチ）砲 8 門を搭載した戦艦「長門」を完成させました。

第 1 次世界大戦後においても大艦巨砲主義にもとづく建艦競争は、イギリス・アメリカ・日本を対抗軸にして続きました。巨大化した主力艦の建造費用は膨れあがり、日本の国家予算が 15 億円に満たない時代に主力艦は 1 隻 3,000 万円から 4,000 万円もしたため、建艦費は国家財政をひどく圧迫しました。1920 年には八・八艦隊案（戦艦 8・巡洋戦艦 8）が成立し、1921 年、原敬内閣の時期の海軍費は国家歳出の 31.2%を占めるにいたりました（陸海軍全体の軍事費は国家歳出〔一般会計〕の 49.5%に達しました）。もしも、1922 年にワシントン海軍軍縮条約が締結されていなかったら、戦後恐慌後の日本は、財政破綻の危機に直面していたでしょう。

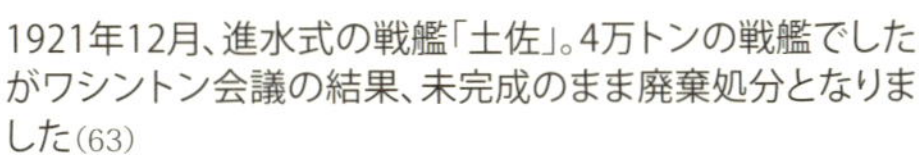

1921年12月、進水式の戦艦「土佐」。4万トンの戦艦でしたがワシントン会議の結果、未完成のまま廃棄処分となりました(63)

第9章　ワシントン体制と大正デモクラシー

1. ワシントン体制の成立

パリ講和会議

パリで開かれた対独講和会議(64)

1919年1月からパリで開催された講和会議に、日本はアメリカ・イギリス・フランス・イタリアとともに、5大国の一員として参加しました。この会議で日本がもっとも重視したのは、中国の山東省にドイツがもっていた利権を日本が引き継ぐことでした。一方、中国の人々は、この機会にドイツがもっていた山東省の権益や対華21か条要求の際の日本との協定（78ページ参照）が反故（ほご）になることに期待を寄せました。日本と中国の主張は正面から衝突しました。

朝鮮の三・一独立運動

講和会議開催中の3月1日、朝鮮の人々が植民地支配からの独立をめざす運動を起こしました（三・一独立運動）。3月半ばには運動は朝鮮全土に広がり、5月までの間に1,500回近いデモや騒動があり、延べ200万人の人々が参加したといいます。これにたいして日本政府は徹底的な弾圧を加えました。①以後1年間で朝鮮の人々の死者は7,000人、負傷者は4万人、逮捕者は5万人近くに及びました。弾圧によって運動そのものは5月ごろには表向き終息を迎えました。以後、日本政府は「文化政治」という新しい統治の方針を打ち出しました。②

①ソウルの南方、水原（すいげん）近くの堤岩里（ていがんり）で、日本軍は独立運動参加者をキリスト教会に集めて閉じこめ、火を放って一せい射撃し、29人を虐殺しました。なお、三・一独立運動に直面したのは、原敬内閣（86ページ参照）です。

②軍隊が警察を担当する憲兵警察制度は、武断政治の象徴であったために廃止しましたが、かえって警察力の増強をはかり、日常的な監視と取締りを徹底させました。また、日本と同じ教育制度をとりいれて日本語の時間をふやし、日本の歴史や地理を教えていきました。それは、朝鮮の人々の民族性、独自性を認めず、日本に同化させようとするものでした。

三・一独立運動でデモ行進し逮捕された学生(65)

中国の五・四運動

パリ講和会議で、日本は山東問題にかんする日本の主張が否定されるなら、国際連盟③規約への調印は見合わせるという態度を取りました。強硬な日本の態度に列国は譲歩し、4月、ついに日本の要求を承認するに至りました。これが発表されると、中国の人々の怒りは高まりました。5月4日、北京の天安門前広場に集まった3,000人余りの学生は、山東問題に抗議してデモをおこない、親日派の人物の邸宅を焼き討ちしました。これをきっかけに中国各地で講和会議と日本にたいする抗議運動が高まり、日本商品のボイコット運動や日系工場の労働者のストライキなどが広がりました（五・四運動）。6月、パリ講和条約で日本はドイツの権益を受けつぐこととなりました。中国政府は国内の運動の高まりを背景に講和条約の調印を拒否し、山東問題は未解決のまま、その後に持ち越されました。

五・四運動での北京大学の学生デモ(66)

③講和会議はアメリカ大統領の主張を基礎に規約を採択し、1920年1月、国際連盟が成立しました。最初、42か国が加盟し、イギリス・フランス・イタリア・日本が常任理事国となりました。アメリカは国内の反対により参加しませんでした。

ワシントン体制の成立

大戦でドイツが敗北した結果、日英同盟の意味は薄れました。日露戦後、日本は中国東北地方の支配を固めるため、ロシアと日露協商を結びましたが、革命でロシアの政権は倒れました。さらに、日本とアメリカの利害対立はいよいよ深まっていました。こうしたなか、1921年11月、アメリカの主導権のもとで国際会議が開かれました。このワシントン会議の結果、アメリカ・イギリス・フランス・日本は4か国条約を結んで、太平洋の諸島に対する権利を互いに尊重し、現状を維持することなどを取り決めました。また、日英同盟は廃棄されました。さらに、この4か国にイタリア・中国などを加えた中国にかんする9か国条約では、中国の主権・独立・領土保全の尊重などを取り決めて、山東半島における日本の優越権を否定しました。一方、国際協調の高まりと軍備縮小への動きのなか、会議ではイギリス・アメリカ・日本の海軍主力艦のトン数を制限し、以後10年間は建造しないことを約束しました。こうして、ワシントン体制と呼ばれる東アジアの新たな国際秩序が成立しました。その背後には、日本の独走を望まない米英と、国際的な孤立を避けて協調をはかろうとする日本政府の外交路線がありました。しかし、日本には、これに反発する動きもありました。

第9章　ワシントン体制と大正デモクラシー

2. 政党政治の展開

桂園時代から大正政変へ

政党勢力（立憲政友会）は次第に力を強め、政権を担当するようになっていきました。桂太郎内閣と政友会との政治的な取引きの結果、日露戦争後の1906年1月、西園寺公望（政友会）内閣が成立し、以後、1908年7月、第2次桂内閣、1911年8月、第2次西園寺内閣と、藩閥官僚勢力と政友会勢力が対立と妥協を重ねながら交替で政権を担当しました。しかし、1912年12月、陸軍の軍備拡張問題をめぐって藩閥・官僚・陸軍勢力が西園寺内閣を倒し、かわって第3次桂内閣を成立させたため、政党や実業家・新聞記者などは強く反発し、憲法にもとづく政治をおこなえという運動を展開しました（第1次憲政擁護運動）。運動は国民の支持を得て全国に広がりました。翌年2月、議会周辺を群衆が包囲するなかで、桂内閣はついに退かざるをえなくなりました①。民衆のエネルギーが内閣を倒した大正政変です。

1913年、憲政擁護運動で議会を包囲する民衆(67)

山本・大隈そして寺内内閣

天皇の相談役として内閣の組織などに大きな影響力をもっていた山県有朋らの元老は、陸軍・長州系の桂にかわって、薩摩閥の中心で海軍大将の山本権兵衛に後継政権をゆだねました。山本は政友会の支援を得て組閣し、行財政の整理、官僚制度の改革などで世論に応えようとする政治姿勢をとりました。しかし、この内閣も1914年、海軍の汚職事件で厳しい批判の矢面にたたされ②、議会周辺は群衆で包囲されて、結局、退陣を余儀なくされました。危機にたたされた元老勢力は、大衆政治家として人気の高い大隈

①1912年12月14日、憲政擁護会が結成され、「憲政擁護・閥族打破」をスローガンに、第1回憲政擁護大会が東京で開催されました（参加者3,000人余）。その後、運動は全国に波及し、翌年1月には神戸で4,000人、前橋で3,000人、浦和で2,000人、山形で3,000人、広島で2,000人、福岡で4,000人など、各地の集会に大勢の聴衆が集まりました。2月1日、大阪・中之島公園の憲政擁護大会には2万人以上が集まったといいます。桂は議会の停会を繰りかえしましたが、停会明けの2月10日、民衆に議会を包囲され、「このままでは内乱になるかもしれない」という衆議院議長の忠告で、ついに総辞職を決意したといいます。

②ドイツのシーメンス社と海軍高官との軍艦受注にからむ贈収賄事件が発覚し、政治問題化しました。のちイギリスのヴィッカース社による贈賄も判明して、事件はさらに拡大しました。

重信に組閣させ、民衆の政治批判をかわそうとしました。大隈は懸案の陸軍の軍備増強を具体化するとともに、総選挙で政友会に圧勝して、元老層の期待に応えました。大隈内閣で一時をしのいだ後、1916年、元老勢力はもともと第一候補と考えていた長州閥の陸軍大将・寺内正毅(まさたけ)の内閣を成立させました。世論はこの内閣を「非立憲(ビリケン)内閣」[3]と呼んで批判しました。

③頭のとがったアメリカの福の神。寺内首相の頭や顔がこれに似ていたことから、あだ名となりました。

原内閣の成立

1918年9月、寺内内閣も米騒動（87ページ参照）の責任から総辞職に追い込まれてしまいました。元老層にはかわりとなる藩閥系の大物政治家が見当たらなくなりました。そこで、いよいよ立憲政友会総裁の原敬(はらたかし)を首相とする本格的な政党内閣が成立しました。内閣は外務・陸軍・海軍の3大臣以外、すべて政友会員かその支持者から組織されました。原が爵位をもたない平民だったため、民衆は「平民宰相」と呼んで、その政治に期待を寄せました。[4]

④民衆の歓迎をうけて登場した原内閣でしたが、階級矛盾が深まるなかで藩閥官僚勢力と提携し、政友会の力を背景に社会運動を抑圧しました。その後、次第に汚職事件なども続発し、民心は内閣から離れました。原首相は1921年11月、東京駅頭で刺殺されました。

原内閣は、教育の改善、交通通信機関の整備、軍備の充実などを掲げ、産業の振興をはかる政策をすすめました。また、公共事業の拡大などによって、有権者の支持を政友会に集めようとしました。高まる社会運動にたいしては、ある程度、体制内にとりこみながら取締りを強め、普通選挙の要求は拒否して、小選挙区制で巻き返しをはかりました（90ページ参照）。他方、国外ではパリ講和会議に臨んで、第1次世界大戦後の国際秩序に参加するとともに、朝鮮の三・一独立運動や中国の五・四運動など（83ページ参照）、日本の支配を揺るがす東アジアの民族運動に対抗しました。

原首相(右)の施政方針演説を聞く1921年の第44通常議会(68)

第9章　ワシントン体制と大正デモクラシー

3. 社会運動の進展

米騒動

第1次世界大戦の好景気で国内の物価ははね上がり、とくに米価は地主の売りおしみ、商人の買い占めとあいまって暴騰しました。これに加えて1918年夏、シベリア出兵を見越した米の買い占めによって米価はさらに暴騰しました。こうしたなかで7月、富山県魚津（うおづ）の漁師の妻たちが、県外への米の積み出しを阻もうとする行動を起こしました[①]。これがきっかけとなり、米の安売りなどを求めて米屋・資産家・大商店などをおそう米騒動がおこり、新聞の報道を仲立ちとして全国に広がりました。米騒動は7月下旬から9月半ばまでの約50日間におよび、発生地点は全国の38市、153町、177村に達しました。参加者は70万人をこえたといわれます。政府は8月、騒動の記事を新聞に載せることを禁止しました。26府県、35市、60町、27村では騒動の鎮圧に軍隊が出動しました。

米騒動の発生地。写真は焼き討ちにあった神戸市の鈴木商店(69)

①米積み込みの汽船が寄港したことから、米価が跳ね上がるのは米を県外へ移出しているからだと考え、役場に押しかけました。彼女たちの夫は樺太方面などに漁に出かけていました。米の安売りを求める動きが、近くの町や村に広がりました。

社会改造のための運動

米騒動を転機として、おさえつけられてきた人々、差別されてきた人々が、団結して運動に立ち上がりはじめました。労働者はストライキなどの労働争議を起こしました。1920年には日本初のメーデーを実施し、翌年、日本労働総同盟が労働組合の全国組織として成立しました[②]。農民も小作料の減額などを求めて小作争議を起こし、1922年、農民の全国組織、日本農民組合を結成しました。

②1912年、労働者の親睦（しんぼく）・修養団体として友愛会が創立されましたが、これが次第に戦闘化して、1919年には大日本労働総同盟友愛会と改称。20年の大会では会名から「大」を、21年には「友愛会」を削って日本労働総同盟と改称し、労働組合の中央組織となりました。

1919年2月には普通選挙を要求する運動が高まり、各地で集会やデモがおこなわれました。普選運動は翌年2月、空前の高まりをみせましたが、政府は普通選挙を認めようとしませんでした。

1920年、新婦人協会が発足し、女性の政治参加など男女の平等をめざす運動などに取り組みました[③]。部落差別を受けていた人々は、1922年、全国水平社を結成して、差別からの解放をめざす水平運動に立ち上がりました。政府の取締りによって抑えられていた社会主義運動も、1920年前後にはふたたび活発となり、“冬の時代”は終わりました。

こうしたなかで、1922年、日本共産党がひそかに結成され[④]、その後、天皇制の廃止や18歳以上の普通選挙、8時間労働の実施、中国への干渉反対などをかかげて活動をすすめていきました。

③平塚らいてう・市川房枝・奥むめおらが結成し、機関誌『女性同盟』を発行しました。1922年、治安警察法第5条を改正して、政談演説会を聴く自由を女性が獲得することを実現(90ページ参照)。会員は約400人いましたが、1922年12月に解散しました。

④ロシア革命と第1次世界大戦後の社会運動の高まりのなか、1922年7月、コミンテルン(共産主義の国際組織)日本支部として結成され、堺利彦が委員長となりました。1923年、堺・山川均らが逮捕・起訴され、1924年2月、解党を決議。その後、1926年12月に再建されました。

デモクラシーの旋回

1923年9月1日、関東大震災が南関東一帯をおそいました。大震災の混乱のなか、「朝鮮人が井戸に毒をなげこんだ」などのうわさが広められ、数千の朝鮮人、数百の中国人が、軍隊・警察や、在郷軍人などがつくった自警団によって虐殺されました[⑤]。大震災をきっかけに、自由な空気を抑えて精神の引き締めや思想の統制をはかろうとする動きが強まりました。

1920年5月2日に上野公園で開かれた第1回メーデー(70)

1924年、貴族院を中心とした内閣ができると、これに反対する勢力は第2次憲政擁護運動を起こしてこの内閣をたおし、政党を中心とする護憲3派の内閣をつくりました。しかし、第2次護憲運動は第1次とはことなって、社会運動とは一線を画す立場をとりました。1925年、護憲3派内閣のもとで普通選挙制度が実現しましたが(90ページ参照)、政府は同時に治安維持法(97ページ参照)を定めて思想・結社を取締る体制をかためました。

⑤虐殺された朝鮮人数は、在日朝鮮人たちによる調査では6000人をはるかに越えています。しかし、政府調査では約230人にすぎません。9月5日、臨時震災救護事務局警備部は、極秘に朝鮮人に対する当局側の態度を申し合わせ、朝鮮人に対してことさら迫害を加えた事実はないことを「事実の真相」とするとしました。虐殺の事実を隠すことを申し合わせたのです。

column

"新しい女" と女性の社会進出

新民法が定めたのは、家長中心、男性中心の家族制度でした（47 ページ参照）。しかし、やがてこのような男女関係のあり方に異議を申し立てる動きが起こってきました。1911 年 9 月、平塚らいてうらは女流文芸誌『青鞜（せいとう）』を創刊して、女性の自由と自立を呼びかけました。『青鞜』の発行は大きな波紋を引き起こし、からかい混じりの「新しい女」という呼び方が流行語になりました。しかし、時代の焦点の 1 つとして、「婦人」が登場してきたことは疑いないことでした。1913 年には総合雑誌『太陽』『中央公論』が「婦人問題」を特集し、1914 年には読売新聞が婦人欄を設けました。1916 年には『婦人公論』、1917 年には『主婦之友』が創刊されるなど、女性向け雑誌の発行があいつぎました。

『青鞜』とその同人たち。左から 3 人目が平塚らいてう(71)

その背後には、女性のあり方自体の変化がありました。資本主義の発展と教育の普及は女性の社会進出をうながし、都市の発展による新しい仕事の出現は女性の労働を求めました。教員、看護婦、電話交換手、タイピスト、バス車掌、新聞・雑誌記者、事務員・店員などに女性が進出するようになりました。それは、女性の意識に変化をもたらすとともに、装いの面でも、和服から洋服へ、長髪から短髪へという変化を引き起こしていきました。ただし、男性よりも賃金が低く、勤続年数が短いことに女性労働の特徴はありました。

女性が社会に進出すれば、当然、問題になってくることがあります。女性が負わされていた家事労働と、社会的な労働の関係をどうするのかという問題です。1918 年、与謝野晶子は『婦人公論』で、女性は男性・国家から経済的に独立しなければならない、それまでは結婚・出産すべきではないと主張しました。男性に「依頼」していては、男性の「奴隷」になってしまうと考えたのです。これに対して平塚らいてうは、母は「生命の源泉」であり、女性は母であることによって社会的、国家的な存在になるのだから、母を保護することは、全社会の幸福のため、全人類の将来のために必要なことだと反論しました。個としての権利と自立か、生活と結婚に対する社会的な支援かという、母性の保護をめぐる論争が起こりました。社会主義者の山川菊栄（きくえ）も論争に加わり、どちらの主張も大切だが、根本的な解決のためには社会主義の実現による経済関係の変革が必要だと主張しました。

近代日本の選挙制度の変遷──制限選挙から男子“普選”へ

代議員を選ぶための方法が選挙制度であり、選挙は国民と議会を結ぶ重要な結び目に位置しています。その場合、選挙権を行使することができるのは誰か（選挙権の範囲）、選挙権の行使をどう代表の選出に関連させていくか（選挙区制度）、選挙の前提となる基本的な権利や自由がどう保障されているのかなどが重要なポイントとなります。

まず、選挙権の範囲から見てみましょう。1889 年 2 月、大日本帝国憲法とともに定められた衆議院議員選挙法は、納税によって選挙権を制限する制限選挙を採用しており、有権者は直接国税 15 円以上を納める満 25 歳以上の男性でした。人口の 1.1%にすぎません。その後、納税資格は 1900 年、直接国税 10 円以上となり、1919 年には 3 円以上に引き下げられました。そして、ようやく 1925 年になって普通選挙制が実現します。しかし、それは男性に限られたため、有権者は人口の 20%でした。議会開設以来、戦前の全期間を通じて、女性には選挙権も被選挙権も認められず、女性は代表選出の機会を奪われていました。

つぎは選挙区についてです。議会開設当初の選挙区制は小選挙区制を原則とするものでしたが、1900 年の改正で大選挙区と小選挙区の混合方式となりました。1919 年には小選挙区制が採用され、直後の選挙で与党の立憲政友会が圧勝しています（86 ページ参照）。そして、1925 年からの普通選挙制のもとで、定数 3 ～ 5 人の中選挙区制となりました。

最後に政治活動の自由について見ましょう。1890 年の集会及政社法、およびこれを継承した 1900 年の治安警察法は、政治結社・集会の届出制を定めて、政党にたいして規制を加えました。警察は政党を政治警察の対象に定めて、政党にたいする監視と情報収集をおこなっていました。選挙にあたっては、官憲による干渉や妨害などがおこなわれ、さらに 1930 ～ 40 年代には、粛正選挙や翼賛選挙の名のもとに、選挙の自由そのものを剝奪するに至ります（133 ページ参照）。

集会及政社法と治安警察法は、軍人・警察官とともに女性の政治結社加入を禁止し、女性については政談集会への参加も禁止しました（後者については、運動の成果が実って 1922 年に廃止。88 ページ参照）。女性は選挙過程から排除されたばかりでなく、政治の世界そのものから排除されていたのです。その意味で、大日本帝国憲法下の政治秩序は、男性中心であり、女性“政治家”の存在は原理的に否定されていました。

官憲による選挙運動への弾圧を報じる「労働農民新聞」(72)

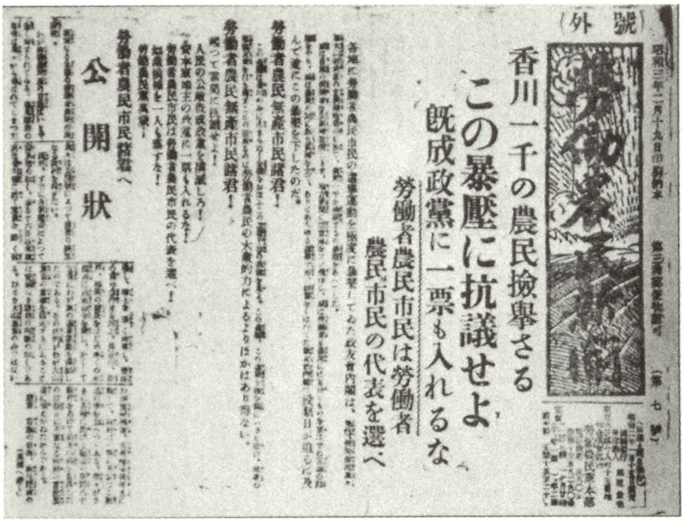

第10章　世界恐慌と軍縮破綻への道

1. 北伐と山東出兵

北伐阻止をねらった３回にわたる山東出兵

辛亥革命後の中国では、軍人を指導者とする北京の軍閥政府が大きな力を持っていました。しかし、五･四運動を契機としてナショナリズムが高揚し、1925年には上海の在華紡（中国に進出した日本の綿紡績企業）のストライキに端を発した反帝国主義運動が全国に広がりました（五・三〇運動）。このような社会運動の高揚に刺激され1926年、北京の北方軍閥を打倒して全国を統一するための北伐が、蔣介石（しょうかいせき）を総司令として国民政府によって開始されました。国民政府は、辛亥革命を主導した国民党によって組織された政府です①。北伐は、中国の国家統一を図るものであり、同時に日本や欧米諸国から奪われた特権・権益を回収する運動でもありました。

【北伐期の中国】

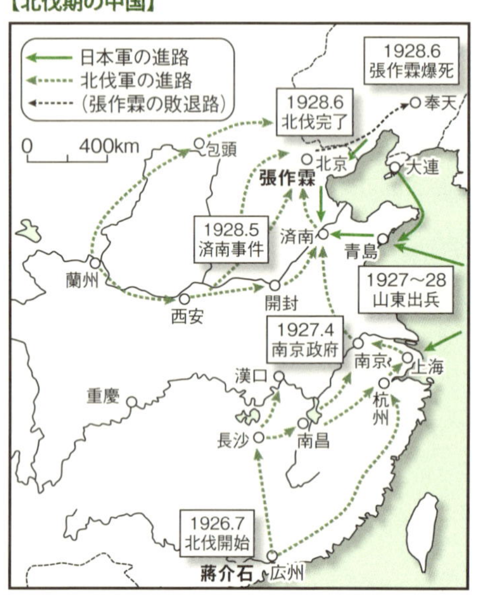

国民政府軍（北伐軍）が華北に進攻すると、政友会の田中義一内閣と軍部は、山東半島の権益防衛と満州への北伐軍接近阻止をねらって、1927年５月、居留民保護を名目に山東出兵をおこないました。田中は陸軍大将出身の政治家です。政府と軍首脳は、６月に東方会議をひらき、満州と内蒙古（現在の中国・内モンゴル自治区）の権益を確保する「満蒙分離」方針を決定しました。翌1928年の第２次山東出兵では、国民政府軍と済南（チーナン）で衝突を引き起こし（済南事件）、さらに同年のうちに第３次出兵がおこなわれました。

①中国国民党は孫文の指導により1924年、中国共産党と協力・提携することを決定（第1次国共合作）したうえで北伐を開始しました。孫文の死後に国民党の実権をにぎった蔣介石は、1927年の上海クーデターによって共産党を排除したため国共合作は崩壊しました。

張作霖爆殺事件と天皇の叱責

日本政府や軍部は、それまで満州に拠点をもつ奉天軍閥の張作霖（ちょうさくりん）を支援して権益の維持・拡大を図ってきましたが、関東軍の高級参謀河本大作らは、「満蒙の権益」を日本が独占的に確保するためにはその占領が必要であるとして、満蒙占領のための出兵のきっかけをつくるために1928年６月、張作霖を奉天駅近くで爆殺しました（張作霖爆殺事件）。陸軍省はすぐに、これを中国軍の犯行であると発表しました。張作霖が満鉄と並行する鉄道や新しい港湾の建設をすすめようとしたことも関東軍が張作霖を爆殺した原因の１つであるといわれています。

張作霖爆殺事件での爆破の瞬間(73)

田中内閣は、この事件を「満州某重大事件」と呼んで真相を隠しました。田中首相は、一度は責任者を厳重に処罰する旨、昭和天皇に上奏しましたが、軍部や閣僚から反対されて責任者の処分をあいまいにしたため、天皇や天皇側近から厳しく叱責（しっせき）され、1929年に総辞職しました。天皇が首相を直接に叱責し、内閣が崩壊したのは初めてのことでした。②

②張作霖爆殺事件の真相は、天皇など国家の上層部では知られていましたが、戦後になるまで国民には秘密にされていました。

北伐をめぐる日本と欧米諸国の分裂

中国の国家統一の動きである北伐にたいして、日本は中国の分裂状態が日本の権益維持には必要であると見なし、出兵までおこなって蔣介石と敵対しました。欧米諸国は、国民政府による権益回収政策に強く反発しながらも、国家統一の動きそのものは阻止し得ないと見て、次第に蔣政権に接近することで自らの権益を確保しようとしました。結局、張作霖の息子で、その後継者である張学良が、1928年末に国民政府に合流することによって、全土の統一が実現します。

日本が、いわば19世紀的な膨張主義政策を継続したのにたいし、欧米諸国は、第１次世界大戦とロシア革命後の民族自決の潮流を避けがたいものとして捉え、それと正面から衝突することを避けながら権益を守るという新しい政策をとりました。この日本と欧米諸国との対中国政策の違いは、日本と中国の対立・紛争が、次第に日本と欧米諸国との対立に発展していく根本的な原因の１つとなりました。

第10章　世界恐慌と軍縮破綻への道

2. 世界恐慌と民衆の生活

金融恐慌の勃発

第1次世界大戦後の1920年に、日本経済は、大戦期の好景気から一転して恐慌にみまわれ、さらに1923年の関東大震災も日本経済には大きな打撃を与えました。政府は、震災の際に振り出された手形に信用保証を与え、日本銀行が再割引するなどの救済政策をとっていましたが、それらの手形の多くは不良債権と化していました。そのため、1927年、多くの不良債権を抱え込んだ銀行のうち、経営基盤が弱い中小銀行が次々と経営破綻を起こす金融恐慌が起こりました。若槻礼次郎内閣は収拾に失敗して崩壊し、代わった田中義一内閣の高橋是清蔵相は、支払い猶予令（モラトリアム）を発し、日銀の非常貸し出しなどでなんとか事態を沈静化させました。金融恐慌を経ることによって、中小銀行を吸収した三井・三菱・住友・安田・第一の五大銀行の金融支配が確立しました。

①金本位制とは、その国の貨幣単位を一定量の金とむすびつけて、通貨と金の交換が保証されている制度で、これによって貨幣価値の安定化をはかる仕組みのことを言います。

②1930年の輸出総額に占める割合は、生糸28.4％、綿織物18.5％、絹織物4.5％でした。なお、輸入品では、輸入総額のうち綿花が23.4％、機械類が8.1％、原油が5.8％を占めていました。当時の日本が、原料と機械を輸入して、繊維製品を輸出する軽工業国家であったことがわかります。

世界恐慌の波及

金融恐慌により銀行で取り付け騒ぎが相次ぎました（74）

1929年10月にアメリカ・ウォール街の株価大暴落に端を発した世界恐慌は、翌年には日本にも波及しました。当時の浜口雄幸内閣が、金解禁（金本位制[①]への復帰）・緊縮財政政策（デフレ政策）をとっていたことも重なって、株価・物価は大暴落をとげ、生産低下・国際収支の極端な悪化をまねきました（昭和恐慌）。日本経済の悪化は円（為替相場）を下落させ、代わって金が海外に流出したため、金の保有量に連動していた貨幣の流通量も減少して、さらにデフレに拍車がかかりました。

当時、日本の主力輸出商品は、絹織物・生糸・綿糸などの繊維製品でしたが[②]、欧米が恐慌に見まわれて、常時、日本の輸出総額の20

～30%を占めていた絹製品の輸出が激減しました。そのため、日本の輸出総額は1929年の21.5億円から30年には14.7億円、31年には11.5億円へと急激に低下しました。[3] 絹製品の輸出激減は、国内における繭価格の暴落へとつながりました。1929年の繭価格を100とすると、31年には42へと低落し、繭を生産する農村地帯は大打撃を受けました。

③同じく輸入総額も1929年22.2億円、1930年15.5億円、1931年12.4億円へと激減しました。

失業と農村の窮乏

世界的な不況と貿易不振によって工場の倒産が相次ぎ、都市には失業者があふれました。1931～32年には失業率は15%前後に達しました。失業した労働者の多くは郷里の農村に帰ろうとしましたが、農村も農産物の価格低落でさらに窮乏していました。農民の現金収入が激減したにもかかわらず、税金（地租）は変わらず、地主は小作にその負担を転嫁したからです。昭和恐慌は、日本経済が絹製品の輸出に依存する体質であったこと、その原料生産地の農村が地主・小作関係によって支配されていたことによって都市と農村を同時に深刻な窮乏状態に陥れました。1931年と34年に東北を中心として水害・冷害による大凶作が追い打ちをかけ、農村部では欠食児童（学校に弁当を持っていけない子どもたち）や娘の身売りが続出しました。[4]

不況と緊縮財政の下、都会には失業者があふれ、農村では女性の身売りもあとを絶ちませんでした(75)

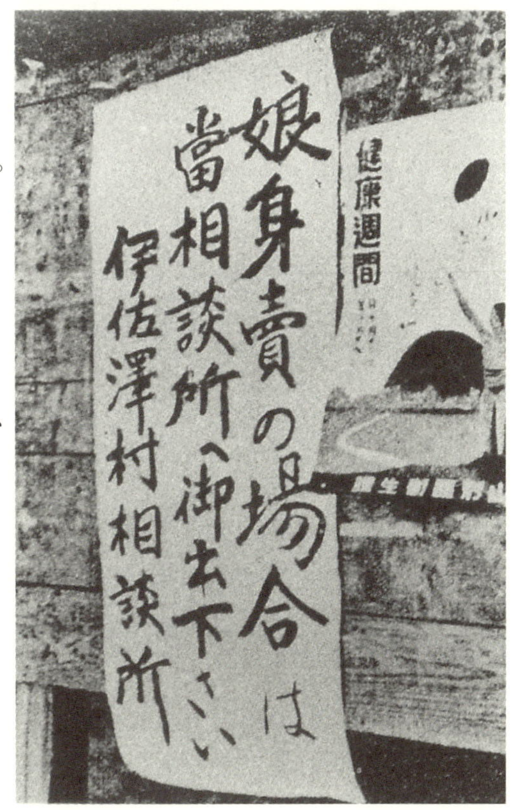

④当時は尋常小学校6年間が義務教育でしたが、学校給食はなく、子どもは弁当を持って学校に通っていました。

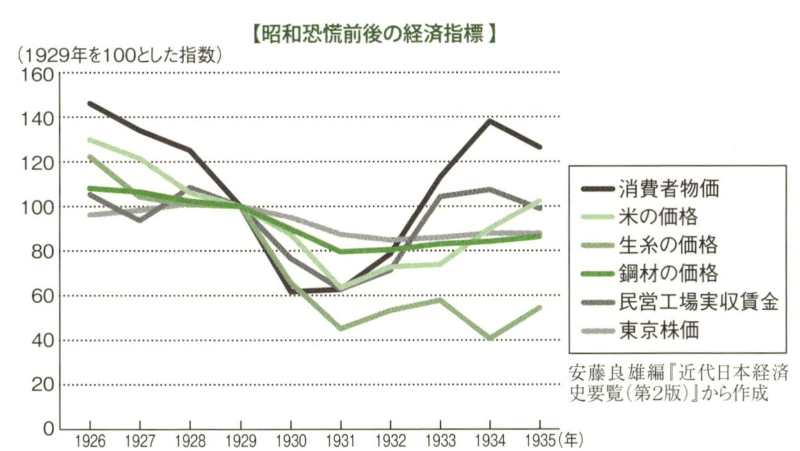

安藤良雄編『近代日本経済史要覧（第2版）』から作成

3. ロンドン条約と統帥権干犯問題

補助艦をめぐる海軍軍縮の動き

ロンドン軍縮会議の調印式。統帥権干犯問題を引き起こしました（76）

山東出兵・張作霖爆殺事件とともに昭和期の膨張・軍拡路線の発端をなした事件としては、ロンドン条約とその批准をめぐる「統帥権干犯」問題があります。1921年に締結されたワシントン海軍軍縮条約は、米・英・日・仏・伊の5大海軍国の主力艦と航空母艦の保有量を制限したものでしたが、巡洋艦・駆逐艦・潜水艦などの補助艦については、1930年のロンドン会議で調整が試みられました。

浜口雄幸民政党内閣は、軍縮条約の締結を促進する基本姿勢をとりました。同内閣は、国内的には財政難を重要課題とし、対外的には英米協調路線をとっていたからです。しかし、この軍縮会議にのぞむにあたって、海軍軍令部は戦術上の理由から、①補助艦の総トン数で対米7割、②20センチ主砲搭載の1万トン級大型巡洋艦のトン数で対米7割、③潜水艦7万8,000トンの現有量確保は譲ることができない「3大原則」であると強硬に主張し、結局、政府にそれを認めさせました。

ロンドン条約調印と統帥権干犯問題

1930年1月にロンドン会議が始まると、日本の3大原則案とアメリカの対米6割案が衝突し、膠着（こうちゃく）状態が続きました。3月になってようやく日米間において、①日本の補助艦の総トン数は対米6.975割、②大型巡洋艦は対米6割、③潜水艦は日米均等の5万2,700トン保有、という妥協案が成立し、この数字が条約における協定保有量となりました。

しかし、ロンドン条約の調印直後、野党の政友会などが議会において、この条約は「統帥権干犯」ではないかと政府を追及し始めました。これは、政友会による手段を選ばぬ倒閣戦術であり、「統帥権干犯」という論理を使っての政府攻撃の背後には、右翼勢力や在郷軍人会[1]あるいは陸軍による反軍縮運動がありました[2]。

軍縮破綻への伏線

浜口内閣は、天皇と側近の支持をとりつけて枢密院[3]工作にも成功して、10月に条約はようやく枢密院で承認され、批准されました。これは、軍縮条約に反対する軍部や右翼勢力をおさえて、政党政治が既定の路線を貫いたという点で、戦前政党政治の大きな成果であったといえます。

しかし、軍閥にたいする政党政治の勝利のように見えるロンドン条約と「統帥権干犯」問題は、財部彪（たからべたけし）海相の辞任（海軍における反軍縮派の勢力拡大[4]）、浜口首相狙撃事件の勃発という深刻な後遺症を残しました。「統帥権干犯」問題による混乱は、結果的に軍部・右翼の危機感を高め、政党政治否定の思想を広めました。また、深刻な不況と政党政治の腐敗＝金権体質の露呈という背景も政党政治排撃の空気を醸成するのに一役買ったともいえます。ロンドン条約と「統帥権干犯」問題は、その後の政党政治の急速な没落と軍部主導の極端な膨張主義台頭の伏線となりました。

①在郷軍人会は除隊した兵士などを組織した軍国主義的団体で、軍部の政治的圧力団体の役割を果たしていました。

②「統帥権干犯」というスローガンを得て、海軍内の反条約論に再び火がつきました。海軍軍令部は、従来の「兵力不足論」から「統帥権干犯論」に戦術を転換し、加藤寛治軍令部長・末次信正次長らは東郷平八郎元帥を担ぎ出して、海軍省の条約推進派を攻撃するなど、あらゆる手段を使ってロンドン条約批准反対を訴えました。

③枢密院は、枢密顧問（顧問官）により構成される天皇の諮問機関でした。1888年に創設され、明治憲法でも天皇の最高諮問機関と位置づけられました。初代議長は伊藤博文。国政に隠然たる力を発揮し、しばしば政党内閣と衝突しましたが、軍部の台頭とともにその影響力は低下し、日本国憲法施行により1947年に廃止されました。

④ロンドン条約締結をめぐり海軍内は分裂し、かえって軍縮反対派が主流派となり、1934年には政府に働きかけて軍縮条約からの離脱を決定させました。

東京駅で遭難した浜口雄幸首相（中央）(77)

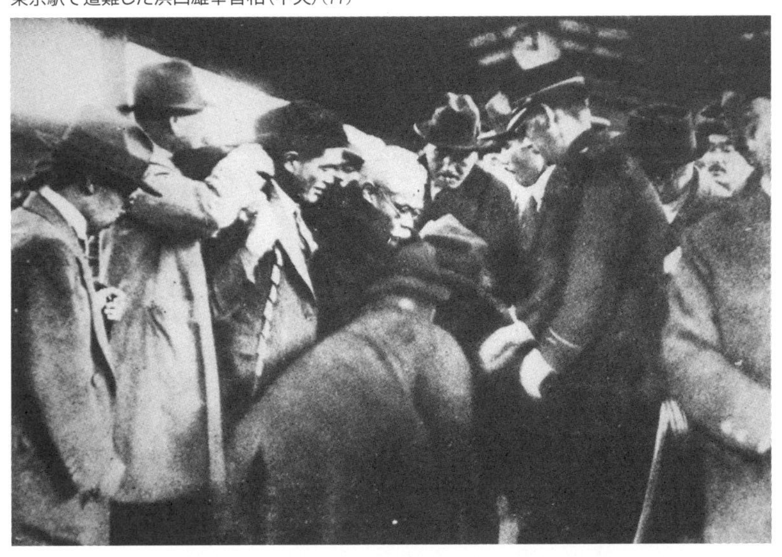

column

張作霖爆殺事件と昭和天皇

満州の支配者であった軍閥の領袖・張作霖が関東軍の河本大作らによって爆殺されたのは、1928年6月4日のことでした。この事件にかんして田中義一首相は、同年12月24日に昭和天皇にたいしてこの事件には日本軍人が関与していること、事実関係を十分に調査して厳正な処罰をおこなう旨を上奏しました。ところが、事件の真相公表と責任者の処罰については軍部だけでなく閣僚からも強い反対意見が出たために、田中首相は、翌1929年6月27日になって、厳罰方針を撤回して「うやむやの中に葬りたい」旨の上奏をおこないました。この田中の2度目の上奏にたいして、昭和天皇は激怒し、田中の姿勢を叱責したため、7月2日に田中内閣は天皇の信頼を失ったとして総辞職しました。

天皇が田中内閣を崩壊に追い込むほど怒ったのは、張作霖を暗殺した責任を問うたからではありません。直接的には、田中が前後で違うことを天皇に上奏したことが天皇の怒りの原因なのですが、これは、張作霖爆殺事件の処理だけを天皇が叱責したというよりも、田中義一の政治手法、天皇にたいする田中の姿勢に、天皇と牧野伸顕内大臣ら宮中グループが強く反発した結果にほかなりません。

『牧野伸顕日記』によれば、天皇の名のもとにおこなわれている官僚の人事の発令などが、田中や政党（与党・政友会）の都合でおこなわれすぎている、これは天皇の「大権軽視」であると天皇と側近たちが、張作霖爆殺事件以前から強い反感をもっていたのがわかります。こうした大権軽視の傾向は、病気で政務・軍務につけなかった大正天皇の時代に定着し、その時期に陸軍大臣をつとめ、政治の実情を見聞きしていた田中にしてみれば、大正時代と同じやり方をしたにすぎなかったのです。

しかしながら、昭和天皇が、田中義一に強く反発したのは、田中の政治手法、天皇にたいする姿勢に、大正時代との違いを理解しない鈍感さを見つけたからです。敗戦直後の天皇の回想を側近がまとめた『昭和天皇独白録』の中で、「私の若気の至り」と天皇は言っています。田中内閣を倒したのは、牧野ら宮中グループとの合作であるから天皇ひとりの「若気の至り」だけとはいえませんが、この言葉は、即位の大礼前後の天皇の「大正時代との違いを見せたい」という気負った君主としての意識を伝えているものだと思われます。

治安維持法と弾圧の実態

戦前の日本において、社会運動や言論弾圧の最も強力な武器となったのは治安維持法であり、その武器を縦横無尽に使ったのが特別高等警察（特高）でした。

1925年に制定された治安維持法は、その目的を「国体変革」（天皇制打倒）と「私有財産制度の否定」（共産主義）を取り締まることにある、としていました。治安維持法は、1928年に緊急勅令によって改定され、最高刑が死刑とされました。罰則が重いだけでなく、この法律には、猛威を発揮するだけの巧妙な〈仕掛け〉がほどこされていました。

それは、まず第1に、処罰の対象とされた〈国体変革〉という概念がきわめて曖昧（あいまい）で、どれだけでも拡大解釈が可能だったことです。実際、社会主義運動・無政府主義運動から植民地独立運動など天皇制国家権力を批判するあらゆる運動がその取り締まりの対象となりました。

また、治安維持法の〈仕掛け〉の第2は、〈目的遂行罪〉と〈未遂罪〉という概念がこの法律に組み込まれていたことです。〈目的遂行罪〉とは、たとえば、共産党に加入していない人物が反戦ビラをまいた場合、たとえその人物に〈国体変革〉の意図がなくても、その行為が共産党を利すると当局が一方的にみなした場合は、処罰の対象となるというものです。党員に友人としての情から一夜の宿を貸した場合などにも適用されました。また、〈未遂罪〉とは、実際に実行に移さなくても、実行しようとした、という段階から罰することができるというもので、この〈目的遂行罪〉と〈未遂罪〉が拡大解釈されれば、〈国体変革〉を考えたことだけで罪になる、ということになります。

1945年10月に廃止されるまで、治安維持法による検挙者は6万8,274人、うち起訴された者は6,550人にものぼりました（いずれも植民地内の独立運動で弾圧された人々を除いた人数）。また、国内においては、治安維持法単独で死刑になった者はいないとされていますが、プロレタリア作家・小林多喜二が取り調べ中の拷問によって殺害されたことや戦後（1945年9月）になって哲学者・三木清が豊多摩拘置所内で病死したことが有名であるように、取り調べ中などの明らかな虐殺93人、拷問・虐待が原因とみられる獄死128人、勾留・拘置中などの獄死208人、獄中での自殺25人、宗教弾圧による虐殺・獄死・自殺60人にのぼり、山本宣治のように同法に反対し暗殺された人もいます。これらは、治安維持法体制下においては、刑法上の死刑とは別の、明らかに非合法な“処刑”行為が横行していたことを示すものです。

治安維持法　第一条　国体ヲ変革シ、又ハ私有財産制度ヲ否認スルコトヲ目的トシテ結社ヲ組織シ、又ハ情ヲ知リテ之ニ加入シタル者ハ、十年以下ノ懲役又ハ禁錮ニ処ス。
前項ノ未遂罪ハ之ヲ罰ス。

改正治安維持法　第一条　国体ヲ変革スルコトヲ目的トシテ結社ヲ組織シタル者、又ハ結社ノ役員其ノ他指導者タル任務ニ従事シタル者ハ、死刑又ハ無期若クハ五年以上ノ懲役若クハ禁錮ニ処シ、情ヲ知リテ結社ニ加入シタル者又ハ結社ノ目的遂行ノ為ニスル行為ヲ為シタル者ハ、二年以上ノ有期懲役又ハ禁錮ニ処ス。……

治安維持法に反対する集会(78)

第11章　大陸への膨張と政党政治の後退

1. 満州事変と国際的孤立

世界史の転換点になった満州事変

1931年9月18日、中国東北地方の奉天（現在の瀋陽）近郊・柳条湖（りゅうじょうこ）において関東軍の手によって南満州鉄道（満鉄）の線路が爆破されました（柳条湖事件）。関東軍は、この事件を中国兵による日本権益侵害であると称して、中国軍（張学良軍）にたいする軍事行動を開始し、翌32年初頭までに満州全土（遼寧（りょうねい）・吉林（きつりん）・黒竜江（こくりゅうこう）の三省）をほぼ制圧しました。当初は不拡大方針をとっていた日本政府も、結局は関東軍の行動を容認しました。

満州事変は、発端の鉄道爆破から日本軍の出動、治安維持・邦人保護を口実にした満州の制圧まで、「満蒙」（中国東北地方と内モンゴル）を武力占領しようとした関東軍の計画的軍事行動でした。関東軍は、当初、「満蒙」の日本併合をめざしましたが、国際連盟や諸外国の批判をかわすために、みずからの武力占領を「自治独立運動」の結果であるかのように偽装し、「満州国」を建国する方針へと転換しました。

【「満州事変」関係地図】

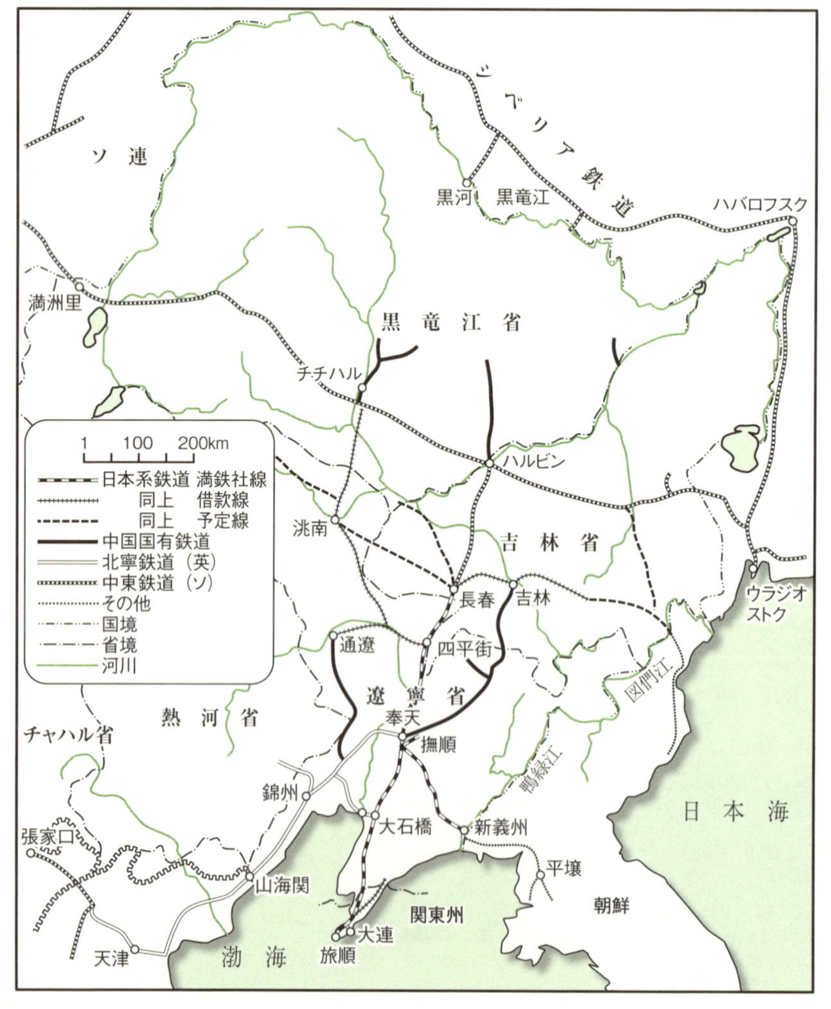

「満州国」の執政・溥儀（左）と秋鴻夫人(79)

「満州国」の建国

1932年1月には上海においても陸軍特務機関による謀略（日本人僧侶殺害）をきっかけに日中両軍が衝突しました（第1次上海事変）。この頃までに満州の主要都市の占領は終わり、関東軍は、1932年3月には旧清朝の廃帝・愛新覚羅（あいしんかくら）溥儀（ふぎ）をかつぎだして「満州国」を建国させました。

「満州国」は溥儀を執政（のち皇帝）にすえ、「五族協和」「王道楽土」をスローガンにして建国されましたが、関東軍と日本人官僚によって支配された完全な傀儡（かいらい）国家でした[①]。

熱河侵攻と日本の国際的孤立

満州事変勃発当初は、国際連盟の加盟諸国も、常任理事国の日本にたいして、それほど厳しい態度をとりませんでした。連盟が派遣したリットン調査団の報告書も、「満州国」と独立運動との関連を否定して日本の行為を「自衛行動」とは容認しませんでしたが、日本の「満蒙」の特殊権益を明確に容認し、満州にたいする中国国民政府の主権を認めないなど、日本にたいして宥和（ゆうわ）的でさえあったのです。

しかし、1933年2月に、関東軍があらたに華北に隣接する熱河（ねっか）省に侵攻すると、諸外国は日本軍による長城線以南への占領地域拡大の兆候と見て、国際連盟の態度もきわめて厳しいものになりました。2月24日、国際連盟総会は、日本軍の撤退勧告決議をおこない、これにたいして「満州国」の確保を大前提とした日本政府は、国際連盟から脱退するという選択をし、国民には諸外国による日本への圧迫であると喧伝（けんでん）しました[②]。

① 「満州国」は、建国に際しては遼寧・吉林・黒竜江3省の連合国家という形式をとりましたが、その行政区画は、建国時に興安省が設置されるとともに、遼寧省は奉天省と改称され、1933年には熱河省が設置されて5省となりました。しかし、当初の省単位の独自性は否定され、中央集権化の推進による省権限の縮小のために、5省はのちに19省にまで細分化されました。

②満州事変は、1933年5月に調印された塘沽（タンクー）停戦協定によって、国民政府との間では一段落をとげましたが、戦争が終わったわけではなく、「満州国」内部では、関東軍と反満抗日ゲリラとの戦争状態が続いていました。

「満州国」を認めず日本軍の撤退を求めた国際連盟の対日勧告決議に反対演説する日本代表の松岡洋右(80)

第11章　大陸への膨張と政党政治の後退

2. 五・一五事件と政党政治の後退

国家改造運動の台頭と五・一五事件

1920年代以降の軍縮ムードは、満州事変の開始とともに吹き飛ばされ、マスコミも関東軍の作戦の「成功」を大々的に報道して戦争熱を煽（あお）りました（江口圭一 1991）。深刻な昭和恐慌を背景にして経済政策に失敗した政党政治への民衆の失望が深まり、閉塞（へいそく）した状況に活路をひらく存在として軍への期待が高まってゆきました。

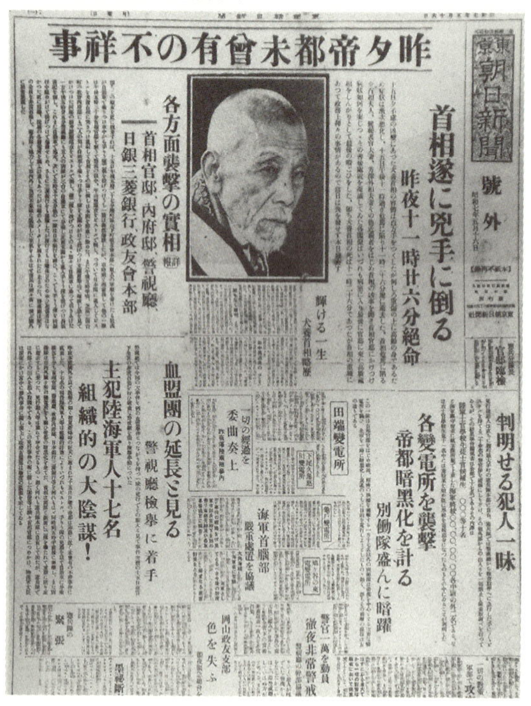
東京朝日新聞　號外

昨夕帝都未曾有の不祥事

首相遂に兇手に倒る

昨夜十一時廿六分絶命

輝ける一生　大養首相略歴

各方面襲撃の實相

首相官邸、内府邸、警視廳、日銀三菱銀行、政友會本部

判明せる犯人一味

各變電所を襲撃

帝都暗黒化を計る

別働隊盛んに暗躍

田端變電所

血盟團の延長と見る

警視廳検擧に着手

主犯陸海軍人十七名

組織的の大陰謀！

一切の經過を委曲奏上

海軍首腦部　善後處置を協議

警官一萬を動員　徹夜非常警戒

岡山政友支部　色を失ふ

五・一五事件を報じる新聞(81)

満州事変前後には、政党政治の打倒と軍部政権の樹立（国家改造）をめざす軍人や右翼勢力によるテロ、クーデター未遂事件が頻発するようになりました。1930年には浜口首相の狙撃事件、31年には軍人や民間右翼による三月事件・十月事件といったクーデター未遂事件が立て続けに起こり、32年には前蔵相・井上準之助と財界の三井合名理事・団琢磨が暗殺される血盟団事件が、さらには海軍青年将校が犬養毅首相を首相官邸に襲い、殺害する五・一五事件が起こりました[①]。犬養内閣の崩壊によって、戦前における政党内閣の時代は終わりを告げました。

①五・一五事件には海軍青年将校だけでなく、別動隊として陸軍士官学校生徒、「血盟団」の残党、農本主義者・橘孝三郎を塾長とする愛郷塾のメンバー（農民）などが参加し、東京周辺の変電所などを襲撃しました。

社会運動の広がりと弾圧

1920年代後半から1930年代初頭までは、山東出兵などに反対する運動が、社会主義者や労働組合を中心に一定の広がりを見せました。しかし、共産党やその支持者への弾圧[②]がいっそう強化され、組織的な反戦運動は抑え込まれてしまいました。それでも軍に批判的なジャーナリストがいなかったわけではありません。防空大演習を批判した桐生悠々をはじめ、軍幹部に批判的な評論を発表した水野広徳（元軍人）、そのほかに、生方敏郎、正木ひろし、満州放棄論をとなえた石橋湛山などの言論人がいました。ま

②1928年の三・一五事件では全国1道3府27県で約1,600人の共産党員や活動家が、1929年の四・一六事件では約300人（その後の一連の弾圧を含めると約1,000人）が治安維持法違反容疑で検挙されました。

た、社会主義運動・労働運動の指導者、一部の宗教家や文化人（矢内原忠雄・三木清・戸坂潤など）のなかには反戦（中国からの撤退）を唱えた人もいました。しかし、一般の新聞や雑誌などでは、反戦・非戦的な言論が掲載されることはなく、一般民衆は、関東軍の謀略などについてはまったく知りませんでした。

「天皇機関説」排撃と国体明徴声明

満州事変を契機とする国家主義の高揚のなかで、政党政治の理論的基礎となった憲法解釈である「天皇機関説」[③]も攻撃にさらされました。これは言論弾圧であり、議会政治を攻撃する政治闘争でもありました。政府（岡田啓介内閣）もこうした傾向に押され、1935年には「天皇機関説」を否定する声明を出しました（国体明徴(こくたいめいちょう)声明）。また、日本政府と海軍は、ワシントン体制（英米協調路線）をささえる軍縮条約の失効を受動的に待つということではなく、積極的にそれを破棄していく方向に走り出しました。政府は、1934年12月、ワシントン海軍軍縮条約脱退を閣議決定し、その後、1936年1月、第2次ロンドン会議でロンドン条約からの脱退を表明しました。

③天皇は憲法の規定に従って統治権を行使する国家の最高機関であり、その権力は万能のものではなく、憲法自体によって制約されるとする説。天皇主権の明治憲法を立憲主義的に解釈した学説です。

反戦を訴える日本共産党のポスターやリーフレット(82)

3. 二・二六事件と宇垣流産内閣

二・二六事件の勃発

陸軍内では犬養内閣の荒木貞夫陸相が皇道派優先の派閥人事をおこなって以来、「国家改造」の方法や対ソ戦争の実施時期などをめぐって統制派と皇道派①が激しく争ってきました。

二・二六事件で反乱軍は赤坂の山王ホテルなどを占拠しました（83）

日本がロンドン会議からの脱退を表明した直後の1936年に、日本国内では皇道派青年将校らによる二・二六事件が勃発しました。青年将校らは「尊皇討奸（そんのうとうかん）」「昭和維新の断行②」を合言葉に、東京の陸軍部隊約1,400名を動員して首相官邸などを一斉に襲撃、斎藤実内大臣、高橋是清蔵相、渡辺錠太郎教育総監らを殺害、鈴木貫太郎侍従長に重傷をおわせ、首相官邸・陸軍省・参謀本部・警視庁など永田町一帯を占領しました。陸軍中央にも反乱への同調者がいたため、事態は混沌（こんとん）としていましたが、側近殺害と自らの統帥権を犯されたことに激怒した昭和天皇は武力鎮圧を命じ、海軍中央もクーデター部隊と対決姿勢をとったため、陸軍中央もようやく鎮圧に転じ、反乱は崩壊し、首謀者の青年将校らは検束されました③。二・二六事件はその後の日本の政治に深刻な影響を与えました。

陸軍内権力の一元化

二・二六事件によって急進的な「国家改造」派（皇道派）がワシントン体制維持派（英米協調派）に大きな打撃を与えたものの、その後、統制派が皇道派を壊滅させました。皇道派と英米協調派という2つの政治グループが大きな打撃を受けた結果、陸軍統制派のもとに政治権力の一元化がしだいに進行し、日本国家は、「国

①皇道派は、テロ・クーデターなどの非合法手段を用いても、政党政治を打倒し、天皇中心に国家を改造しようとするグループで、早期の対ソ戦争実行を唱えていました。また、統制派は、国家総力戦体制の構築（「国防国家」の建設）を足がかりに軍の権力を拡大することで、国家を改造しようとしたグループです。

②青年将校たちのいう「昭和維新」とは、具体的な変革構想にもとづくものではなく、英米協調派政治勢力と統制派軍事官僚などを打倒し、天皇親政のもとに対ソ戦を決行できる軍事国家を建設することであり、天皇が自分たちの蜂起を理解・共感してくれるにちがいないという観念的天皇観、共同幻想にもとづくものでした。

③事件の首謀者将校のうち1名は自殺、15名と事件に関与したと

防国家」建設という路線のもとにワシントン体制打破へといっそう傾斜していくことになります（小林英夫 1984）。

された右翼の北一輝・西田税は、戒厳状態がつづくなかで弁護人なし、非公開の特設軍法会議の裁判によって死刑となり、陸軍内でも「粛軍」と称して皇道派の処分がおこなわれました。

「国策の基準」の決定と宇垣流産内閣

二・二六事件後に成立した広田弘毅内閣の軍部追随の傾向は、1936 年 8 月の「国策の基準」「帝国外交方針」の決定や 11 月の日独防共協定の調印からも明らかです。とりわけ、「国策の基準」の策定は、軍部主導による国家戦略の決定の典型的事例です。「国策の基準」は、陸海軍が作成した「国策大綱」を文書名だけを変えてそっくりそのまま承認したものでした。海軍が主張した南進論（南方海洋方面への進出）を盛り込んだ関係で、陸軍側の対ソ優先論（対ソ戦準備）はやや弱められたものの、南進という国家目標を初めて掲げたという点で、「国策の基準」は海軍の狙い（軍縮条約失効後の予算獲得）を乗り越えた内政・外交全般を規定する国家戦略となりました。また、日独防共協定は、防共のための共同措置を定めたものでしたが、実際には反ソ同盟の性格を持っていました。翌 1937 年には、イタリアがこれに参加します。

広田内閣が政党と軍の対立に端を発した閣内不一致で 1937 年 1 月に総辞職すると、天皇は元老（後継首相を推薦する権限を有する）の西園寺公望の推薦によっていったんは元陸相・宇垣一成に組閣の大命を下しました。ところが、参謀本部作戦部長・石原莞爾（かんじ）らはコントロールしにくいと思われた宇垣の組閣に強く反対し、陸軍が陸相を推薦しなかったために宇垣は組閣を断念し、かわって陸軍の支持を得た林銑十郎内閣が成立しました。宇垣の組閣断念と林内閣成立は、陸軍の政治介入により、もはや陸軍の支持がなければ内閣が成立し得ないことを示した事件でした。

1937年1月29日、組閣断念を発表する宇垣一成(84)

column

明治憲法体制と元老

大日本帝国憲法下において、日本政界の最上層部にあって、天皇を補佐し国家戦略上の重要決定に参画した一群の政治家を元老と呼びます。元老は、いわば天皇の最高顧問であり、日本の国家戦略と内政に多大な影響を与える存在でしたが、元老にかんする法的規定はなく、憲法にも定められていない「非立憲機関」でした。もともと元老は、明治天皇から「元勲優遇」の詔勅を受けたか、あるいはこれに準ずると天皇が認めた者で、天皇が代わると新たに「卿(けい)ノ匡輔(きょうほ)ニ須(ま)ツ」（元老として天皇を補佐せよ、との意味）との勅語が出されました。元老になった者は、ほとんどが薩長出身の明治維新の経験者で、天皇臨席の重要会議である御前会議や閣議に参加し、その権勢を背景に政変の際の後継内閣の首班を決定する事実上の権限を握っていました。伊藤博文・黒田清隆・山県有朋・松方正義・井上馨・西郷従道・大山巌・桂太郎・西園寺公望の９人が元老とされています。

元老・西園寺公望(85)

大日本帝国憲法は、あらゆる権限を天皇に集中し、陸軍・海軍・政府などの国家の重要機関がすべて天皇に直属する形をとったために、天皇が決定を下す以前に諸機関の意見を調整して国家の路線を決定する実務機関を欠いていました。もしこのシステムを文字通りに動かそうとすると、諸機関の意見調整と路線の決定を天皇が１人でおこなわなければならず、天皇には超人的な能力が求められることになります。それはそもそも無理なことで、実際には、その国家意思の調整・決定の役割を担ったのが元老でした。つまり、大日本帝国憲法体制とは、条文には規定されていない非立憲機関である元老によって支えられていた体制であったといえます。

しかし、天皇と国家諸機関の間に入って意見調整をおこなう存在であった元老も、生身の人間である以上、いつかは衰え、死亡してしまいます。実際、大正になると元老は、山県・松方・井上・大山・桂・西園寺の６人となり、昭和になったとき、元老は西園寺ただ１人になっていました。最後の元老・西園寺は、政党政治が元老に取って代わるべきものであるとみなしていたために元老を補充しませんでした。したがって、1940年の西園寺の死によって元老は消滅し、後継首相の選定権は事実上、内大臣がにぎることになります。

華北分離工作

ここで、満州事変期の日中関係について見ておきましょう。

1933年2月に熱河省に侵攻した関東軍は、5月には国民政府との間に塘沽停戦協定を結び、同省を「満州国」に組み入れました。そしてその直後から「満州国」に隣接する華北への影響力を強化し、国民政府の影響下から華北を分離しようとする華北分離工作が関東軍と支那駐屯軍（司令部・天津）によって始まりました。日本側ではこの華北分離工作のことを「北支処理」「北支自治工作」と呼んでいました。

1935年、支那駐屯軍は、天津で親日派新聞社長が暗殺されたのをきっかけに、6月には梅津（うめづ）・何応欽（かおうきん）協定を締結して、中国側に河北省からの国民政府軍の撤退、同省の国民党機関の閉鎖、抗日運動の禁止などを認めさせました。また、同月、土肥原（どいはら）・秦徳純（しんとくじゅん）協定により察哈爾（チャハル）省から宋哲元軍と国民党勢力を撤退させました。関東軍と支那駐屯軍は、河北・山東・山西・察哈爾・綏遠（すいえん）の華北5省を国民政府の統治下から分離して、傀儡政権をつくり、あわよくば華北5省を「第2の満州国」にしようとしたのです。

1935年には河北省東部に冀東（きとう）防共自治政府（「冀」は河北省をさす）、北平（ペイピン）（北京）に河北・察哈爾両省を管轄する冀察（きさつ）政務委員会（「察」はチャハル省をさす）といった傀儡・親日地方政権をつくり、冀東特殊貿易と称する密貿易（中国側の税関を通さないで日本商品を華北に持ち込む）をおこなうなど、政治的・経済的に、華北を国民政府の影響下から分離しようとする華北分離工作がおこなわれました（華北の一部では日本の通貨をそのまま流通させました）。

陸軍が中心となって推進している華北分離工作・傀儡政権育成策を、1936年1月に岡田啓介内閣は、「北支処理要綱」を閣議決定して追認しました。このような日本側の華北への勢力拡大にたいして、もともと親日政権としてつくられた冀察政務委員会が抗日に転ずるなど次第に抗日の気運が高まりました。さらに、1936年12月には、抗日よりも共産党との対決を重視する蒋介石を張学良が監禁して内戦の停止を要求する西安事件が起きます。蒋は張の要求を受け入れて釈放され、国民党と共産党は抗日民族統一戦線の結成に向けて動き出します。このように、日本側が華北分離工作を強行し、これによって抗日ナショナリズムが高揚する中で起こったのが、次に述べる盧溝橋事件でした。

【華北5省と日本軍占領地】

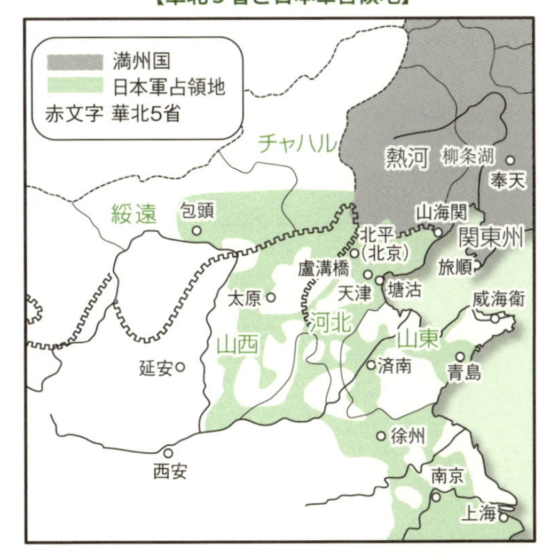

第12章　日中戦争と戦時体制の始まり

1. 日中全面戦争

局地的衝突から全面戦争へ

満州事変以後、日本政府と軍部は、「満州国」を確保し、さらに権益を拡大するために、華北を「第２の満州国」としようとする華北分離工作をすすめていました。これが日中全面戦争の伏線となります。1937年７月７日に北平（北京）郊外で日中両軍が衝突する盧溝橋事件①が起きますが、11日には停戦協定が現地で調印されました。

①盧溝橋に隣接する日本軍演習地で演習中であった日本軍部隊の頭上を数発の実弾が飛翔し、日本兵１名が行方不明になったことが事件の発端でしたが、兵士も戻ったにもかかわらず、現場にいない連隊長の強硬姿勢によって、翌朝から周辺に駐屯する中国軍にたいして日本軍は攻撃を始めました。

【日中戦争要図】

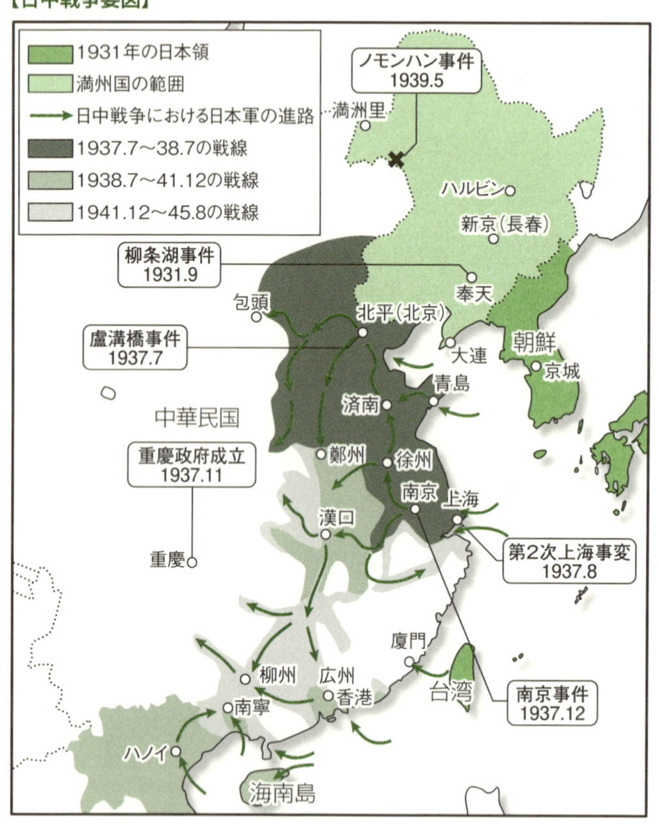

ところが、すでに７月10日、陸軍中央は日本本国・関東軍・朝鮮軍から合計約10万人の大兵力を華北に派遣することを決定し、11日には近衛文麿内閣もこれを承認し「重大決意」を声明しました。陸軍は、現地で再び小規模な衝突が起こったことを口実に27日派兵を最終的に決定させ、現地軍も28日から総攻撃を開始しました。盧溝橋事件の起きた現地では事態が収束したにもかかわらず、むしろ日本国内において、この際、華北分離を実現しようという考えが支配的になり、事態を拡大させたのです（江口圭一 1991）。

華北から華中への戦火の拡大

日本軍の戦力動員にともなって中国側（蒋介石政権）も国内の抗日意識の高まりを背景に、積極的な軍事行動をおこないました。本格的な戦力動員をおこなえば、蒋介石はすぐに屈服・妥協すると考えていた日本側の予想は外れました。８月13日には上海で日本海軍の陸戦隊が中国軍と衝突（第２次上海事変）、同日、日本政

南京に入城する日本軍(86)

府は上海派遣軍（2個師団）の派遣を決定するとともに海軍も15日より長崎県大村基地からの南京・上海への渡洋爆撃を開始し、戦火は一挙に広がりました。同日、日本政府も、それまで建前としていた「不拡大方針」を明確に放棄するとともに、国民をこの戦争に集中させるために、国民精神総動員運動[②]をはじめました。戦火が華北から華中に飛び火した段階で、日本側の実質的な戦争目的は、単に華北を国民政府より分離することから蔣介石政権の打倒へと変わっていきました。

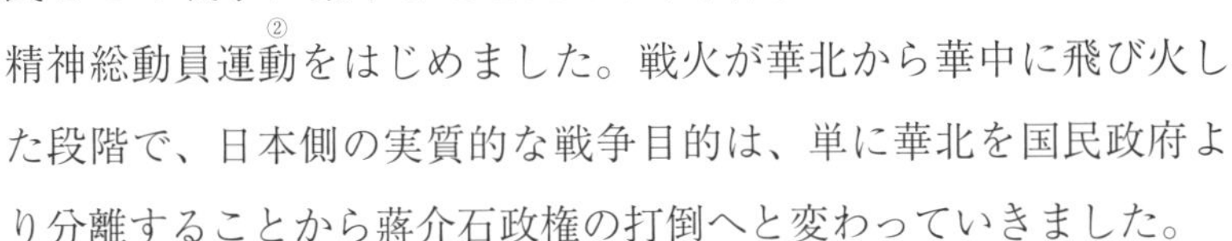

②国民を戦争に協力させるための官製国民運動。ラジオや講演会などを通じて戦意の高揚をはかるとともに、貯蓄奨励・消費節約など政府の経済政策の実践を国民に呼びかけました。

南京大虐殺事件の発生

1937年9月、蔣介石は共産党との第2次国共合作にふみきり、日本軍は中国側の激しい抗戦に直面して苦戦しました。上海付近の中国軍は装備も優秀で、ドイツ軍事顧問団の指導により堅固な防衛線を構築して日本軍に大きな損害を与えました。ドイツは日独防共協定を締結する一方で、中国に軍事援助をおこなっていたのです。日本側は、9月には上海派遣軍に3個師団を増派、11月にさらに第10軍（3個師団半）を投入して、苦戦の末に上海付近の中国側の防衛線を突破し、その後、南京方面に急進撃し、包囲のすえ12月13日に南京を占領しました。蔣介石政権は、南京陥落前に首都を漢口へ、後に重慶へと移転しました。

7月以来、増派を続けた日本軍は、このときすでに中国に50万もの大軍を派遣していました。南京周辺を占領した日本軍は、その際、十数万人から20万人と推定される中国軍捕虜や非戦闘員を組織的に殺害（捕らえた中国兵・住民を揚子江岸で銃殺して流したり、穴を掘って埋めたりしました）するとともに、軍紀の乱れから略奪・放火・性暴力を多数引き起こしました。日本軍の捕虜・住民にたいする残虐行為は、華中への上陸作戦後、次第にエスカレートし、南京占領時にピークに達したのでした（吉田裕1986、笠原十九司1999）。

日本軍の侵攻に伴い、中国の人々の抗日運動も強まりました(87)

第12章　日中戦争と戦時体制の始まり

2. 日中戦争の泥沼化

大本営の設置

日本政府は中国での軍事行動を当初は「北支事変」、のちに「支那事変」と称し、中国への宣戦布告をしませんでした。宣戦布告をして国際法上の戦争状態が成立すると、交戦国への武器の輸出などを禁止したアメリカの中立法が発動され、アメリカからの重要物資の輸入が停止される可能性があったからです。しかし、戦争ではないと強弁してみたものの、日本は、この戦いを日露戦争以来の大戦争として対応せざるを得ず、政府と軍部は、1937年11月には戦時最高司令部としての大本営を設置するとともに、天皇も各方面の部隊に勅語を出して、大元帥として将兵の士気を鼓舞することに努めました（山田朗 1994）。天皇に直属する大本営の設置にともなって、国内における軍部の発言力はさらに強められました。

日中戦争の拡大によって、欧米諸国の権益も侵害されることとなり、諸外国からの日本への抗議も強まりました。満州事変と国際連盟脱退によって、国際的な孤立路線を歩んでいた日本は、諸外国との関係を考慮する感覚や外交交渉にたいする感覚が明らかに鈍っていたのです。

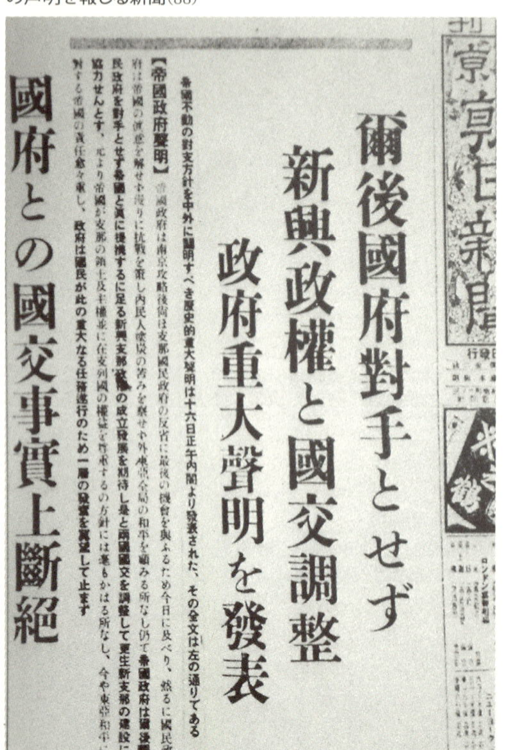

爾後國府對手とせず
新興政權と國交調整
政府重大聲明を發表
國府との國交事實上斷絕

帝國不動の對支方針を中外に闡明すべき歴史的重大聲明は十六日正午内閣より發表された、その全文は左の通りである

【帝國政府聲明】帝國政府は南京攻略後尚ほ支那國民政府の反省に最後の機會を與ふるため今日に及べり、然るに國民政府は帝國の眞意を解せず漫りに抗戰を策し内民人塗炭の苦みを察せず外東亞全局の和平を顧みる所なし仍て帝國政府は爾後國民政府を對手とせず帝國と眞に提携するに足る新興支那政權の成立發展を期待し是と兩國國交を調整して更生新支那の建設に協力せんとす、元より帝國が支那の領土及主權並に在支列國の權益を尊重するの方針には毫もかはる所なし、今や東亞和平に對する帝國の責任愈々重し、政府は國民が此の重大なる任務遂行のため一層の發奮を冀望して止ます

「国民政府を対手とせず」とした政府の声明を報じる新聞（88）

初期講和交渉の失敗と戦線の拡大

戦争初期に水面下でおこなわれたドイツ駐華大使トラウトマンを仲介とする和平交渉もある程度はすすみ、講和条件の検討などをおこなったにもかかわらず、日本政府は、南京が陥落すると姿勢を硬化させ、講和条件をつり上げて賠償を要求するなどしたため、初期の和平交渉は決裂しました。南京陥落で強気となった近衛内閣は、1938年1月16日「爾後（じご）国民政府を対手（あいて）とせず」と声明し、みずから外交交渉の道を閉

ざしてしまいました。

日本軍は、軍事的攻勢による蔣政権の屈服をめざして徐州・武漢・広東を攻略する大規模な作戦を連続しておこないましたが、動員力の限界を越えた日本軍は手詰まり状態になりました。そのため近衛内閣は11月に「東亜新秩序声明」を出し[①]、汪兆銘(おうちょうめい)を重慶から引き出して蔣介石政権を分裂・弱体化させて汪の新政権と講和しようとしました。日本側が権益の確保や日本軍の駐留に固執したため交渉は難航しましたが、最終的には日本側が押し切り、汪は重慶を脱出、1940年に日本の庇護(ひご)のもとに南京に政権をつくりました（汪兆銘政権）。

①「対手とせず声明」のことを第1次近衛声明、「東亜新秩序声明」のことを第2次近衛声明とも言います。第1次声明では、国民政府を話し合いの相手と認めないとした日本側でしたが、それがかえって戦争終結の支障になることが明らかになったため、それを実質的に撤回するために、「東亜新秩序」建設に協力するのならば、国民政府といえども交渉相手と認めるとしたのが第2次声明の狙いでした。

欧米諸国との対立の深まり

「東亜新秩序声明」は、「対手とせず」声明の取り消しをカモフラージュするために、日中戦争の目的が「東亜新秩序」の建設にあるという趣旨を強調したために、アメリカ・イギリスなど欧米諸国から、日本が中国の権益の独占を図るものとして強い反発をまねきました。戦火の拡大は、諸外国の権益を侵し、アジアにおける秩序の変更をせまるものであったため、英・米・ソ連は蔣介石政権を物的・人的に支援しました。日本軍は、国民政府を屈服させようと重慶にたいして海軍が主体となって戦略爆撃をくりかえし（前田哲男 1988）、蔣政権が屈服しないのは、諸外国の援助があるためであるとして、1938年後半からは「援蔣ルート[②]」遮断に力をそそぎました。1939年になると日本軍は、海南島・南寧・汕頭などを占領して仏印（フランス領インドシナ）国境にせまりました。日本軍の南進は、欧米諸国にさらなる危機感をつのらせ、日本と米・英・仏などとの対立が深まる原因となりました。

②イギリスを中心とする欧米諸国からの蔣介石政権への援助物資輸送ルートは、当初、香港ルートが中心でしたが、日本軍が香港の周囲を占領し、海上封鎖を強めたため、次第に仏印ルートに移り、日本軍がその遮断を狙って1940年9月に北部仏印に進駐すると、ビルマ（現ミャンマー）から雲南地方に続くビルマルートに重点が移りました。

重慶で抵抗を続けていた蔣介石（右端）(89)

第12章　日中戦争と戦時体制の始まり

3. 戦時体制と国民統制

学問・思想への統制

満州事変以降、軍備拡張と対外強硬政策が推進される中で、治安維持法による社会運動への取り締まりが強化される一方、学問・思想への抑圧も強まりました。1933年、京都帝国大学教授の滝川幸辰（ゆきとき）の自由主義的な刑法学説が右翼から攻撃されると、文部省は大学側の強い反対にもかかわらず滝川を休職処分にしました（滝川事件）。さらに日中戦争が始まると、合法無産政党にたいする弾圧も過酷なものとなり、労働組合の指導者や学者グループが、次々に検挙されました（人民戦線事件）。

滝川事件の際の京大の学生大会(90)

経済への統制

1937年5月、林銑十郎内閣のもとで重要産業5か年計画要綱が策定されるなど、経済構造転換への国家の介入が財界の合意のもとですすめられました。日中戦争の開始により、経済統制の主眼は総合的な生産力拡充から既存経済力の軍需工業への集中という方向に転換し、同年9月、近衛内閣は輸出入品等臨時措置法など戦時統制三法を成立させ、企業の資金調達と特定物品の輸出入に国家が制限を加えることを通じて、企業の軍需工業参入を促進、あわせて軍需工場を陸海軍の管理下におきました。戦時統制三法は1938年4月公布の国家総動員法に吸収され、同法によって国家が資金・資材・労働力を一元的に統制・運用することが可能になり、企業の自由な経済活動にだけではなく労使関係にも国家が直接介入することとなりました。[①] また、同月公布の電力国家管理法により、電力事業は所有と経営が分離され、国家が電力の生産・配分

①国家総動員法は、包括的な委任立法であり、議会で成立する法律ではなく、勅令によってさまざまな政策を実現することができました。そして、そのことによって、明治憲法の立憲主義的な側面を形骸化させ、議会の機能を低下させる役割をはたしました。

をおこなうことになり、戦時統制経済の典型となりました。その後、国家総動員法にもとづく多くの勅令が公布され[②]、企業の経済活動や国民生活の隅々にいたる統制が実施されました。

②国家総動員法にもとづいて、日中戦争中に国民徴用令・国民職業能力申告令・賃金統制令・従業者移動防止令・価格等統制令・新聞紙等掲載制限令・会社利益配分及び資金融通令などの私企業や国民生活の自由な活動を制限・統制するための法令が制定・施行されました。

マスコミへの統制

マスコミにたいする統制は、明治以来、新聞・雑誌・単行本にたいする記事の掲載制限、発行禁止措置を内務省が中心となっておこなってきましたが、日中戦争が始まり国民の精神動員の強化が叫ばれ、また、大本営が設置されて報道部が公式発表を指示するようになると、制限・禁止のみならず宣伝・情報操作に重点を置く統制がおこなわれるようになりました。出版物は内務省、ラジオ放送は逓信省とさまざまな官庁に分属していた統制機能は、1940年12月、内閣情報部から昇格した情報局に一元化されました。情報局は、言論・出版の内容にかんする統制だけではなく、政府の広報誌である『週報』や『写真週報』の発行や映画・演劇などの推薦をおこなうとともに、出版関係の用紙割り当てなどの実権も握って雑誌を廃刊に追い込むなど、大きな権力をふるいました。また、大本営が発表する情報以外の従軍記者の記事や写真も掲載にあたっては厳しい検閲をうけ、写真は兵器の細部や部隊の任地がわからないように修正がほどこされました。

映畫法（昭和十四年法律第六十六號）

第一條　本法ハ國民文化ノ進展ニ資スル爲映畫ノ質的向上ヲ促シ映畫事業ノ健全ナル發達ヲ圖ルコトヲ目的トス

第二條　映畫ノ製作又ハ映畫ノ配給ノ業ヲ爲サントスル者ハ命令ノ定ムル所ニ依リ主務大臣ノ許可ヲ受クベシ前項ニ規定スル映畫製作業及映畫配給業ノ範圍ハ勅令ヲ以テ之ヲ定ム

第三條　前條第一項ノ許可ヲ受ケタル者死亡シタル場合ニ於テ其ノ業ヲ相續ニ因リテ承繼シタル者ハ之ヲ同項ノ許可ヲ受ケタル者ト看做ス

第四條　主務大臣ハ第二條第一項ノ許可ヲ受ケ映畫ノ製作ノ業ヲ爲ス者（映畫製作業者）又ハ同項ノ許可ヲ受ケ映畫ノ配給ノ業ヲ爲ス者（映畫配給業者）本法若ハ本法ニ基キテ發スル命令又ハ之ニ基キテ爲ス處分ニ違反シタルトキ又ハ其ノ業務ニ關シ公

1939年4月に公布された映画法は、脚本の事前検閲、製作本数制限、外国映画の上映制限、文化映画やニュース映画の強制上映を定めました。上は1940年9月封切の東宝作品「燃ゆる大空」。中国戦線における航空部隊の活躍を描いたこの作品の戦闘シーンは、戦後の戦争映画でもたびたび使われました(91)

大本営と天皇の統帥権

大天皇は戦前日本では統帥権をもつ大元帥、すなわち日本軍の最高統帥者でした。天皇の統帥権の行使には、(1) 全軍の士気の鼓舞、(2) 作戦計画の裁可、(3) 大本営命令の発令、(4)「御下問」「御言葉」を通じての戦争指導・作戦指導などがあります。

これらのうち、全軍の士気の鼓舞は、観兵式（年 3 回の大観兵式など）・観艦式の親閲、陸軍特別大演習（毎年秋）、海軍特別大演習（3 年ごと）の統裁、各種演習の視察、軍機関の視察、軍学校の卒業式への臨席、「勅語」「聖旨」による将兵の士気の鼓舞などによってなされます。作戦計画の裁可は、陸海軍の「年度作戦計画」などの裁可や大本営会議への出席などによっておこなわれます。

また、大本営命令の種類とその発令の手続きは以下の通りです。天皇の統帥権の行使の仕方を示す典型的な例ですので、具体的に説明します。

戦時には、日本陸海軍の最高・統一司令部としての大本営が設置され、ここから出される命令は、天皇による最高軍事命令です。天皇が発する陸軍への最高命令を「大陸命（たいりくめい）」、海軍へのそれを「大海令（だいかいれい）」といい、「大陸命第○号」「大海令第○号」という方式で発令され、出先の部隊にたいするもっとも拘束力の強い命令でした。天皇の直接命令にもとづき、参謀総長（陸軍）や軍令部総長（海軍）が出す命令は、天皇の命令とは区別されて〈指示〉と呼ばれ、陸軍は「大陸指（たいりくし）」、海軍は「大海指（だいかいし）」と称しました。

1938年1月11日の大本営御前会議に臨んだ昭和天皇（中央）(92)

例えば「大陸命」の場合、それを発令するには、発令許可を求める参謀総長からの一連の上奏がおこなわれ、「御下問」と「奉答」をへて、天皇は、「大陸命」案の表紙に「可」の印を捺します。これで、ようやく「大陸命」は天皇の命令として発令できるのです。また、「大陸命」には、通し番号がついていて、控えを天皇のもとに保管することになっていたので、天皇が知らないうちに「大陸命」が出てしまうことはありません。大本営命令の発令の手続きは、最後まで厳格に守られており、決して軍部は、天皇が知らないうちに大本営から命令を出していたわけではないのです。日中戦争から戦後、大本営が閉鎖されるまでに、天皇の命令としての「大陸命」は 1392 件、「大海令」は 361 件が発令されました。

南京大虐殺は“幻”なのか？

1937年12月、中国の首都・南京周辺を占領した日本軍は、十数万人から20万人と推定される市民、難民、捕虜を組織的に殺害し、略奪、放火、女性への暴行などの残虐行為を加えました。これが、南京虐殺事件です。この問題が、現代においてもなぜ歴史認識の〈焦点〉となるのかといえば、この問題が、なんといっても日中戦争における（というよりも近代史上における）日本軍による最大の残虐行為であったからです。また、この事件が、捕虜・一般市民への組織的な虐殺、放火・略奪・性暴力といった日本軍の残虐行為の集合体であり、諸外国においては当時から、日本国内においては戦後（東京裁判以降）もっとも著名なものであり、日本軍の性格、日中戦争というものの侵略性を象徴的に表しているからです。

長江の岸辺に集められたおびただしい数の南京虐殺事件犠牲者(93)

〈南京大虐殺〉は、きわめてシンボル的な事件であるので、日本軍全体のイメージをアップさせようとしたり、日中戦争の侵略性を覆いかくそうとする人々は、くりかえし〈南京大虐殺〉の存在を否定したり、その規模が小さなものだと主張してきました。〈南京大虐殺〉にかんして、否定的な意見が勝利すれば、近代における日本軍の残虐行為のすべてを「幻」にできると考えているからです。

しかし、〈南京大虐殺〉は、歴史上、否定しがたい事件であるにもかかわらず、犠牲者の数を確定できないという大きな問題（これは主として虐殺後、日本軍が遺体を組織的に揚子江に流してしまったことに起因しています）や、〈南京大虐殺〉を写したとされる写真の中に不確実なものや偽物が混じっていることなどから、〈歴史の歪曲〉が起こりやすい素地があります。

〈南京大虐殺〉をめぐる〈歴史の歪曲〉の典型的なパターンには、(1) 大虐殺などなかった、あるいは少数だったというもの、(2) 虐殺（一般市民にたいする）は、日本軍ではなく中国軍がおこなったとするもの、(3)〈南京大虐殺〉があった後に「南京」の人口は増えているので、そもそも虐殺などなかった（あるいはごく小規模だった）とするもの、などがあります。とりわけ (3) は、一見もっともらしく、多くの本で使われているものです。

南京大虐殺は「でっちあげ」とか「まぼろし」だという主張を記した本は結構ありますので、最近ではそうだと思っている人も少なくないようです。しかし、「でっちあげ」とか「まぼろし」というのは、歴史学的には根拠が薄弱です。南京攻略戦を指揮した第16師団長・中島今朝吾中将の日記は、「大体捕虜はせぬ方針なれば、片端より之を片付くることとなしたる〔れ〕共……中々実行は敏速には出来ず」と、捕虜はとらない方針であったこと、部隊ごとに捕虜を「処理」（殺害）していること、南京陥落の日だけで第16師団だけでも2万4,000人近くが「処理」（殺害）されたか、されようとしていたことを記録しています。

将軍クラスだけではなく、上の史料とはまったく別の地域にいた部隊（第13師団山砲兵（さんぽうへい）第19連隊）の一兵士の日記でも、次のように記録されています。

> **午后一時我が段列より二十名は残兵掃湯〔蕩〕の目的にて馬風〔幕府〕山方面に向ふ、二三日前捕慮〔虜〕〔に〕せし支那兵の一部五千名を揚子江の沿岸に連れ出し機関銃を以て射殺す、其の后銃剣にて思ふ存分に突刺す、自分も此の時ばが〔か〕りと憎き支那兵を三十人も突刺した事であろう。**
>
> （小野賢二ほか編『南京大虐殺を記録した皇軍兵士たち―第十三師団山田支隊兵士の陣中日記―』大月書店、1996年、350〜351ページ所収）

また、「南京にはそんなに人がいなかった」とか「南京大虐殺後、むしろ南京の人口は増えている」という主張がありますが、これは「南京」の領域を意図的に過小に設定した一種のトリックだと言えます。「南京の人口は20万人だったのに30万人も虐殺できるか」「南京大虐殺など幻だ」と主張する人たちがよく使うものです。

一言で「南京」といっても南京市・南京城区・南京国際安全区、つまり南京市の中に南京城区が、南京城区の中に国際安全区があり、1937年12月当時の人口はだいたい南京市200万・南京城区100万・国際安全区10万以上といわれています。虐殺は、南京城区を中心におこなわれ、その結果、避難民が国際安全区に押し寄せ、そこの人口は20万人さらには25万人にもなりました。「まぼろし」を主張する論者は、国際安全区の人口が増えたことをもって、虐殺がなかったことの証明としていますが、これは逆で、南京城区での日本軍による残虐行為をさけて、国際安全区に住民が逃げ込み、そこの人口が増えたと考えた方が自然です。

“戦略爆撃の時代”の始まり――ゲルニカと重慶爆撃

戦略爆撃とは、前線の軍隊にたいする爆撃ではなく、都市や工業地帯にたいする爆撃のことで、相手側の戦争潜在力（生産力・輸送力）を根こそぎ破壊し、あわせて国民の戦意、指導者の継戦意欲を喪失させることをめざすものです。

このような目的で、最初に都市爆撃をおこなったのは、第1次世界大戦中のドイツ軍です。ドイツ軍はツェッペリン飛行船によってロンドンを空襲し、毒ガス弾まで投下しました。これにたいしてイギリス側も大型爆撃機によってベルリンを無差別爆撃しました（「無差別」とは、戦闘員と非戦闘員を区別しないという意味です）。ただし、ともに相手側の戦争潜在力と戦意を破壊するほどの大規模なものではありませんでした。

第1次世界大戦後、空軍力を保有する列強は、都市にたいする無差別爆撃はハーグ陸戦規則が禁止している無防守都市（一般市民）への攻撃にあたるのでいったんは禁止する方向で検討します（ハーグ空戦規則案の策定）が、合意には至りませんでした。他方、この戦略爆撃の軍事的有効性にいち早く着目したのがイタリアの将軍ドゥーエです。戦略爆撃の有効性を強調した彼の著作は世界中の軍人に読まれ、軍事強国（英・米・仏・伊・日、のち独・ソ連）はいずれも、戦略爆撃の違法性（無差別攻撃性）を自覚しながらも、戦略爆撃のための機材の研究・開発に力を注ぎました。

第 1 次世界大戦後、小規模ながら最初の都市無差別空襲は 1931 年 10 月の関東軍による錦州爆撃だといわれています。また、その後、1937 月 4 月、スペイン内戦の際に、フランコ側（反共和国政府側）に味方したドイツ空軍がおこなったゲルニカ空爆が都市にたいする大規模無差別爆撃の最初の事例となりました。

そして、継続的な戦略爆撃の始まりは、中国政府・市民の戦意喪失をねらい 1938 〜 43 年に実施された日本軍による重慶爆撃です。とくに海軍航空隊（双発の 96 式陸上攻撃機を最大で 120 機投入）が主力となった 1939 〜 41 年（とりわけ 1940 年）は激しい無差別爆撃となり、合計 195 回の空襲により死者約 1 万 2,000 人（あるいは 1 万 9,000 人）負傷者 1 万 4,000 人が出たとされています。ゲルニカと重慶への攻撃は、その後、第 2 次世界大戦の原爆投下にいたる無差別・戦略爆撃時代の幕開けとなりました。

爆撃を受け燃え上がる重慶の街(94)

第13章　占領地と植民地支配

1.「満州国」の実態

日本軍人・官僚による支配

南満州鉄道の代表列車「あじあ号」を描いたポスター(95)

「満州国」は官制上は、地方の各省は中央政府から任命される省長・県参事官によって支配され、省長は中央機関である各部（当初は民政部・外交部など7部、のち9部）とともに国務総理大臣に監督されるシステムとなっていました（塚瀬進 1998）。

しかし、現実には、中央官庁の1つである総務庁が中央機関・地方機関の全体を指揮・統制しており、総務庁長官と各部の次長には日本人官僚があてられていました。また、形式上の最高行政機関である国務院の政策決定に際しては、総務庁による事前の決定だけでなく、関東軍の承認が不可欠の要件とされていました。このように「満州国」は日本人官僚と日本軍人が実質的に支配していた国家でした。

軍隊・警察による「匪賊討伐」

「満州国」建国後も反満抗日勢力の活動は活発で、日本軍はこれらを「匪賊（ひぞく）」であるとして「匪賊討伐」に明け暮れていました。「匪賊討伐」は、しばしば、抗日勢力とともに日本軍に敵対する一般住民への虐殺へと発展しました。1932年9月におこった平頂山事件はその最大級のものです[①]。「匪賊」として殺害・処刑された抗日勢力の人々の数は、1932年7,600人、33年8,700人、34年8,900人、35年1万3,300人、36年1万700人にものぼりました（浅田喬二・

①1932年9月16日に撫順の日本軍守備隊がおこなった平頂山での住民虐殺事件。住民死者約800人あるいは3,000人説もあります。

小林英夫 1986)。毎月数百人もの抗日ゲリラを処刑しなければ維持できない国家、それが「満州国」という国家でした。

反満抗日勢力を「討伐」したのは、関東軍の兵団、独立守備隊、満州国軍、満州国警察隊などでした。1936・37 年以降、関東軍の兵団が対ソ戦準備に専念するようになると、主要幹部に日本人を配置した満州国軍や満州国警察隊が「討伐」の主力になりました。満州国警察隊は警察とは言うものの、装備の面だけでなく、武力弾圧の方法の面でも軍隊そのものでした。軍隊や警察隊の指揮官には、捕虜にした抗日ゲリラを即座に殺害することができる権限が与えられていました。この「臨陣格殺」という権限は、1932 年 9 月に制定された「暫行懲治盗匪法」という捕虜殺害を法的に認める法律に根拠をおいていました。

抗日ゲリラの活動

反満抗日勢力は、たびかさなる「討伐」によって、まず、旧軍閥系の武装集団が解体され、地方の武装集団も「満州国」側に帰順するものが続出しましたが、次第に抗日意識が強固な共産党の率いるゲリラ部隊が武装闘争の主力を成すようになりました。

平頂山殉難同胞遺骨館に展示された犠牲者たち(下)と「平頂山殉難同胞紀念碑」(96)

日満軍警は、治安維持のために山岳地帯に自動車道路をつくり、ゲリラと一般住民を分断するために、ゲリラ部隊に協力しそうな村は住民全員を移住させたり、村を柵でとりかこみ軍警部隊を駐屯させたりしました。抗日武装勢力は、武力弾圧によって次第に活動拠点を失いましたが、朝鮮国境に近い山岳地帯（現在の吉林省延辺地区など）では 1940 年頃まで共産ゲリラが活発に活動し、彼らは日満側には捕捉されず、のちにソ連領へと活動の拠点を移したとされています。

第13章　占領地と植民地支配

2. 中国占領地支配の実態

日本軍による食糧の「現地調達」

1938年以降43年まで、「満州国」をのぞく中国大陸に駐屯する日本陸軍の兵力は、つねに70万人前後を維持していました。以後も、中国大陸の日本軍は減ることはなく、1944年には約80万人、敗戦時で106万人が駐兵していたのです。日本軍は「現地調達」「現地自活」の方針をとっていたので、膨大な兵力を維持するために、占領地において軍用資材・食糧をみずから確保する必要がありました。一方、蔣介石軍や共産党軍を経済的に封じ込めるために、占領地からの物資の流出と占領地内における流通を厳しく制限するとともに、地域ごとに軍用米の供出を割り当てるやり方をとりました。しかし、その買い付け価格は市場価格の30～60%程度であったため、なかなか予定供出量を確保することはできませんでした。そのため、日本軍はしばしば農村に部隊を派遣して武力で脅しながら、農民たちの保管している米穀を収奪しました（石島紀之 1984）。

日本軍が中国各地で抗日闘争を鎮圧するとしておこなった掃討作戦。多くの村で略奪、暴行・殺害、放火をはたらきました(97)

「治安維持」と「三光作戦」

日本軍による占領地支配を支えたのは、日本軍による「治安維持」でした。これは、ただ単に占領地域を警備するのではなく、敵性ありとみなされた部落を軍事作戦によって壊滅させたり、抗日勢力と一般民衆を分離するための諸工作などを含んでいました。

1940年夏から秋にかけて、華北において八路軍（はちろぐん）（第2次国共合作によって共産党軍は蔣介石の指揮下に入り、八路軍と呼ばれました）は正規軍戦とゲリラ戦を組み合わせた「百団大戦」と呼ばれる攻勢にでました。これに大きな打撃を受け、また八路軍と一般民衆との強いつながりに手を焼いた日本軍は、以後、抗日勢力支配地域にたいする大規模な「燼滅作戦」をおこないました。作戦にあたっては、「徹底的に敵根拠地を燼滅掃蕩し、敵をして将来生存するに能はざるに至らしむ」ることが指示され、「燼滅目標及方法」として「敵及土民を仮装する敵」や「敵性ありと認むる住民中十五歳以上六十歳迄の男子」は「殺戮」すること、「敵性部落」は「焼却破壊」することが命ぜられました（江口 1991）。これは中国側からは「三光作戦」と呼ばれました[①]。また、日本軍は、手詰まりになった日中戦争を少しでも有利に展開するために、生物化学兵器（細菌兵器や毒ガス）まで使用しました[②]（松野 2005）。日本軍が侵攻した地域では、しばしば、おびただしい性暴力が引き起こされました[③]（笠原 1999）。

「無人区」の設定と「清郷工作」

「三光作戦」とともに、華北を中心に抗日勢力と一般住民の接触を断つための「無人区」の設定がおこなわれました。これは、住民を強制的に移住させて「無住地帯」をつくり、遮断壕（幅6メートル、深さ4メートルほどの堀）や封鎖線（幅1メートル、高さ2メートルほどの石垣）で外部と切り離しました。華中でも、1941 年7月から日本軍と汪兆銘政権による「清郷工作」がおこなわれました。「清郷工作」は日本軍と汪兆銘軍による掃蕩作戦、竹矢来・鉄条網による外界との遮断（軍事清郷）から住民の相互監視制度の導入（政治清郷）、徴税制度の導入と抗日勢力支配地域の経済封鎖の実施[④]（経済清郷）、そして、親日・反共宣伝の展開（思想清郷）へとすすんでいきました（小田部雄次ほか 1995）。

「日本ヲ愛スルナラ戦争ヲ止メロ!」といつのまにか街頭に大書された日本兵士向けの呼びかけ。日本軍は中国の占領地で厳しい支配をしきましたが、中国側の抵抗も強いものがありました(98)

①「三光」とは、焼き尽くし、殺し尽くし、奪い尽くす、の意味。

②毒ガスの戦闘での使用は、日中戦争勃発直後から催涙性ガスの使用が始まり、1938年4月にはくしゃみ性・嘔吐性ガスが、さらに同年12月頃には致死性の糜爛性ガスが使われるにいたり、アジア太平洋戦争開戦後も中国戦線では大規模に毒ガス戦が展開されました。細菌戦も1939年のノモンハン事件に際して初めて実施され、1942年以降、中国戦線でも実施されました。

③日本軍が駐屯する地域では、その村落から女性を提供させ、駐屯部隊が女性を監禁して暴行をくりかえすという「慰安婦」の「現地調達」、部隊が上級司令部に知らさず勝手に設置した事実上の慰安所も存在しました。

④日本軍は、蔣政権・抗日勢力支配地域に侵攻する作戦をくりかえしおこないましたが、その際、日本軍の軍票や汪政権の紙幣は通用しないので、陸軍登戸研究所で印刷した蔣政権の紙幣（法幣）の偽札を戦地で使用したこともあります。

第13章　占領地と植民地支配

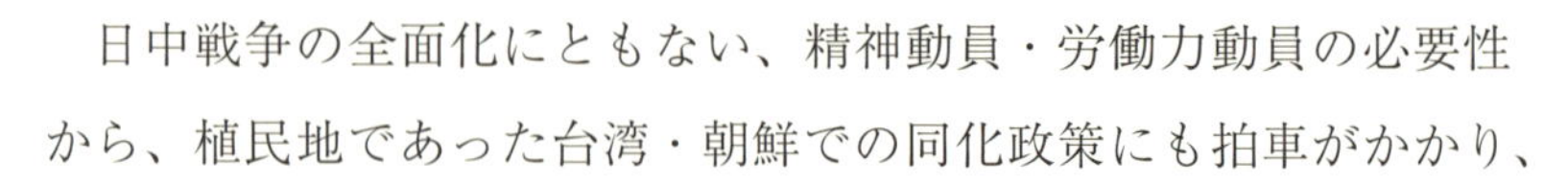

3. 台湾・朝鮮における皇民化政策

台湾における皇民化

日中戦争の全面化にともない、精神動員・労働力動員の必要性から、植民地であった台湾・朝鮮での同化政策にも拍車がかかり、日本語使用と神社崇拝の強制、日本式氏名への改名、志願兵制さらには徴兵制の導入による軍事動員体制の整備へとすすんでいきました。

日本の植民地だった台湾の台北市で1940年に開かれた「紀元2600年記念体育大会」。日の丸を掲揚しています(99)

台湾では、1937年には、国語（日本語）常用運動が始まり、偶像・寺廟撤廃、神社参拝強制、旧暦正月行事の禁止などが実施されました。日本語の強制が強められ、中国語文の公表や中国語劇の上演が禁じられました。台湾の公学校（台湾人用学校）でも、台湾そのものの歴史にかんする授業がなくなり、日本の歴史だけが教授されました。

台湾でも、国民精神総動員運動がおこなわれ、その推進機関として1940年に台湾皇民報国会がつくられました[①]。朝鮮での創氏改名にあたる日本式「氏」の創出と「名」の変更（許可制）は、台湾でも1940年より実施され、「改姓名」と呼ばれました。

①報国会は地域に支部を組織し、台湾総督府が以前につくった保甲制度（10戸を1甲、10甲を1保とする連座制度）を利用して、民衆の生活を統制・監視しました。

朝鮮における皇民化

朝鮮にたいする日本の植民地統治は、日中戦争期以降、朝鮮民族を戦時動員体制に組み込むために、「内鮮一体」のスローガンのもとに、朝鮮人を「皇国臣民」とするための政策を強めました。1930年代半ば以降の皇民化政策は、学校教育・神社崇拝・地域支配をそれぞれ強化することを柱として展開され、創氏改名とのちの徴兵制の導入によってその極致に達したといえます。

1937年10月から、朝鮮総督府は、「私共ハ大日本帝国臣民デアリマス／私共ハ心ヲ合セテ天皇陛下ニ忠義ヲ尽シマス／私共ハ忍苦鍛錬シテ立派ナ強イ国民トナリマス」という「皇国臣民ノ誓詞」を制定、学校で児童生徒に毎朝斉唱させました。また、1938年3月には第3次朝鮮教育令が公布され、「内鮮共学」と称して日本と同じ国定教科書を使い、朝鮮語を正課からなくして日本語の常用を強制するようになりました。

国民精神総動員と創氏改名

朝鮮総督府は、日中戦争期に一面（村）一神社設置計画を推し進め、また各戸にも神棚をつくらせ、「天照大神（あまてらすおおみかみ）」の御札を毎朝礼拝するよう奨励しました。[②] 7月に皇民化政策を推進する機関として国民精神総動員朝鮮連盟が発足し、地方・学校・企業ごとにも連盟支部が組織されました。[③]

皇民化政策の創氏改名は、1939年12月、朝鮮総督府によって朝鮮民事令・朝鮮戸籍令などの改正として公布され、翌40年2月11日を期して施行されました。創氏は義務（法的に強制）、改名は任意とされましたが、現実には日本式改名こそ「皇民化の指標」とみなされて、有形無形に強制されました。また、氏設定（創氏）は、法的に強制されたものであったので、届け出がない場合も、従来の「姓」を日本語読みにしてそのまま新しい「氏」とされました（設定創氏）。

②キリスト教徒は弾圧され、神社参拝を容認しない牧師・信者の多くが検挙投獄されて50人以上が獄死、二百余の教会が閉鎖されるまでに至りました。

③連盟の末端組織として約10戸を単位とする愛国班がつくられました。愛国班は、地域における皇民化政策の推進主体となり、宮城遥拝（きゅうじょうようはい）や神社参拝、日の丸掲揚から貯蓄運動などをおこないました。また、日常の生活物資の配給まで愛国班がおこなったため、朝鮮民衆は、連盟・愛国班を通じて日常生活のすみずみまで統制・監視されました。

朝鮮神宮。日中戦争期の朝鮮では一面（村）一神社設置計画がすすめられました（100）

column

日本軍「慰安婦」問題はなぜ重要なのか？

「従軍慰安婦」という言い方は、戦後に作られたもので、戦前には単に「慰安婦」と呼ばれていました。「慰安婦」というのは、戦地の将兵の慰安と管理のために日本軍が用意した女性たちのことです。「慰安婦」を収容する「慰安所」が軍によって最初に設置されたのは、1932年の上海事変の際でしたが、それがより組織的におこなわれるようになったのは、南京大虐殺直後の1938年1月に上海郊外に開設された陸軍娯楽所（慰安婦約100名）からとされています。これは、占領地において日本兵による一般住民（女性）への性暴力が頻発したため、対日感情の悪化と軍紀（軍人の道徳）低下を防ぐとともに軍隊内への性病蔓延（まんえん）を阻止するためにとられた措置でした。

沖縄の「従軍慰安婦」(1945年)。米軍の説明には「朝鮮から連行された10人の娘たち」とありました(101)

「慰安所」は、戦争の拡大とともに中国各地に、太平洋戦争開戦後には東南アジア各地に設置されました。「慰安所」には、軍直轄の「慰安所」とは別に民営の施設もありましたが、それら以外にも、駐屯する日本軍部隊が現地の女性を拉致したり、占領地の人々から女性を提供させて監禁していたような例もあります。「慰安婦」とされた女性たちは、その多くが朝鮮から「女子挺身隊」などの名目で連れて来られた20歳前後の未婚女性たちでした。国家機関（軍・内務省・総督府）が朝鮮を中心とする地域で、組織的に女性を集め、軍が「慰安所」の設置と運営に直接かかわるなど、政府機関・軍が直接に関与したということが、日本における「慰安婦」問題の特徴になっています。「慰安婦」にされた女性の総数は、8万人とも10万人ともいわれ、さらに多数にのぼったという推計もあります。最前線の「慰安婦」のなかには、昼間は看護・雑役・弾薬運びなどに使われたり、戦闘に巻き込まれたりした者もいました。

「慰安婦」の問題は、当時の、①日本軍のあり方（多数の「慰安所」を必要とした体質と戦時性暴力への鈍感さ）、②植民地・占領地支配のあり方、③女性のおかれた位置・人権のあり方、そして、④長年にわたって放置されてきた戦後補償のあり方、という4つの大きな問題がクロスするところに位置しています。こうした重要問題の焦点に「慰安婦」の問題があるからこそ、現在でも国際的にも、社会的にも、歴史教育においても、大きな問題になっているのです。

創氏改名とは何のためにおこなわれたのか？

創氏改名とは、植民地朝鮮における皇民化政策の一環として、日本が全朝鮮人にたいして、「氏」の創設と日本式「名」への改名を強制した政策のことです。同様のことが台湾でも「改姓名」としておこなわれました。創氏改名は、1939年12月26日、朝鮮総督府によって朝鮮民事令・朝鮮戸籍令などの改正として公布され、翌40年2月11日（紀元2600年の紀元節）を期して施行されました。

朝鮮人の名前は、先祖の出身地（本貫）と男性血統を示す標識である「姓」、そして 個人別の「名」から成り立っています。「姓」＋「名」としての名前は終生不変で、夫婦別姓です（婚姻により「姓」はかわりません。これは台湾でも同じです）。したがって、家族内でも祖父・父・子は同一の「姓」ですが、祖母・母は「姓」が異なるのが普通です。つまり、家族内にも複数の「姓」が存在することになります。

創氏改名は、全朝鮮人にたいして、従来の「姓」とは別に「氏」（同一戸籍内の家族は同一「氏」のみ）をつくり、あわせて日本式に「名」を改めることを定め、「氏」＋「名」を公式名称とさせました。創氏は義務（法的に強制）、改名は任意とされましたが、現実には日本式改名こそ「皇民化の指標」とみなされました。上記のように創氏は、法的に強制されたものであったので、届け出がない場合も、従来の「姓」がそのまま新しい「氏」とされました（設定創氏）。設定創氏の場合、朝鮮では夫婦は別姓であったので、女性は夫の「姓」を新たな「氏」にすることになりました。

創氏改名は、もともとは日本の朝鮮支配に協力する地域支配の中堅層を育成するために立案されました。しかし、届け出の過程で、地域間の届け出競争、届け出ないと不利益を被るのではないかという不安などから、期限ぎりぎりになって大量の届け出がおこなわれ、1940年8月10日の期限までに322万戸（総戸数の約8割）が創氏改名を届け出ました。抗議の自殺、日本人高官をもじった創氏や改名などさまざまな抵抗もありました。

1945年8月、朝鮮の独立が回復されると、朝鮮人の名前は、従来の「姓」＋「名」に戻りました。しかし、在日朝鮮人の場合、民族差別などのために創氏改名の際の名前を通名として使用し続けた人もいます。

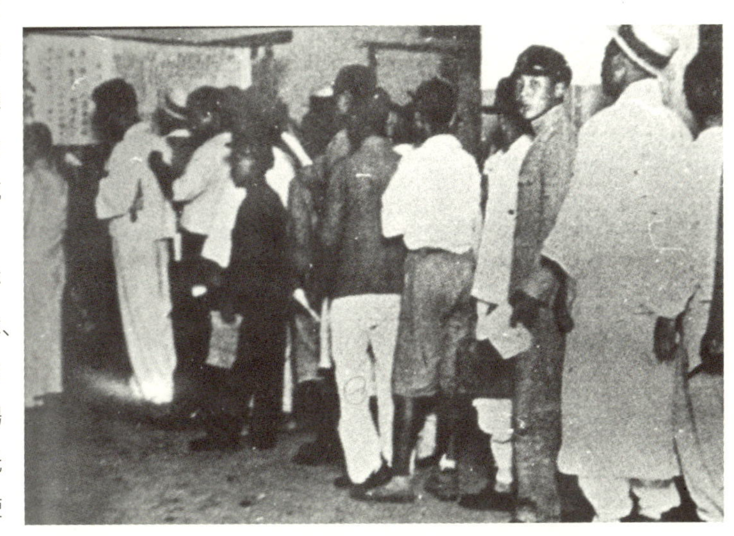

創氏改名の届出のためソウル府庁前に並ぶ人々(102)

第14章　第2次世界大戦と日本の武力南進

1. 第２次世界大戦の始まり

防共協定強化問題

ヨーロッパでは、イタリアのファシズムに続き、1930年代にドイツではナチズムがベルサイユ体制に代わる新秩序建設に乗り出し、しだいに戦争の危機が高まっていました。

【第２次世界大戦中のヨーロッパ】

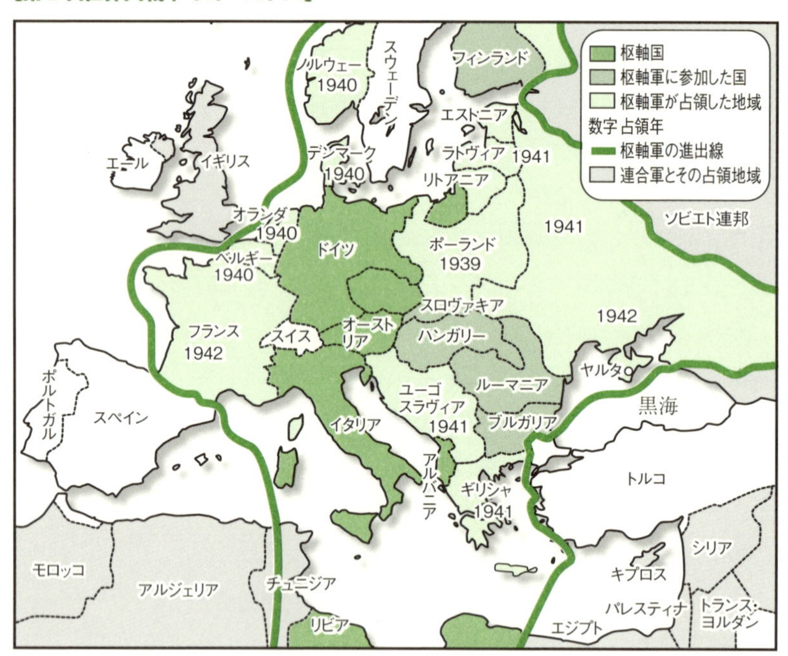

日中戦争の全面化がのちの対英米戦争の伏線になったことは確かですが、英米との戦争を不可避にしたのは、1940年９月の日独伊三国同盟の締結と、同盟を背景にしたその後の日本の武力南進路線の展開であるといえます。

三国同盟は、最初は1936年11月に締結された日独防共協定を強化するものとして、1938年から日独間で交渉がすすめられました。戦時における仮想敵国をソ連だけでなく英仏にも拡大し参戦義務を課そうとするドイツにたいし、陸軍は基本的に同調したものの、海軍上層部と外務省は対象をソ連に限定すべきであると主張して国内の意思統一は難航しました。海軍は、表向きは英仏に対象が広がることを理由にして反対していましたが、反ソ同盟が結ばれ、陸軍が対ソ戦争にすすんでいくことにも反対でした。

日ソ関係の悪化

当時、日本陸軍がソ連を仮想敵国としてドイツと同盟を結ぼうとしたのは、張鼓峰事件（1938年７月～８月）とノモンハン事件（1939年５月～９月）によって日ソ関係が緊張していたからです。

日ソ間の国境紛争は、1934年頃から増え始め、37年6月のカンチャーズ島事件を契機として大規模化しました。①張鼓峰事件では、ソ連軍の反撃で朝鮮軍の第19師団1個連隊が壊滅し、死傷者1,400人以上の損害を被りました。ノモンハン事件は、不明確な国境線をめぐりモンゴル軍と満州国軍が衝突したことを契機に、関東軍はモンゴル軍を駆逐、越境空襲や防疫給水部（731部隊②）による細菌戦までおこないました。ソ連軍はモンゴルとの相互援助条約にもとづいて空軍・機械化部隊を大量に投入し、大攻勢に転じ、日本側は第23師団が壊滅して2万人近くが死傷するという大損害を被りました。③

①カンチャーズ島事件は、「満州国」の北部国境・黒河付近のアムール川の中洲をめぐって、張鼓峰事件は、ソ連・「満州国」・朝鮮の3つの国境線が隣接している地区で、ノモンハン事件は「満州国」とモンゴル人民共和国（外蒙古）との国境で起きました。

②731部隊は、正式には関東軍防疫給水部といいます。ペスト・腸チフス・コレラ・流行性出血熱、炭疽などの病原菌を兵器化し、1942年8月以降中国大陸で細菌戦を実施しました。1945年6月の時点で、731部隊は約1,300名、各支部もそれぞれ200名前後の人員を擁する大規模なものとなっていました。また、中国人政治犯など約3,000名の人間を「マルタ」と称して人体実験に使い死亡させたとされています。

③大敗した日本軍内部では、後退したり、捕虜になった一部の兵士を処刑したほか、一線部隊の指揮官に自決を強要するなど敗北の責任を現場将兵に押し付け、日本軍自体の火力不足や機械化の遅れなどの根本的な反省、再検討は、内部研究がある程度おこなわれたものの、具体的な方策としては実行されませんでした。

第2次世界大戦の勃発

三国同盟論議は、1939年8月の独ソ不可侵条約（独ソの提携）によって一度は消えました。三国同盟を締結する方向で検討していた平沼騏一郎内閣は、突然のドイツの方向転換（仮想敵国としていたソ連との提携）の真意をつかめず、「欧州情勢は複雑怪奇」との声明を発して総辞職しました。ドイツは9月のポーランド侵攻のために一時的にソ連との対立をさけ提携したのです。

1939年9月、ドイツがポーランドに侵攻し、英・仏がドイツに宣戦布告したことでヨーロッパで第2次世界大戦が始まりました。ポーランド戦は年内に終結し、ドイツとソ連は不可侵条約の秘密協定にもとづき、ポーランドを分割しました。ソ連は、スターリンのもとで、対外侵略にも加わる国に変貌をとげていました。西欧方面では翌年になっても本格的な戦闘はおこりませんでした。1939年9月に成立した阿部信行内閣は、大戦への不介入を声明し、40年1月には、前年の三国同盟論議の際には海軍大臣として強硬に同盟に反対した米内光政が首相となり、三国同盟は完全に立ち消えたかに見えました。

急進撃を続けるドイツ軍機械化部隊（103）

2. 日独伊三国同盟と南進政策

ドイツの西方攻勢と三国同盟論の復活

1940年4月以降、ドイツが北・西欧での電撃戦を開始してオランダ・フランスを占領し、イギリス本土上陸作戦の前哨戦として、空軍による攻撃を開始すると、対独提携論が日本国内で再び台頭してきました。東南アジア植民地の宗主国である英・仏・蘭が戦争に敗北すれば、3国の植民地はすべて独領となってしまうので、戦争が継続しているうちにドイツと同盟を結び、戦後の植民地再分割への発言権を確保しようとしたのです。①

1940年9月27日、首相官邸で開かれた三国同盟成立の祝賀会（104）

日本の政界では、この際、ドイツと結んでアジアに〈新秩序〉を建設しようという膨張主義的な気運が高まり、国内の「新体制」の構築を叫ぶ新体制運動が始まりました。政友会や民政党などの既成政党が「バスに乗り遅れるな」を合言葉にみずから解党してこの運動に合流し、1940年7月、陸軍は畑俊六陸相の単独辞職によって三国同盟締結に難色を示していた米内光政内閣を倒しました。

①対独提携論の背景には、援蔣勢力の中心である英が敗北すれば、日中戦争も解決するという期待もありました。

日独伊三国同盟の締結

1940年7月、対独提携・〈新秩序〉建設論と新体制運動を背景に第2次近衛文麿内閣が成立しました。②8月、政府によってこの〈新秩序〉は従来のスローガンである「東亜新秩序」から拡大されて「大東亜新秩序」「大東亜共栄圏」と命名されました。近衛内閣は、9月には日独伊三国同盟を締結し、ほぼ同時に「援蔣ルート」遮断を名目に北部フランス領インドシナ（現在のベトナム北部）に進駐をおこない（北部仏印進駐）、武力南進路線を実行に移しました。

②組閣前、近衛首相と東条英機陸相・吉田善吾海相・松岡洋右外相（各予定者）との「荻窪会談」によって三国同盟締結、ヨーロッパ植民地を〈新秩序〉に包摂するための武力南進という基本方針が定まりました。

ヨーロッパで戦争中である独・伊と軍事同盟を結び、日本軍がヨーロッパ植民地にまで南進したことにより、日本と英・米との衝突は不可避のものとなりました。その後、近衛内閣は10月に大政翼賛会[③]を発足させて挙国一致の体制を強化するとともに、翌41年4月には日ソ中立条約の締結によってソ連を三国同盟側に組み入れて4国ブロックを形成することを狙い、その力を背景としてさらなる武力南進と英・米封じ込めを図ろうとしました。

世界大戦の転機としての独ソ開戦

ドイツ陣営に加わっての日本の南進路線は、英米側の激しい反発を生み出しました[④]。悪化した対米関係を打開するために日米交渉がおこなわれましたが、日本は三国同盟の圧力でアメリカを抑えようとしたのにたいし、アメリカはヨーロッパの戦争に早く介入するために三国同盟を有名無実化させる（米独戦争が始まっても日本を参戦させない）ことをねらっていました[⑤]。

一方、ドイツは制空権を確保できないために英本土上陸を断念し、1941年6月、ソ連への侵攻作戦を始めました[⑥]。この独ソ開戦は、世界大戦の大きな転機となりました。ソ連を英米側に結束させただけでなく、ドイツの矛先がソ連に転じたことにより、英国への軍事的圧力は緩和され、対独参戦を急いでいたアメリカは、独ソ開戦後、日本に譲歩する必要性を感じなくなり、日米交渉に強硬な姿勢で臨むようになりました。

③首相を総裁とし、官僚・軍部・政党などから役員を選出した全政治勢力丸抱え、上からの官製組織であり、政府の政策に協力する「公事結社」でした。道府県支部長は知事が兼任し、1942年6月には産業報国会、大日本婦人会、部落会・町内会などの地域組織を組み入れ、上意下達の国民生活統制機関の役割を果たしました。

④親独的な第2次近衛内閣が成立した段階で、アメリカ政府は態度を硬化させ、1940年7月には航空機用ガソリンの、9月には屑鉄の対日輸出制限措置を発表しました。

⑤日本が日中戦争での既得権益を最大限に維持しようとしたのにたいし、アメリカは中国（国民党政府）との提携のために日本軍の中国大陸からの撤退を要求して交渉は進展しませんでしたが、1941年4月には、アメリカ側は対独参戦を急ぐために、一時期的に「満州国」の承認など日本側に譲歩する姿勢を示しました。

⑥ドイツは長期戦を遂行する基盤である資源の獲得をめざし、短期的にソ連を屈服させられるとの見通しのもとにソ連に攻め込みました。

1940年10月12日、首相官邸で開かれた大政翼賛会発足式。中央は近衛文麿
（105）

第14章　第2次世界大戦と日本の武力南進

3. アジア・太平洋戦争の始まり

7月2日御前会議の決定

独ソ開戦により世界情勢が変化したにもかかわらず、日本は三国同盟の圧力を背景にした強硬路線を継続し、1941年7月2日の御前会議（天皇の臨席のもとで政府と軍の首脳部が重要国策を決定する会議）で、日中戦争の継続、対英米戦争を覚悟した上での南進、場合によっては対ソ戦争をも実施することを決定し、ここに対英米戦争への道はほぼ動かないものになりました。御前会議決定にもとづき陸軍は、南部フランス領インドシナに進駐し（南部仏印進駐）、対ソ戦準備のために演習の名目で満州に約70万人の大兵力を集中しました（関東軍特種演習）。

【太平洋戦争要図】

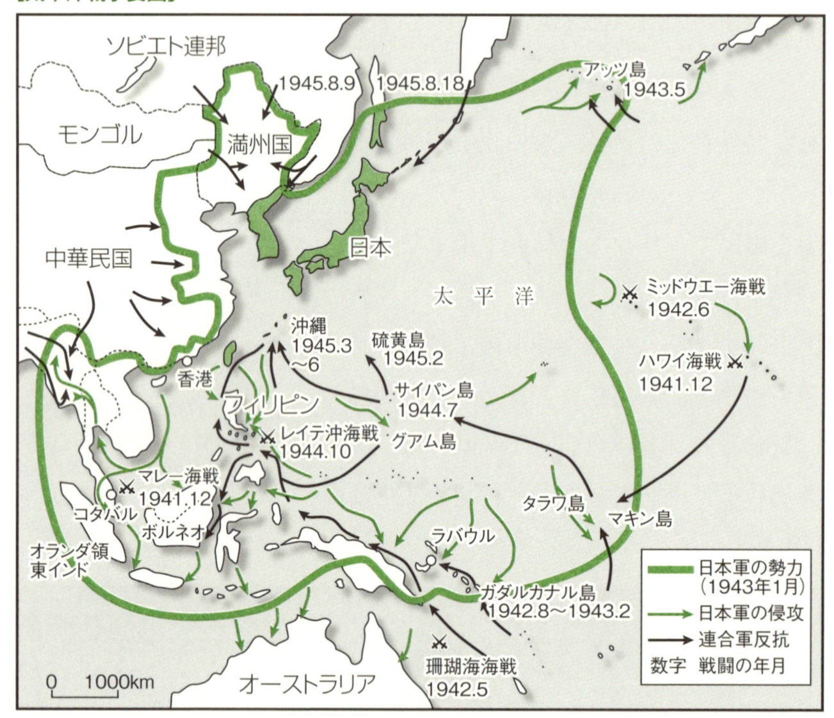

日本の南部仏印進駐にたいして、アメリカは8月に対日石油輸出禁止という強硬姿勢をもって臨み、中国からの日本軍の撤兵を要求しましたが、日本陸軍は容認しませんでした。アメリカからの石油が止まったことによって、かえって日本国内では備蓄石油があるうちに開戦しようという早期開戦論が台頭します。

開戦の決定

第3次近衛文麿内閣は、9月6日の御前会議で、10月下旬までに米・英・蘭への戦争準備を完成することを決定します。しかし、近衛首相自身は戦争突入の決断がつかず、米ルーズベルト大統領

開戦と同時にフランス領インドシナに上陸し進軍する日本軍(106)

との直接会談や、軍事面で確信を持てない天皇の開戦慎重論に事態打開の期待をかけていました。しかし、対日強硬路線に転じたアメリカ側の拒絶により会談は実現せず、天皇も次第に開戦論に傾斜したため進退きわまって総辞職することとなりました。10月に成立した東条英機内閣は、11月5日の御前会議で、11月末までに日本側の要求（対日経済封鎖の解除）が実現できなければ12月初旬に開戦することを決定します。11月26日、米ハル国務長官は、アジアを満州事変以前の状態に戻すことを日本に要求する新提案（ハル・ノート）をおこないますが①、同日、ハワイ空襲のための日本海軍の空母機動部隊は、千島列島から出航していました。12月1日の御前会議で日本政府は、対英米蘭開戦を最終的に決定しました。

①この段階ではアメリカ側は、まだ戦争準備（とりわけ空母などの海軍戦力）が整っていなかったため、交渉の引き延ばしを図っていました。

開戦と日本軍の南進

1941年12月8日、日本は、米・英にたいする戦争を始めました。この日、陸軍は、シンガポール攻略をめざして英領マレー半島コタバルに上陸するとともに、タイへも同国の承認を得る前に武力進駐を開始、その際、一部で日タイ両軍の間で戦闘があり、双方に死傷者が出ました。海軍は、陸軍のマレー上陸にやや遅れて空母機動部隊によりハワイを、同日午後には台湾の基地航空隊によりフィリピンを激しく空襲しました②。

②開戦後、日本政府は、この戦争を「大東亜新秩序」をつくるための戦争という理由から「大東亜戦争」と命名しました。

開戦当初、日本軍は制空権の確保と戦力の局地的優勢を背景に、連合軍に打撃を与えつつ電撃的に南進して、半年の間に東南アジアの主要部を占領しました③。日本は占領地域で資源を獲得し、輸送船をつかってそれを日本本国に運び、国内で軍需物資として加工しなければ戦争が遂行できませんでした。日本にとっては、東南アジアを占領して自給自足の経済圏を建設することが戦争継続の絶対的な条件でした。

③これらの地域の占領は、連合国側の軍事施設を破壊・占拠するだけでなく、石油・ゴム・ボーキサイトなどの重要資源を獲得するためにおこなわれました。

column

国民を戦争に動員した国家総動員法とは

戦前においては国民を戦争に動員するために、さまざまな法的な仕組みが作られていました。国家が戦争を遂行するためには、①ヒト・モノ・カネを戦争のための業務（軍需産業など）に動員すること、②戦争のための業務に動員された民間人がそこで知り得た秘密を漏らさないようにすること、③国民の多くが戦争に反対しないようにすることが求められました。このうち①を実行する柱となった法律が国家総動員法（1938年4月）です。②については、すでに1899（明治32）年に制定されていた軍機保護法が日中戦争拡大をきっかけに1937年8月に改正され、最高刑が死刑にされました。③については、1925年に制定された治安維持法が大きな役割を果たしました。これも1928年に最高刑が死刑に引き上げられています。

国家総動員法は、戦争遂行のために資金・資材・労働力を一元的に国家が統制・運用する強大な権限を政府に与えた法律でした。第1次近衛文麿内閣のもとで企画院（1937年11月、物資動員計画立案のために設置された内閣直属の機関）が立案し、衆議院では一部の自由主義者から批判が出されましたが、軍の圧力で結局、全会一致で可決されました。審議中、議員のヤジにたいして法案説明中の陸軍省軍務課員・佐藤賢了中佐が「だまれ！」と怒鳴るという事件もありました。この法律により、戦時において労務・物資・賃金・施設・事業・物価・出版など経済活動の全般について、政府が必要とする場合、議会での審議をへることなくすべて勅令（天皇が発する命令）によって統制することが可能となりました。これにもとづいて、日中戦争中に、国民徴用令・国民職業能力申告令・賃金統制令・従業者移動防止令・価格等統制令・新聞紙等掲載制限令・会社利益配分及び資金融通令・学徒勤労令・女子挺身勤労令などの私企業や国民生活の自由な活動を制限・統制するための40件以上の勅令が発布されました。

国家総動員法は、政府が実施したい政策を勅令によって遂行できる権限を政府に付与した包括的な委任立法であり、以後、行政権力（政府）の飛躍的な強化が進むとともに、立法府（議会）が政府をチェックする機能は大幅に制限されることになりました。戦時においても議会は一定の機能を果たしていましたが、政府に大きな権限を与えることになった国家総動員法制定以降は、議会の存在感は低下することになります。なお、国家総動員法は、敗戦後しばらくして1945年12月になってようやく廃止されました。

真珠湾攻撃はなぜ“だまし討ち”になったのか？

しばしば、真珠湾攻撃はワシントンの日本大使館のミスで宣戦布告の通告が遅れた、と説明されることが多いのですが、これは正しくありません。

まず、アメリカへの通告が日本側が予定した日本時間12月8日（月）午前3時、ワシントン時間12月7日（日）午後1時よりも1時間20分も遅れたことは確かです。しかし、肝心なことは、この日が開戦日になるということを大使館幹部は事前に知らされていなかったということです。重要電報は分割されて前日から、部分的に大使館に届けられていた（日本からの電報は、大使館で直接受信するのではなく、アメリカの中央電信局から配達される）のですが、翌日が開戦日になるとは知らされていなかった大使館幹部（大使ら）は、日曜日に非常態勢をとるという判断ができませんでした。これは出先のミスで片づけられることではなく、失敗の根本的な原因は、戦闘開始わずか 30 分前（日本時間午前 3 時 30 分に攻撃開始の予定）に相手に通告をしようという、作戦優先・外交軽視の政府・大本営の姿勢にあったといえるでしょう。

また、よく「宣戦布告」が遅れた、といわれていますが、正確には「交渉打ち切り通告」が遅れたといわなければなりません。国際法上は、戦争を始めるには、まず「交渉打ち切り通告」をおこない、「最後通牒」（自分たちの要求を認めなければ開戦するぞ、という通告）をおこない、そして「宣戦布告」をし、武力行使をする、という手順になります。

日本が、アメリカにたいしておこなおうとしたのは、これらのうち「交渉打ち切り通告」のみで、日本側は、それをもって事実上の「最後通牒」と考えていましたが、日本側が発した通告文は、国際法上の「最後通牒」の要件を満たしていませんでした。それは、この「交渉打ち切り通告」が、純粋に交渉の打ち切りだけを述べているもので、国交の断絶や条件を受け入れない場合の開戦といったことについては、まったく言及していないからです。もしも、この「交渉打ち切り通告」が時間通りにアメリカ側に手交されていたとしても、おそらくアメリカ側は、日本は正式の通告なく戦争を始めたと批判のキャンペーンをおこなったことでしょう。なお、日本は正式の宣戦布告（各国大使への文書手交）を、開戦後の 8 日午前 11 時 45 分におこなっており、これは最初から予定していたことでした。

日本軍の攻撃を受ける真珠湾のアメリカ軍戦艦ウエスト・バージニア（107）

第15章　開戦後の国内支配体制の強化

1.「東条独裁」の成立

日本ニュース第79号。開戦の日、首相官邸で国民に向けて演説する東条首相(108)

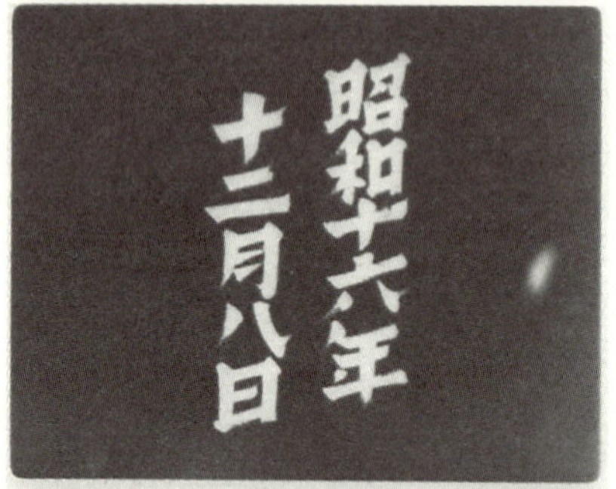

国内支配体制の強化

1941年10月に成立した東条英機内閣は、現役の陸軍大将である東条首相が陸相を兼任する強力内閣でした(42年2月までは内相も兼任)。東条首相は、開戦後も首相の権限の強化につとめ、五大重点産業（鉄鋼・石炭・造船・軽金属・航空機）の生産増強にかんして、各省大臣を指揮する権限を獲得するとともに、戦争末期の44年2月には、陸相の資格で参謀総長を兼任し、緊密な協力関係にあった海相の嶋田繁太郎海軍大将にも軍令部総長を兼任させるなど、大きな権力をふるいました。

国内の治安体制の面では、すでに41年3月に国防保安法[①]が公布され、同時に、治安維持法の改正によって予防拘禁制[②]が導入されていました。続いて東条内閣は、開戦直後の41年12月には、言論出版集会結社等臨時取締法を、42年2月には戦時刑事特別法を公布し、戦争や政府を批判する言論・政治活動を厳しく規制しました。

初期作戦が日本軍の勝利に終わると、政治体制の面でも、政府を支持する政治勢力の総結集がはかられ、42年4月には翼賛選挙が実施されます。この選挙では、半官半民の政治団体である翼賛政治体制協議会が、政府を全面的に支持する候補者だけを推薦し、非推薦の立候補者には官憲による激しい選挙妨害が加えられました。推薦候補には臨時軍事費から巨額の選挙資金が支出されたといわれています。この選挙の結果、議会は政府与党で占められ、戦争完遂を綱領に掲げる翼賛政治会が新たに結成されます[③]。衆院では、ほぼすべての議員が同会に参加しました（貴族院では8割の議員)。東条首相はまた、憲兵を指揮する陸相の地位にあったことを利用して憲兵を私兵化し、政敵の弾圧にあたらせました。「東条独裁」の成立です。

①国家機密の漏洩(ろうえい)を防止することを目的にした法律。国家機密の定義が曖昧(あいまい)なため、言論の弾圧に猛威をふるいました。

②これにより、治安維持法で投獄され刑期を終えた者でも、非転向の場合には、引き続き予防拘禁所に拘禁されることになりました。

③同会以外の政治結社は解散を命じられたため、翼賛政治会の成立により、形の上では一国一党制が確立しました。

「東条独裁」の限界

しかし、「東条独裁」とはいっても、統帥権の独立と国家諸機関の分立制が大きな足枷（あしかせ）となります。統帥権の独立が制度化されているため、政府は軍部を統制することができないだけでなく、各省の責任者であり単独で天皇を輔弼（補佐）する立場にある国務各大臣が独立した大きな権限を持っていました。その結果、首相の権限は決して大きなものではありませんでした。各省庁間の対立も依然として深刻な問題でした。予算や資材などの獲得をめぐる陸海軍間の対立がこうした状況に拍車をかけます。国務と統帥の分裂や、各省庁間、陸海軍間の対立を克服できるほどの一元化された権力を東条首相が掌握できたわけではなかったのです。首相権限の強化以外に東条がやりえたことは、制度はそのままにして、各機関のトップを兼任することによって、統一的な戦争指導をおこなおうとしたことだけでした。

また、「東条独裁」は、天皇や宮中グループの支持によってはじめて成り立っていました。宮中グループとは、元老、内大臣、侍従長、重臣など、天皇を支える側近者集団のことを言います。したがって、天皇の信任が去ったとき、内閣は最大の危機に見舞われることになります。ただ、注目する必要があるのは、東条首相が、初期作戦の勝利に熱狂する国民の強い支持を取り付けていたことです。東条自身もラジオやニュース映画にたびたび登場して、国民の先頭に立つ「行動する指導者」を演出することに熱心でした。国民に直接アピールしようとした東条は、その点では、確かに総力戦の時代の国家指導者でした。

東条首相と子どもたち。東条首相は、国民の中に積極的に入ってゆき、国民と直接接触する行動スタイルを好みました（109）

第15章　開戦後の国内支配体制の強化

2. 戦時下の国民生活

国民生活の悪化

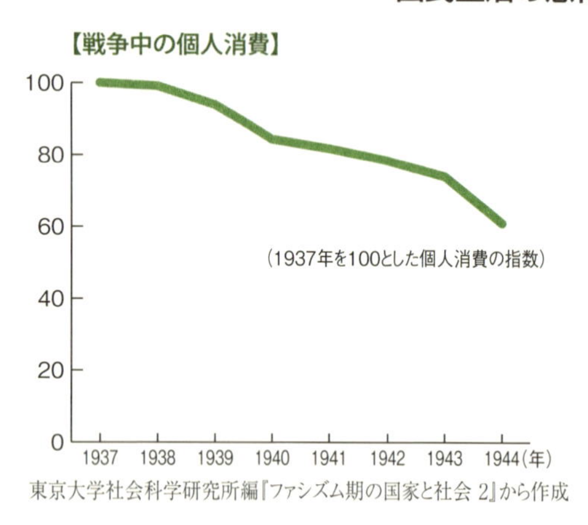

東京大学社会科学研究所編『ファシズム期の国家と社会 2』から作成

軍需生産の急速な拡充のためには、国家による強力な経済統制[①]を梃子（てこ）にして、軽工業中心の日本の産業構造を重化学工業中心のそれへと短期間のうちに編成替えしていくことが必要でした。そのため、日中戦争の本格化以降、民需生産を切り捨て、限られた資金、資源、資材や労働力を重化学工業部門に集中的に投入する政策が意図的にとられました。その結果、日本では、軍需が常に民需を圧迫し、軍需生産の拡充がそのまま国民生活の悪化に直結することになります。事実、1937 年を 100 とした場合の生産指数は、すでに 1941 年の時点で、農林業 = 95.1、繊維 = 60.4、食料品 = 78.1 にまで低下しています（中村隆英 1993）。

こうした中で、生活必需物資の配給制[②]が拡大してゆきましたが、配給量自体が生活に実際に必要な量を下回っていたので、国民生活の悪化は、もはや避けられませんでした。44 年には、農林業・繊維・食料品の生産指数は、それぞれ、76.2、16.6、47.4 にまで落ち込んでいます。また、37 年を 100 とした個人消費支出指数も、41 年 = 81.7、42 年 = 78.3、43 年 = 73.9、44 年 = 60.9、と大きく減少しました（東京大学社会科学研究所 1979）。

①経済統制を推進する中央機関が、1937年10月に設置された企画院です。

②食料や衣服などの生活必需品の分配を政府が管理・統制するために導入された制度。国民は、政府によって定められた額だけしか生活必需品を購入することができませんでした。

国民の画一的組織化

1940 年 10 月に大政翼賛会が成立すると、部落会・町内会・隣組[③]の整備が急速にすすめられました。これらの行政補助組織は、常会[④]や回覧板などを通じて、戦費をまかなうための国債の買い入れや貯蓄の強制、金属回収、防空演習、出征する兵士や帰還する兵士の送迎、戦死者の公葬等々への参加や協力など、国民を戦争に動員する上で大きな役割を果たしました。また、部落会・町内会が、生活必需物資の主要な配給ルートともなっていたため、その活動への参加を拒むことは事実上、不可能でした。さらに、42 年 8 月

③部落会・町内会は、部落や町内ごとに設けられた行政補助組織。隣組は部落会・町内会の基礎組織で、10戸前後に1つずつ組織されました。

④常会は、部落会・町内会・隣組単位で月1回開催された定例の会合。この場を通じて、政府の政策が各家庭にまで浸透していきました。

には、部落会・町内会に大政翼賛会の世話役を、隣組には世話人を置くことが決定され、部落会長・町内会長が世話役を、隣組長が世話人を兼任する方針が採られました。これによって、大政翼賛会を中心にした一元的な国民動員組織が完成します。

日本におけるファシズム体制は、国務と統帥との矛盾にみられるように、国家諸機関の分立制を克服し、一元的な戦争指導体制を構築することには、かならずしも成功しませんでした。しかし、思想統制や国民の画一的組織化という面では、かつてない強力な支配体制をつくりあげたのです。国民生活の急速な窮乏化にもかかわらず、政府と軍部が戦争を継続することができた背景には、国民の画一的組織化に成功していたという事実があります。

闇取引きを批判する政府の広報誌『写真週報』1942年9月23日号。しかし、現実には闇取引きに頼らずに生きてゆくことは不可能でした

「アルミ貨の総動員」を訴える「隣組緊急回報」。こうした回覧板が家から家へ回覧され、政府の政策の徹底がはかられました(110)

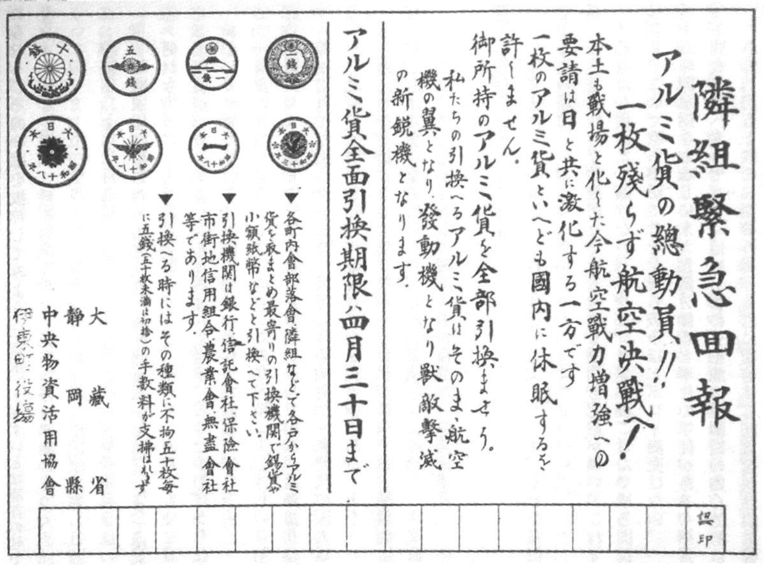

隣組緊急回報

アルミ貨の總動員!!
一枚殘らず航空決戰へ!

本土も戰場と化した今航空戰力増強への要請は日と共に激化する一方です
一枚のアルミ貨といへども國内に休眠するを許しません。
御所持のアルミ貨を全部引換ませう。
私たちの引換へるアルミ貨はそのまゝ航空機の翼となり、發動機となり、敵撃滅の新鋭機となります。

アルミ貨全面引換期限ハ四月三十日まで

▼各町内會部落會隣組などで各戸からアルミ貨を取まとめ最寄りの引換機関で銀貨や小額紙幣などと引換へて下さい
▼引換機関は銀行、信託會社、保險會社、市街地信用組合、農業會、無盡會社等であります。
▼引換へる時にはその種類に不拘五十枚毎に五錢(五十枚未滿は切捨)の手數料が支拂はれます

大藏省
靜岡縣
中央物資活用協會
伊東町役場

第15章　開戦後の国内支配体制の強化

3. 兵力動員をめぐる諸矛盾

労働力動員との競合

アジア・太平洋戦争の開戦によって、東南アジアの広大な地域に戦線が拡大したため、軍は大規模な兵力動員をおこなうことをよぎなくされます。その結果、陸海軍の総兵力は、1942年の時点で、約283万名にまで膨張しました（表参照）。ところが、この兵力動員は、戦時生産に必要な労働力動員との間に深刻な競合関係を生み出します。オートメーション化の立ち遅れなど、日本の低い工業技術水準の下では、多数の熟練労働者を生産現場に配置しなければならず、他方で、労働集約型の零細農業が支配的だった農村にも、農業生産のために必要な多数の労働力を確保しなければならなかったからです。兵力動員にとって、労働力動員が大きな足枷となっていたのです。1944年の段階で、日本の陸海軍の総兵力は総人口の6%、これにたいして、ドイツ・イギリス・ソ連の3国は18～20%、人的資源にゆとりのあるアメリカでも8%であり、日本の兵力動員は、列強に比較して明らかに低い水準にありました。

【陸海軍の兵力】

（単位＝人）

年次	総数	陸軍	海軍
1930	250,000	200,000	50,000
1931	308,430	230,000	78,430
1932	383,822	300,000	83,822
1933	438,968	350,000	88,968
1934	447,069	350,000	97,069
1935	448,896	350,000	98,896
1936	507,461	400,000	107,461
1937	634,013	500,000	134,013
1938	1,159,133	1,000,000	159,133
1939	1,620,098	1,440,000	180,098
1940	1,723,173	1,500,000	223,173
1941	2,411,359	2,100,000	311,359
1942	2,829,368	2,400,000	429,368
1943	3,808,159	3,100,000	708,159
1944	5,365,000	4,100,000	1,265,000
1945	7,193,223	5,500,000	1,693,223

『昭和国勢総覧（下）』（東洋経済新報社、1980年）

政府は、工業労働力確保のため在郷軍人の召集延期制度を導入して、技術者や熟練工を引き続き生産に従事させただけでなく、召集されて軍務に服している熟練工の召集を優先的に解除して生産現場に復帰させる措置も講じました。一方、農村では、戦争末期まで召集延期制が導入されなかったため、都市よりは農村から、より多くの兵士が戦場に送り出されることになります。主要な働き手を失った農村では、女性や老人、そして子どもたちが生産の担い手となり、肥料不足などにくわえて、労働の強化や労働時間の延長が深刻化しました。

女性の動員・植民地からの動員

このような状況の下で、戦争に必要な兵力を確保するためには、

2つの手段しか残されていません。1つは、労働者としての、あるいは兵士としての女性の動員です。事実、日本でも、41年11月に国民勤労報国協力令[①]が、44年8月には女子挺身勤労令[②]が公布され、軍需工場などへの女性の動員が始まっています。しかし、その場合でも、労務動員の対象は、基本的には未婚の女性に限定されていました。政府の側に、既婚女性は、家庭に残って家を守るという保守的な考え方が根強かったためです[③]。同じような考え方から、女性兵士も日本では誕生しませんでした。

もう1つは植民地からの動員です。確かに戦時期に植民地からは、大規模な労働力動員がおこなわれていますが、兵力としての動員は、戦争末期まで限定的なものにとどまりました。徴兵制の施行は、朝鮮が44年、台湾が45年です。その背景としては、日本語の普及が思うに任せなかったことに加えて、政府や軍部の中に、被支配民族に武器を与えることにたいする恐怖感や軍事的貢献の見返りに参政権・自治権などを要求されることにたいする危惧(きぐ)が根強かったことが指摘できます。

①14歳以上25歳未満の未婚女性に年間30日以内の勤労奉仕を義務づけました。

②12歳以上40歳未満の未婚の女性を女子挺身隊に組織して、1年間の労働を義務づけました。

③アメリカやイギリスでは未婚だけではなく既婚女性の労働力動員が積極的におこなわれ、さまざまな差別を伴いながらも、女性労働者数が大きく増大しました。ドイツの場合は、日本と同じように既婚女性の動員には消極的でしたが、占領地からの外国人労働者の動員によって労働力不足に対処しました。

第二国民兵の出征。深刻な兵力不足の結果、体格などが劣るため第二国民兵に編入されていた者まで、戦地に送られるようになりました(111)

薪を集める子ども。労働力不足にあえぐ農村では子どもは貴重な労働力でした(112)

column

昭和天皇の戦争責任問題を考える

昭和天皇には戦争の責任はないのでしょうか。ここでは、各種の責任否定論の検討を通じて、この問題を考えてみたいと思います。1つ目は、明治憲法を根拠にした否定論です。明治憲法は、君主無答責の原則を明らかにしつつ（第3条）、「国務各大臣は天皇を輔弼し其の責に任ず」（第55条）として、すべての法的・政治的責任は、天皇を輔弼（補佐）する国務大臣が負うというシステムを採用していました。したがって、天皇には法的・政治的責任はなく、国務各大臣にすべての責任がある、というのがこの議論の核心部分です。しかし、国際法の分野では、第1次世界大戦から第2次世界大戦にかけての時期に大きな変化があり、違法な戦争を開始し指導した国家元首の責任が問われる時代に入っていました。日本も調印したベルサイユ講和条約が、戦争責任者としてドイツ皇帝を訴追することを決めていた事実は、そのことをよく示しています。また、明治憲法の枠組みを前提にした場合でも、統帥権の問題が残ります。「大元帥」としての天皇が統帥大権を発動する場合には、参謀総長と軍令部総長が補佐にあたりますが、両者は、国務大臣のように、憲法に明記された輔弼責任者ではありません。実際の問題としても、両総長による補佐は輔弼と区別して輔翼と呼ばれていました。つまり、統帥権にかんしては、両総長は天皇の単なる幕僚長であり、統帥にかんする責任は天皇自らが負わざるを得ない構造に明治憲法はなっているのです。

1943年1月の陸軍始観兵式での昭和天皇（113）

2つ目の否定論は、天皇には、実質的な権限はなかったのだから、その責任を問うことができないというものです。しかし、ここ二十数年ほどの間に次々に公刊された天皇の側近の日記などの史料をみてみれば、天皇が単なるロボットではなかったことは明らかです。折にふれて天皇はさまざまな形で自らの意思を表示し、その場合には、天皇の意思を無視してまで政府や軍部が重要な決定を強行することは困難でした。天皇の戦争責任を否定する読売新聞戦争責任検証委員会『検証戦争責任Ⅱ』（中央公論新社、2006年）の場合でさえ、「天皇は、大臣や参謀総長らに感想を述べたり、質問したり、説得を試みたりすることもあった」という事実自体は認めています。

さらに、以上2つの責任否定論が仮に成り立つとしても、戦争にたいする道義的責任の問題が依然として残ります。だからこそ、占領期や講和条約の発効後に、右翼や天皇の側近の中から責任の所在を明らかにするために、天皇は退位すべきだ、あるいは、国民に謝罪する詔書を発表すべきだ、といった議論が後を絶たなかったのです。

女たちの戦争――女性兵士を考える

1943年3月、本土防衛にあたる陸軍の東部軍に、防空通信を任務とした女子通信隊（隊員約400名）が編成され、その後、中部軍・西部軍・北方軍・朝鮮軍にも女子通信隊の編成が相次ぎました。キュロットスカートに長めの編上げ靴の制服が採用され、部隊マークとしては、鳩のマークに「防」の字を配した胸章をつけていました。従軍看護婦以外に女性を採用することのなかった日本の陸海軍にとって、軍人ではなく軍属の身分であったとはいえ、これが唯一の女性部隊でした（原剛 2006）。

欧米諸国の場合、歴史上、最初の総力戦となった第1次世界大戦で、女性労働者の動員がおこなわれ、補助的な軍務につく女性部隊も一部で出現しています。第2次世界大戦では、この傾向はさらに加速され、ソ連軍のように、戦闘部隊に女性兵士を配属する軍隊もあらわれました。

総力戦の場合、女性を戦争に動員するために、男性と女性との間の格差や差別を圧縮する平準化の力学が作用します。しかし、日本軍の場合、兵力不足に悩まされていたにもかかわらず、通信隊以外の女性部隊は最後まで誕生しませんでした。その理由について、敗戦直後にまとめられたある文書は、女性兵士にたいする陸軍の態度を、「軍一般の空気は極めて気乗薄にて、女子徴兵或は志願兵を採用するは我が国、家族制度の根本的破壊なりとし、或は国民慣習上の問題、女子の能力上の見地等より猛烈なる反対意見あり。殊に軍上層部に於て之が意見強く遂に決定を見るにいたらざりき」と説明しています（大江志乃夫 1988）。軍が家制度の維持を最優先したこと、また女性にたいする差別意識が根底にあったことなどがわかります。佐々木陽子『総力戦と女性兵士』（青弓社、2001年）は、総力戦においては、国民を平準化する力学とともに、「『男は前線、女は銃後』という境界を絶対視し、『女らしい戦時貢献』を称揚する」ジェンダーの力学が作用すると指摘していますが、日本の場合、平準化よりジェンダーの力学の方が強く作用していたといえるでしょう。

なお、本土決戦準備のため45年6月に公布された義勇兵役法は、17歳から40歳までの女性を義勇兵役に服させることを決めていました。女性にも兵役の義務があることを明確にしたという点では、重要な法律でしたが、同法にもとづく国民義勇戦闘隊は、編成されることのないまま敗戦を迎えています。

アメリカ陸軍婦人部隊の募集ポスター。男性の兵士の帰国を待つよりも、彼らとともに戦いたい、というスローガンを掲げています(114)

第16章　中国戦線の日本軍——日中戦争とアジア・太平洋戦争

1. 日中戦争とアジア・太平洋戦争の連続性

2つの戦争は別の戦争か

【読売新聞社による世論調査（2005年10月）】

先の大戦については、次のような指摘があります。この中で、あなたの考えに最も近いものを、1つだけあげて下さい。

・中国との戦争、アメリカとの戦争（イギリス、オランダ等連合国との戦争も含む）は、ともに侵略戦争だった	34.2%
・中国との戦争は侵略戦争だったが、アメリカとの戦争は侵略戦争ではなかった	33.9%
・中国との戦争、アメリカとの戦争は、ともに侵略戦争ではなかった	10.1%
・その他	1.1%
・答えない	20.7%

（読売新聞2005年10月27日付）

日本の論壇には、中国との戦争は、侵略戦争もしくは正当化することのできない戦争だったが、日米戦争は日米相互の側からする帝国主義戦争であり、日本だけが戦争責任を負ういわれはない、という主張が存在します[①]。確かに、アジア・太平洋戦争の開戦前にアメリカ政府が、日本政府に要求した通商上の機会均等原則＝「門戸開放」論には、アメリカの経済的優位を背景にした「強者の論理」という側面があることは否定できません。その点からすれば、日米戦争には、軍事力によって領土や植民地の拡大をめざす旧型の帝国主義国＝日本と、圧倒的な経済力によって実質的な勢力圏の拡張をめざす新興の帝国主義国＝アメリカとの戦争という性格が一面ではあります（油井大三郎 2007）。しかし、その側面だけを強調し、この2つの戦争を完全に切り離して考えることには大きな無理があります[②]。

日米交渉の争点

このことは開戦前の日米交渉の過程を見れば明らかです。1941年11月26日に日本側に手交（しゅこう）されたハル・ノートは、中国からの日本軍の撤兵[③]、中国の汪兆銘政権の否認、三国同盟の空文化などを日本政府に求めていました。このうち、三国同盟は41年6月の独ソ戦の開始によって、日本にとって本来の意味を失っていましたし[④]、汪政権は非力な傀儡（かいらい）政権に過ぎず、この問題では妥協の余地がありました。ところが、10月14日の閣議で東条英機陸相が「撤兵問題は心臓だ」と主張しているように、陸軍が一貫して中国からの撤兵に反対していたため、結局、交渉は暗礁に乗り上げ戦争となったのです。つまり、日米交渉の最大の争点は、中国からの撤兵問題でした。

このことは、日本は中国への侵略戦争を継続するため、その中

①国民の中にもこうした見方がかなり存在する背景には、戦後の東京裁判などで、原爆投下問題などアメリカ側の戦争犯罪がまったくとりあげられなかったという不公正感が存在していると考えられます。

②日本の敗戦後、アメリカの影響下で、「太平洋戦争」という呼称が日本社会でも定着します。しかし、この呼称は、日米戦争中心の歴史観にもとづくものであり、中国戦線や東南アジアの占領地の問題が抜け落ちてしまうという難点があります。そのため、本書では、中国戦線や東南アジアの占領地の問題を重視するという意味で、「アジア・太平洋戦争」という呼称を用います。

③ハル・ノートのいう中国には満州は含まれていなかった可能性もあります。日本と比べて戦争準備が大きく立ち遅れていたアメリカには、時間を稼ぐために、「満州国」の黙認など、日本との部分的妥協に応じる可能性が残されていたからです。

止を求めるアメリカとの戦争を決意したこと、対米戦は日中戦争の延長線上に発生した戦争であり、両者を分離して別個の戦争と考えることはできないということを意味しています（家永三郎1985)。また、交渉の中で、アメリカ側は、すべての国家の主権と領土の尊重、内政不干渉、通商上の機会均等、紛争の平和的解決という４原則の確認をくりかえし日本側に求めました。この４原則にも日本側は激しく反発しましたが、そのことは裏を返せば、日本側が軍事力による勢力圏の拡大や内政干渉、中国などにおける排他的な経済権益の獲得を当然視し、そのためにこそ戦争を決意したことを示しています。日本は、やはりアメリカにたいしても大きな戦争責任を負っているといわなければならないでしょう。[5]

④日本政府は、アメリカを牽制するため、三国同盟をソ連を含む四国協商に発展させるという構想を持っていました。1941年4月に調印された日ソ中立条約は、そうした構想の一環です。

⑤アジア・太平洋戦争の戦争責任問題については、吉田裕『アジア・太平洋戦争』（岩波新書、2007年）を参照してください。

朝日新聞

帝國・米英に宣戰を布告す

西太平洋に戰鬪開始
布哇米艦隊航空兵力を痛爆

宣戰の大詔渙發さる

我海鷲 ハワイ爆撃

ホノルル沖で海戰

臨時議會を召集

米輸送船に魚雷

比島グアム島を空襲

シンガポールも攻撃

マレー半島に奇襲上陸

香港攻撃を開始す

侵入英軍を撃攘

樞府本會議開く

対米英開戦を報じる新聞（115）

1941年11月27日、米国大統領との会談を終えホワイトハウスを出る野村吉三郎駐米大使（左から3人目）と、その補佐にあたった来栖三郎大使（中央）（116）

2. 中国戦線の日本軍

初期作戦の成功と中国戦線

開戦と同時に日本陸軍は、マレー半島とフィリピンにたいする侵攻作戦を開始しました。マレー作戦では、マレー半島を南下して1942年2月にはシンガポールを陥落させ[①]、フィリピン作戦では、42年1月にマニラを占領します。その後、米・フィリピン軍の激しい抵抗にあってバターン半島の攻略に手間取りますが、5月にはフィリピン全土を制圧しています。他方、蘭印（現在のインドネシア）の豊富な石油資源を手に入れるために、日本軍は、ボルネオ・セレベス・スマトラ島を攻略し、42年3月には蘭印の中心であるジャワ島を占領、ビルマ作戦でも同月に首都のラングーンを占領しました。開戦と同時に真珠湾を奇襲攻撃した海軍も、続くマレー沖海戦で英戦艦2隻を撃沈し、陸軍の南方作戦に協力しながら、42年4月にはインド洋での作戦を実施しました。こうして、42年前半までには、日本軍はほぼ当初の作戦計画通り、東南アジアの広大な地域を占領し、初期作戦を終えることになります。

①シンガポールを占領した第25軍司令官の山下奉文中将は、抗日的とみなした中国人華僑の粛清を命じ、大規模な粛清作戦が実施されました。この結果、4万～5万の華僑が虐殺されたといわれています。

1942年2月の戦捷（せんしょう）第1次祝賀国民大会。初期作戦の成功に国内はわき立ちました（117）

この間、中国戦線の日本軍は、香港攻略戦を開始し、41年12月末に香港を占領します。このとき、日本軍は香港攻略戦を側面から支援するために長沙に侵攻しますが、この長沙作戦で、日本軍は中国軍の激しい抵抗にあって、大きな損害を被りました。この作戦による日本軍の死傷者数は、激戦となったシンガポール攻略戦のそれを上回っています。

中国戦線の戦略的重要性

表は、地域別の陸軍の配備状況を示したものです。海軍の主力は対英米戦のため日本本土と南方戦線に展開していましたが、陸軍の場合、開戦翌年の42年の段階でも、対英米戦のために南方に配備されている兵力は全体の21%に過ぎず、中国と満州にそれぞれ29%もの兵力が配備されているのがわかります。

【地域別陸軍兵力】

(単位：1,000人)

	1941年		1942年		1943年		1944年		1945年	
		%		%		%		%		%
日本本土	565	27	500	21	700	24	1,210	30	2,780	43
中国	680	32	680	29	680	23	800	20	1,200	19
満州	700	33	700	29	600	21	460	11	780	12
南方	155	7	500	21	920	32	1,630	40	1,640	26
合計	2,100	100	2,380	100	2,900	100	4,100	100	6,400	100

大江志乃夫編『支那事変大東亜戦争間　動員概史』(不二出版、1988年)

初期作戦の終了後、陸軍は、対ソ作戦に備えて大兵力を満州に集結させていました。43年のドイツ軍による対ソ春季攻勢に呼応して対ソ戦を開始することをもくろんでいたからです。同時に中国が日本の侵略にたいする抗戦を継続しているため、大きな兵力を中国戦線にも割かなければなりませんでした。中国の民族的抗戦は、日本がその戦力を南方戦線に集中させることを妨げることによって、連合国の対日戦略に大きく貢献していたといえるでしょう。さらに、中国の抗戦は、アジア解放のための「聖戦」という日本政府のプロパガンダの空虚さを事実をもって示し続けていました。解放を主張するのであるならば、本来は連帯しなければならないはずのアジアの大国である中国、列強に完全な独立と統一を求め続けてきた中国、その国と長期間にわたって戦火を交えているという現実がある以上、欧米帝国主義からの解放を日本政府が主張しても説得力を持たないのは、当然のことでした。

中国の民衆にたいする日本軍の宣伝ビラ。「東亜の民族は一致連合して大アジア主義を擁護しよう」と訴えています(118)

3. 日本軍による戦争犯罪

「三光作戦」の展開

日本軍の軍事的侵攻能力がすでに限界に達していた中国戦線では、すでにアジア・太平洋戦争開戦前の段階で、日本軍は長期持久態勢に移行していました。占領地を拡大するための大規模な侵攻作戦は基本的にはおこなわず、高度分散配置[①]の下で、占領地の警備と治安維持にあたるという新たな態勢です。しかし、中国共産党の軍隊＝八路軍や新四軍（しんしぐん）が民衆の中に影響力を拡大することを恐れた日本軍は、とくに華北地域では、抗日ゲリラにたいする「討伐戦」だけでなく、抗日根拠地とみなした「敵性部落」にたいする徹底した「燼滅（じんめつ）作戦」をくりかえし実施しました。すでに述べた「三光作戦」がそれです。こうした一連の政策は、一時的には共産党軍に大きな打撃を与えましたが、日本軍の意図とは逆に中国民衆の抗日意識をいっそうかきたて、共産党軍にたいする支持が拡大するという皮肉な結果をもたらしました。

①部隊を集結させず、小単位ごとに広い地域に分散して配備し、警備にあたらせることをいいます。

戦争犯罪の背景

中国戦線で日本軍による戦争犯罪が多発した背景には、日本人の中国人にたいする優越感や蔑視意識があります。くわえて、軍隊教育の非人間性や、軍隊組織の抑圧的構造も大きな問題です。軍隊教育では、「私的制裁」という名の肉体的・精神的暴力によって兵士を鍛え上げるという考え方が支配的でした。また、前線では、初年兵に中国人の捕虜や民衆を銃剣で殺害させる「刺殺訓練」が日常化していました。第59師団長の藤田茂中将は、新兵教育に際しては、「兵を戦場に慣れしむる為（ため）には殺人が早い方法である。即ち度胸試しである。之（これ）には俘虜（ふりょ）を使用す

「郵便検閲月報」に記載された手紙の内容。軍は兵士の手紙を検閲して、厭戦、反軍思想の摘発に努めました（119）

〔北支那派遣甲第一八七〇部隊の兵士が岡山県和気郡和気町和気に住む知人もしくは肉親に宛てた軍事郵便〕
何故戦争ガ止マヌダロウト思フ八月ノ移動ハナカツタ当分今ノ儘（まま）ダカラ生命ハ大丈夫ダ生キテテサヘ居レバ亦逢ヘルト自分ヲ慰メテ居ルガ矢張リ淋シイ

「私的制裁」の１つ「のれん」。力つきて、ぶらさがっている寝台から落ちた兵士には、陰惨なリンチがまっていました（120）

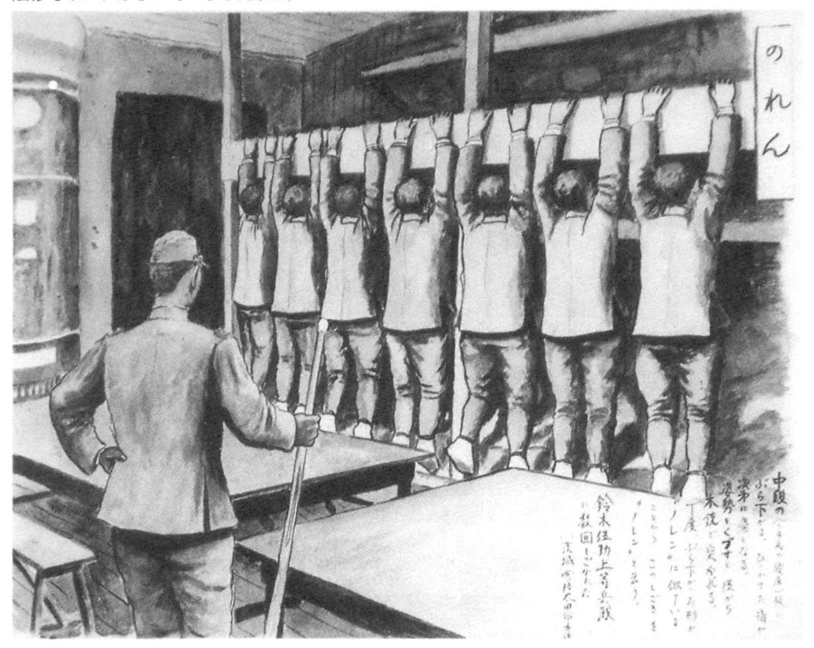

ればよい〔中略〕なるべく早く此機会を作って初年兵を戦場に慣れしめ強くしなければならない」、「之には銃殺より刺殺が効果的である」という方針で臨んだと証言しています（新井利男・藤原彰 1999）。「私的制裁」や「刺突訓練」によって、兵士の持つ人間的感情をそぎ落とすことが重視されたのです。さらに、上官の命令への絶対服従を常に強制され、人間性や人格を完全に否定された下級の兵士は、鬱屈した感情ややり場のない怒りを、より立場の弱い人間、具体的には中国の民衆や捕虜に暴力という形で爆発させるようになります。そのことによって、精神的な均衡をかろうじて保つことになるのです。政治学者の丸山真男の言う「抑圧の委譲」原理です（丸山真男 1964）。

見逃すことができないのは、日本軍の作戦第一主義の影響です。作戦第一主義によって、補給や衛生・医務の問題はほとんど無視され、食料などの補給は後回しにされたため、前線では略奪なしには生きていけないような状況が生まれました。満足な休暇制度が存在しなかった事実が示しているように、兵士に十分な休養を取らせて体力や気力を回復させるという配慮も軍上層部にはまったくありませんでした。傷病兵の治療体制も不備であり、その結果、多数の戦病死者を出すことになります。こうした中で、軍隊の荒廃が急速にすすみ、それが蛮行の温床となったのです。

column

臨時軍事費からみた戦争の性格

アジア・太平洋戦争の開戦の時点で、日米間には、どれだけの国力の差があったのでしょうか。国民総生産で見てみると、アメリカの国民総生産は、日本の11.83倍にもなります。ところが、軍事費で見てみると、アメリカの軍事予算は、日本の2.13倍にすぎません。日本は、巨額の国家予算を軍事費に集中的に投入することによって、少なくともアジア・太平洋地域においては、アメリカを上回るだけの巨大な軍事力を保有していたのです（山田朗1997）。日本の軍部が開戦を決意した1つの背景には、アメリカの戦争経済が本格的に稼動し始める前に短期決戦に持ち込めるならば勝算はある、それだけの優勢な軍事力を現在の時点では保有しているという判断がありました。そして、この国力不相応の軍備拡張を可能にしたのが、戦費をまかなうための臨時軍事費（臨軍費）の存在です。

臨時軍事費とは、戦争の開始から終結までを一会計年度とする特別会計であり、日清戦争・日露戦争・第1次世界大戦・日中戦争の時期に設定されています。予算編成の際には、軍事秘密を理由にして、大蔵省の審査も不十分な形でしかおこなわれず、議会でも予算の細目が示されないまま、形式的な審議で原案がそのまま可決されました。また、予算の支出も事実上、軍部の裁量に委ねられていました。臨軍費の成立は、政治面からみれば、議会の予算審議権が形骸化することによって、議会そのものの地位が低下してゆくことを意味していたのです。こうした事情があるため、日中戦争が始まり、1937年9月の臨時軍事費特別会計法の公布によって、巨額の臨軍費が成立すると、軍部は、そのかなりの部分を日中戦争の直接戦費以外の軍備拡充費に流用し、陸軍は対ソ軍備、海軍は対米軍備充実のための軍事予算を獲得することに成功します。日中戦争期の臨軍費がなければ、アメリカに対抗できるだけの軍事力を開戦の時点で保有していることは不可能だったといえるでしょう。ここにも、日中戦争とアジア・太平洋戦争の連続性を見て取ることができます。

注目する必要があるのは、アジア・太平洋戦争期の臨軍費が、日中戦争の臨軍費の追加予算として成立していることです。日中戦争以降の臨軍費の追加予算は敗戦までに12回、そのうちアジア・太平洋戦争中のものが6回あります。本来ならば、法律によって、アジア・太平洋戦争にかんする特別会計を別に設定しなければならなかったはずですが、政府も軍部も、日中戦争とアジア・太平洋戦争は一体不可分の戦争だとして、押し切りました。戦費の面からみても、日中戦争とアジア・太平洋戦争は連続していたのです。

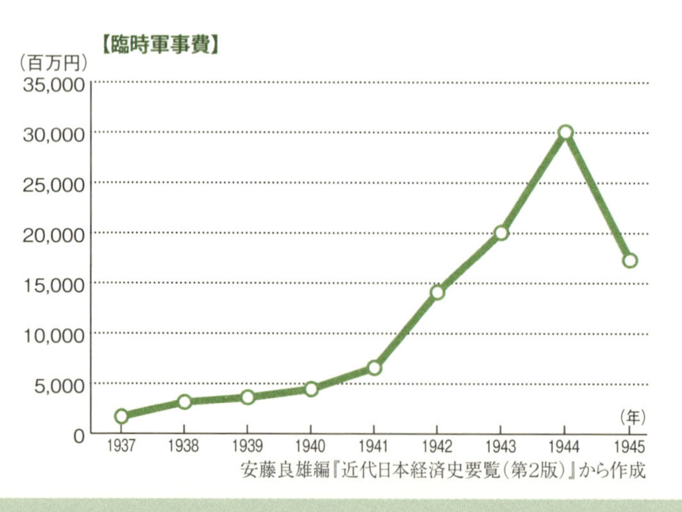

安藤良雄編『近代日本経済史要覧（第2版）』から作成

戦争未亡人

戦争の長期化に伴って戦死者の数が増大すると、戦争未亡人の存在が深刻な社会問題になっていきます。加えてアジア・太平洋戦争の末期や敗戦直後の時期には、戦災や引揚の途中で夫を失った女性の数も急増します。一家の中心的な働き手を失った、こうした戦争未亡人の家庭は、直ちに生活難に陥りました。また、夫を失った女性にたいする男たちの好奇に満ちた眼差しや性暴力など、さまざまなセクシュアルハラスメントも彼女たちを苦しめました。1944年に召集された夫をシベリアで失った菊池マサノさんは、「寝床さ鎌入れて寝てるんだからナッス。おっかねェ女なんだっちゃ」と語っています。彼女にとって、鎌は、性暴力から身を守る文字通りの自衛手段でした（菊池敬一ほか 1964）。

『主婦の友』1941年5月号の口絵「輝く対面」。靖国神社で、戦死した夫の霊前に祈る戦争未亡人。靖国神社への合祀が、名誉あるものとされていたことがわかります（121）

さらに、大きな社会問題となったのは、戦死者の遺族に与えられる一時金や遺族扶助料（遺族年金）をめぐる家庭内のトラブルでした。当時の民法では戸主の権限が強かったため、戦死者の父親が、戸主の権限を乱用して義理の娘にあたる戦争未亡人を離籍し、遺族扶助料などの受給権を奪ってしまうという事件が多発したのです。

しかし、戦場で死んでゆく兵士の側からすれば、自分が死んだ後の、妻や子どもたちの生活問題が最大の関心事であり、遺族年金をめぐるトラブルの多発は戦意の低下につながりかねません。例えば、沖縄戦で戦死した曽我章一という兵士は、両親宛の遺書の中で、妻の秋代について、「家庭が此(こ)の間々(まま)になれば、俺は安心してご奉公ができるが、万一秋代を〔家から〕出すようなことが有れば、保険金一千円と扶助料は秋代にやってくれ。秋代一代暮らして立つようにして下され。兎(と)に角(かく)円満にして下され」と懇願しています（藤井忠俊 2000）。切なくなるような文章ですが、こうした現実がある以上、政府や軍としても、家庭内のトラブルに介入し、戦争未亡人を守る立場に立たざるをえません。事実、家庭内紛争を解決する人事調停法が制定され、戸主権の乱用にも法的な歯止めがかけられるなど、戦時中に戦争未亡人の立場は、少しずつ改善されてゆきます。そのことは、古い家制度がしだいに解体してゆくことを意味していました。

敗戦後の1947年の厚生省による調査では、戦死者の未亡人に、戦災者未亡人、外地引揚未亡人の数を加えた戦争未亡人の総数は、56万6,405人となっています（川口恵美子 2003）。この数字には、「内縁」関係にあった未亡人は含まれていませんので、実際には、さらに多くの戦争未亡人が存在していたことになります。

第17章　大東亜共栄圏というスローガンの下で

1. 植民地における皇民化政策

①宮城とは皇居のこと。宮城遥拝とは、宮城の方向に向かって拝礼する国民儀礼のことをいいます。

②「強制連行」と呼ばれる、この労務動員政策の結果、400万人を超える朝鮮人が、日本や満州、東南アジアや朝鮮の各地に動員されたと推定されています。

日本語の押し付け

アジア・太平洋戦争が始まると、朝鮮は日本の兵站（へいたん）基地としての役割を従来以上に期待され、その重化学工業化が北部を中心にして強力にすすめられました。これにともなって、皇民化政策も、いっそう強化され、開戦前の1940年10月に結成された国民総力朝鮮連盟（国民精神総動員朝鮮連盟を改組）が行政機構の補助組織として、神社参拝、宮城遥拝（きゅうじょうようはい）[1]、勤労奉仕、日の丸掲揚などに民衆を動員してゆきました。開戦後の42年10月には、朝鮮青年特別練成令が公布され、17歳以上21歳未満の未就学男子は各地域の青年特別練成所に入所して、訓練を受けることが義務付けられています。朝鮮の青年を兵士や労働者として戦争に動員するための準備教育が、その目的でした。また、同年5月の閣議で朝鮮への徴兵制の導入が決定されると、「国語普及運動」が開始され、日本語の習得が強制されていきます。

さらに、軍需産業の拡充にともなって労働力不足が深刻になると、労働力としての朝鮮人の動員が本格化します。この労務動員は、日中戦争中の39年から開始されて、次第に強制的性格を強め、44年9月の国民徴用令の朝鮮への適用によって、完全な強制動員となりました[2]。農村でも、日本国内への米の移送のため増産計画が実施され、米の供出が強化されます。こうした中、45年4月の法改正によって、朝鮮・台湾在住者の中から貴族院議員が勅任されるようになり[3]、あわせて朝鮮人・台湾人にも衆議院議員の選挙権が

125　収録資料 7

日本語教本（巻二）

成人用

馬來軍政監部

富士山

どこから　見ても
いつ　見ても
富士の　お山は　美しい
日本一の
この　山お
世界の人が　あおぎ見る

日本語教科書。マレー半島で使われた成人用の教科書。軍政監部は、各軍司令部に設置されて軍政を担当しました（122）

③貴族院議員にかんしては、朝鮮から6名、台湾から3名が実際に勅任されています。

朝鮮総督府が開いた日本語講習会(123)

与えられました。後者は、直接国税15円以上納入の男子による制限選挙であり、敗戦により実際の選挙はおこなわれませんでした。植民地の民衆を総力戦に向けて強権的に総動員していくためには、日本政府としても、何らかの形で彼らの政治的地位の改善に踏み切らざるを得なかったのです。

植民地からの兵力動員

東南アジアへの侵攻作戦の中継基地として、重要な役割を果たしていた台湾でも、開戦と同時に、総動員政策が強化されました。とくに、南方地域での飛行場の建設などのために、多数の台湾人が軍夫として東南アジアの各地に動員されました。また、41年4月には、民衆動員組織として皇民奉公会が結成され、官庁、警察、学校が一体となって皇民化政策を推進しました。すでに朝鮮では、38年に陸軍特別志願兵制が施行されていましたが、アジア・太平洋戦争が始まると、42年には台湾に陸軍特別志願兵制が、43年には、朝鮮・台湾に海軍特別志願兵制が施行され、さらに44年には朝鮮に、45年には台湾に徴兵制が導入されて、多数の青年が、日本兵として戦場に動員されていきました。彼らは、軍隊内における激しい民族差別に悩まされることになりますが、アジア・太平洋戦争で戦死した朝鮮人と台湾人の総数は、約5万名に達するといわれています。

特別攻撃隊として出撃する前に日本軍指揮官の激励をうける高砂族の兵士。高砂族は、台湾の先住民です(124)

2. 収奪の強化による占領地経済の破綻

東南アジアにおける日本の軍政

初期作戦の成功によって、日本軍に占領された東南アジアの各地域は、軍政の下におかれました。軍政とは、現地の作戦軍の軍司令官が行政権を直接掌握して、占領地の統治に当たることをいいます。開戦直前の1941年11月に大本営政府連絡会議[①]で決定された「南方占領地行政実施要領」は、軍政の目的が、「治安の恢復（かいふく）、重要国防資源の急速獲得及（および）作戦軍の自活確保」にあることを明確にし、この目的達成のため、「民生に及ぼさざるを得ざる重圧は之を忍ばしめ」、現地の独立運動にかんしても、「過早に誘発せしむることを避くるものとす」としていました。軍政の目的が、民衆の生活向上や、独立運動の援助などになかったことは明らかです。

①大本営と政府の代表によって構成される連絡・調整機関。ここで重要国策の審議・決定がおこなわれました。この会議に天皇が臨席すると御前会議になります。

日本占領下のベトナムで発生した飢餓で助けを求めてハノイにやってきた人々。多くの人々が食料を受け取れずに死んでいきました(125)

重要なことは、このような方針にもとづき日本がおこなった重要資源の一方的収奪が、それまで欧米列強が東南アジア地域につくり上げてきた交易・流通システムを崩壊させたことです。このシステムは、植民地の宗主国が、資源や産品を収奪するかわりに、軽工業製品などの生活必需品を現地に供給することによって成り立っていました。しかし、それだけの経済力を持たない日本は、本国からの供給を行わない現地自活主義をとらざるをえませんでした。さらに、戦局の悪化によって、日本の海上輸送路が各地で寸断され、鉄道輸送も軍事輸送が最優先されるようになると、域内における米などの物流すら困難になり、民衆の生活は急速に悪化しました。現在のベトナム北部では、45年に大飢饉が発生し、200万人とも言われる餓死者が出ています。インフレーションの進行も深刻な問題で、41年12月段階を100とした場合の物価指数は、45年に入るとフィリピン、マレー、ビルマなどでは10,000を越えるようになります（小林英夫1993）。

また、日本軍は、飛行場や鉄道の建設のために、各地で大規模な労務者動員計画を強行しました。その結果、劣悪な労働条件の下で、多くの民衆が命を落としました②。同様に、傀儡国家「満州国」でも、農産物や、鉄鋼、石炭などの増産と対日供給量の増加が至上目的とされ、満州国協和会などの民衆動員組織を核にして、民衆支配が強化されていきます。とくに、農村からの農産物の強制集荷は、農民を苦しめました。

②戦後のインドネシアでは、「ロームシャ」という日本語が、そのままインドネシア語になっています。

③フランス領インドシナの場合、フランス植民地当局との協定にもとづき、日本軍が進駐し（北部仏印進駐・南部仏印進駐）、日仏両国で共同統治する形をとっていました。しかし、45年3月、日本軍は武力行動を開始し、全土を軍事占領します。

反日民族運動の展開

こうした中で、反日感情が大きな高まりをみせ、フィリピンやマレーでは、抗日ゲリラ活動が活発化しました。仏印（フランス領インドシナ③）でも、共産党のホー・チ・ミンが率いるベトナム独立同盟会（ベトミン）が影響力を拡大してゆきます。対日協力政権が成立していたビルマでも、アウンサンが反ファシスト人民連盟を結成し、戦争末期には、ビルマ国軍が、日本軍にたいする反乱にたちあがりました。こうして、日本の支配は各地で綻びを見せ、日本の軍政への抵抗運動の中から、戦後の民族独立運動を担う主体が成長してゆくことになります。

フィリピンで日本軍を悩ませたゲリラの１人。当時19歳でした（126）

3. 大東亜会議の虚構性

連合国側の戦争目的

アジア・太平洋戦争開戦前の1941年8月、ルーズベルト米大統領とチャーチル英首相は、大西洋上の軍艦で会談をおこない、戦後の世界構想を提示した大西洋憲章を発表しました。この宣言は、戦後の国際秩序を律する基本原理として、領土不拡大・奪われた主権の回復・専制政治からの解放・通商の自由・国際平和機構の創設による平和の維持、などを掲げており、ファシズムと戦う諸国や諸勢力を励ます内容となっていました[①]。42年1月の連合国共同宣言がこの憲章を支持することによって、大西洋憲章は連合国の共同の戦争目的となります。

①しかし、チャーチルは、民族自決の原則は、イギリスの植民地であるインドなどには適用されないと、帰国後の議会で言明しています。イギリスにおける植民地主義の根深さを示す事実です。

これにたいして、日本側の戦争目的は、「自衛のための戦争」と「大東亜共栄圏建設のための戦争」というスローガンの間を揺れ動くなど、きわめて曖昧（あいまい）なものでしかありませんでした。それは戦争の真の目的が、侵略戦争で獲得した権益の維持・拡大にあり、日本政府の掲げる戦争目的はその現実を糊塗（こと）するための単なるスローガンにすぎなかったからです。

大西洋上のルーズベルト大統領とチャーチル首相。会談後、大西洋憲章を発表しました（127）

大東亜会議の開催

それでも、東南アジアと太平洋で連合軍の反抗が本格化すると、日本政府も占領地の治安を維持し民衆の対日協力を促すために、戦争目的の明確化が必要だと認識するようになります。このため、東条内閣は、43年11月、アジアの対日協力政権の代表者を東京に集めて大東亜会議を開催しました。この会議には、日本・タイ・フィリピン・ビルマ・中国（汪兆銘政権）・「満州国」・自由インド仮政府の代表が参加しましたが[②]、ここで採択されたのが大西洋憲章を強く意識した大東亜共同宣言です。この宣言は、「大東亜を米英の桎梏（しっこく）より解放」することを戦争目的として宣言し、自主独立の尊重・各国の伝統の尊重・互恵的経済発展・人種差別撤廃・資源の開放などを共同綱領として掲げていました。

大東亜会議の参加者。中央は東条首相。結局、各政権の代表が一堂に会したのは、この時が最初で最後になりました（128）

しかし、この宣言の欺瞞（ぎまん）性は明らかです。43年5月の御前会議は、大東亜会議に向けての基本方針を確定した「大東亜政略指導大綱」を決定していますが、その中には、フィリピン・ビルマの独立の準備[③]とともに、「『マライ』『スマトラ』『ジャワ』『ボルネオ』『セレベス』は帝国領土と決定し、重要資源の供給源として極力之（これ）が開発並びに民心の把握に努む」と明記されていたからです。つまり、重要資源確保のために必要な地域はあくまで「帝国領土」として確保するというのが基本方針であり、実際、これらの地域の代表者は一人も大東亜会議に招請されていません。また、大東亜共同宣言の最大の弱点は、朝鮮・台湾の問題にまったく言及していないことです。アジア最大の植民地保有大国である日本が、朝鮮・台湾の独立や自治をまったく認めないままに、英米の植民地主義を非難すること自体に根本的な矛盾があったのです。さらに、ビルマのバーモー首相が、会談の中で、日本軍の横暴さを東条首相に訴えている事実が示すように（伊藤隆ほか1990）、日本軍による過酷な占領地統治そのものが、この宣言の基盤を絶えず掘り崩していたことも重大な問題でした。

②タイのピブン首相は、国内の反日気運に配慮して、代理を出席させました。

③ビルマは1943年8月に、フィリピンは同年10月に独立を宣言しますが、いずれも日本軍支配下の形式的な「独立」にすぎませんでした。

戦争プロパガンダをめぐる混乱──自衛か解放か

アジア・太平洋戦争を、アジア解放のための戦争だと主張する人が今でもいます。本書の全体が、そうした主張への反証になっていると思いますが、日本政府が掲げた戦争目的の混乱という面からも、解放戦争論に根拠がないことを明らかにすることができます。開戦直後に発表された宣戦の詔書では、戦争の目的は、「自存自衛の為」と説明されていました。英米による対日包囲網の強化にたいする自衛のための戦争、という位置付けです。

大東亜会議を特集した『写真週報』1943年11月17日号。表紙は自由インド仮政府首班のチャンドラ・ボースです

その一方で、初期作戦の成功に国内がわき立つ中で、英米の支配からアジアを解放し、「大東亜新秩序」を建設するための戦争、という別の戦争目的が高唱されるようにもなりました。

しかし、政府は、白色人種あるいは「白人帝国主義」によるアジア支配からの解放のための戦争という人種戦争論的キャンペーンには、検閲などを通じて抑圧を加えました。日本は三国同盟によりドイツと同盟関係にあったからです。開戦直前の1941年11月5日の御前会議で、東条英機首相は、「開戦の結果、人種戦にはならぬ様に施策しようと考へて居る」と言明しています（参謀本部 1967）。実際にも、日独間で、人種問題は微妙な問題であり続けました。ナチス・ドイツの指導者であるヒトラーが書いた『わが闘争』には、日本人は独自の文化を創造する力をもっていない、という日本にたいする侮蔑的な記述が含まれていました。『わが闘争』は、戦前の日本でもさまざまな形で翻訳されていますが、訳書ではこの部分は常に削除されています。『わが闘争』の完訳が日本で公刊されたのは、敗戦後、16年もたった1961年のことでした（岩村正史 2005）。

戦局の悪化に伴い、1943年11月に開催された大東亜会議では、「大東亜共栄圏」の建設というスローガン自体が放棄されています。このスローガンには、アジアの盟主としての日本が、域内の諸国家・諸民族を指導するという覇権主義的意味合いが強すぎると判断されたからです（波多野澄雄 1988）。さらに、戦争末期の45年6月8日の御前会議で決定された「今後採るべき戦争指導の基本大綱」では、「飽く迄、戦争を完遂し以て国体を護持し皇土を保衛し征戦目的の達成を期す」と定められ、戦争目的は、「国体」（天皇制）の「護持」に変更されています。戦争目的の面でも、戦争プロパガンダの面でも、アジアの解放は、常に従属的な位置付けしか与えられていなかったのです。

靖国神社に合祀された朝鮮人・台湾人

靖国神社に朝鮮人や台湾人が合祀されていることを知らない人も多いのではないでしょうか。靖国神社は、戦死者を神として祀り「顕彰」するために明治政府が創建した、いわば国営の神社であり（戦後は一宗教法人）、侵略戦争に国民を動員していくための精神的支柱の役割を果たしてきました。「顕彰」とは、戦死者を称え、戦死者の功績を広く国民に明らかにすることを意味しています。この神社は、単に死者を悼み追悼するだけの場ではないのです。

ここに合祀されている人々は、おおよそ、次の４つの類型に区分することができます。第１は、幕末・維新期の「国事殉難者」です。幕府により弾圧され刑死した「勤皇の志士」などがこれにあたります。吉田松陰などが典型的な人物です。第２は、戊辰戦争・西南戦争期の官軍の戦死者です。幕府側や薩摩側の戦死者は、天皇にそむいた「賊軍」だとして合祀されていません。したがって、西南戦争で明治新政府と戦って死んだ西郷隆盛は合祀されていません。第３は、主として日清戦争以降の対外戦争の戦死者です。基本的には軍人・軍属だけで、原爆や空襲などで死んだ民間人は一部を除いて合祀されていません。そして、第４は、東京裁判やBC級裁判で処刑された人々です。靖国神社は、彼らは戦犯などではなく、「昭和殉難者」だと主張しています。東条英機が代表的な「殉難者」です。

日本の植民地であった朝鮮や台湾では、日中戦争やアジア・太平洋戦争の時期に、特別志願制や徴兵制が施行され、多くの人々が「皇軍」の兵士として戦場に狩り出され、その結果、多数の戦死者を出しました。陸軍航空隊の特攻隊員戦死者の中にも、14名の植民地出身者（朝鮮13名・台湾１名）が含まれていたことが確認されています。また、軍属などの形で捕虜収容所の監視員になり、戦後の戦犯裁判で捕虜虐待の罪などに問われて、処刑された植民地出身者もいました。これらの人々を、第３類型や第４類型に該当するとして、戦前は日本政府が、戦後は政府の支援・協力の下に靖国神社が、合祀を続けてきたのです。日本による植民地支配の犠牲者を、天皇に忠誠を尽くし日本国家のために勇敢に戦って死んだ「英霊」にすり替えてしまうのは、アジア諸国の国民感情を逆なでにする行為です。事実、韓国や台湾の遺族からは、合祀の取り下げを求める訴訟が起こされています。2004年の時点で、靖国神社に合祀されている台湾出身者は２万7,863人、朝鮮出身者は２万1,181人に達しています（田中伸尚 2007）。

台湾先住民の合祀取り下げを求めて訴訟を起こし大阪地裁前でアピールするタイヤル族のチワス・アリさん（右から３人目）ら（2005年6月、時事）

第18章　戦局の転換

1. 連合軍の反攻始まる

ミッドウェーとガダルカナルにおける敗北

初期作戦の成功後、日本海軍は、積極的な攻勢作戦を続行することを主張し、その結果、1942年6月にミッドウェー島の攻略作戦が実施されました。作戦の目的は、反撃に出てくるはずのアメリカ機動部隊を撃滅すると共に、同島の占領によって日本の哨戒ラインを東に拡張することにありました。[①] しかし、出撃した海軍の機動部隊は、日本海軍の暗号解読に成功していたアメリカ機動部隊の反撃にあって、主力空母4隻を失うという敗北を喫します（アメリカ側は、空母1隻が沈没）。

①42年4月、日本の東方海上に位置した米空母から発進した陸上爆撃機による日本本土初空襲がおこなわれました。これに衝撃を受けた大本営は、哨戒ラインの東方への拡張のため同島の攻略を急ぎました。

1942年6月5日のミッドウェー海戦で爆撃を受けた翌日、沈没する日本海軍の空母「飛竜」(129)

続いて、同年8月には、日本軍が飛行場を建設中のソロモン諸島のガダルカナル島にアメリカ軍が上陸し、連合軍の反攻作戦が開始されました。以後、同島をめぐる激しい攻防戦が陸海空で展開されましたが、結局、戦闘は日本軍の敗北に終わり、43年2月に日本軍は同島から撤退します。この作戦によって、日本軍は、多数の艦艇、航空機と熟練パイロットを失い、また、陸上戦では、補給の途絶によって多数の餓死者を出しました。

以後、戦局は大きく転換し、連合軍の戦略的攻勢の時期が始まります。さらに、国力に勝るアメリカの戦時生産が軌道に乗り始めてきたため、このころから、日米間の戦力比は完全に逆転し、アメリカとの戦力格差が急速に拡大します。なお、大本営報道部は、ミッドウェー海戦について、米空母2隻撃沈、日本側の損害＝空母1隻沈没・1隻大破という虚偽の発表をしました。また、ガダルカナル島の作戦でも、敗北を国民に知られることを恐れて、撤退を「転進」と表現しています。このころから、味方の損害を過小に、敵の損害を過大に報道する「大本営発表」が、戦局の現実を国民の目からそらす役割を果たすようになります。

連合国の世界戦略

同じころ、ヨーロッパでも、戦局の大きな転換が始まっていました。東部戦線では、43年2月に、スターリングラード攻防戦に敗れたドイツ軍がソ連軍に降伏し、以後、ソ連軍の本格的反撃が始まります。また、北アフリカでの戦闘に勝利した連合軍が、シシリー島を攻略したため、9月にはイタリアが連合国に無条件降伏します[②]。イタリアを占領したドイツ軍との戦闘は続いたものの、日独伊三国同盟の一角がついに崩れたのです。

こうした中で、11月には、カイロで米英中3国の首脳会談が開催され、日本の無条件降伏まで一致して戦うこと、満州、台湾など侵略によって日本が奪取した地域を返還させること、しかるべき時期に朝鮮を独立させること、などをうたったカイロ宣言が発表されました。さらに、翌月にかけて、テヘランで米英ソ3国の首脳会談が開催され、44年春に北フランス上陸作戦を開始することが決定されました。それまで、米英軍の陸上作戦は北アフリカなどに限られていたため、ドイツ軍の主力と対峙し大きな犠牲を引き受けてきたのはソ連軍でした。米英首脳もこの会談で、新たな戦線の形成を求めるソ連側の要求をようやく受け入れたのでした。

②この間イタリアでは、クーデターが起こり、ムッソリーニ首相が罷免されて、ファシズム体制の崩壊が始まっていました。

1943年11月28日、テヘラン会談で。前列左からスターリン、ルーズベルト、チャーチルの3首脳(130)

第18章　戦局の転換

2. 絶対国防圏の崩壊と東条内閣の退陣

絶対国防圏の設定

1944年2月、ブーゲンビル島で戦果を誇るアメリカ軍パイロット(131)

その後も、ソロモン諸島やニューギニアなどで連合軍の攻勢が続く中、43年4月には、連合艦隊司令長官の山本五十六海軍大将の搭乗機が、日本軍の暗号を解読した米軍機の待ち伏せ攻撃にあい、山本長官が戦死します。5月には、アリューシャン列島のアッツ島に米軍が上陸し、激戦の末、日本軍守備隊が全滅しました。大本営報道部は、これを「玉砕[①]」として美化しました。こうして日本軍の劣勢が明らかになる中で、43年9月の御前会議は、戦線を縮小して戦略上の重要拠点を防衛するために、「絶対国防圏」を設定することを決定しました。これは、千島・小笠原・内南洋・西部ニューギニア・スンダ・ビルマを結ぶ線を絶対に確保すべき地域として、その防備を固めるという新しい戦略です。また、政府は兵力不足、とくに下級将校の不足に対応するため、10月には学生の徴兵猶予措置を停止します。この結果、多くの学生が学業を捨て入営することになります（学徒出陣）。しかし、「絶対国防圏」の防備の強化は遅々としてすすみませんでした。海軍が、「絶対国防圏」の外側に位置する島々の放棄に踏み切れず、また、このころから、多数の船舶の喪失によって日本の海上輸送力が急速に低下し始めたからです。同時に、陸軍が44年1月から大陸打通作戦[②]を、4月からはインパール作戦[③]を、強行していたことも深刻な影響を及ぼしました。この2つの作戦に大きな兵力や資材を割かれたために、「絶対国防圏」の防備の強化がなおざりにされたのです。

①玉が美しく砕け散るように、潔く全滅すること。

②中国大陸にある米軍の航空基地の占領と、中国大陸を南北に結んで南方との陸上輸送路を確保することを目的とした作戦。国民政府軍に大きな打撃を与えたものの、作戦目的を達成することは実質上できませんでした。

③ビルマ防衛のため、インド領のインパールを占領しようとした作戦。補給を無視した無謀な作戦を強行したため、多数の餓死者を出すという悲惨な敗北に終わりました。

マリアナ諸島の失陥

44年6月、マリアナ諸島のサイパン島にたいする米軍の上陸作戦が始まりました。強力な海上・航空兵力に支援された米軍の強襲上陸作戦能力を過小評価していた陸軍は、当初、同島の確保に自信を示していました。しかし、日本軍守備隊の組織的抵抗は、1か月も続かず、グアム島、テニアン島も次々に占領されました。海軍も米軍上陸開始直後のマリアナ沖海戦でアメリカの機動部隊に完敗し、大型空母2隻、小型空母1隻の喪失、基地航空部隊の壊滅という大きな損害を被りました。

このマリアナ諸島の陥落は、東条内閣にたいする決定的なダメージとなります。ここに、巨大な航空基地が建設されれば、日本本土のほぼ全域が、新鋭大型爆撃機B29の行動圏内に入ってしまうからです。本土空襲は、もはや時間の問題でした。政府も6月に、国民学校（小学校）3～6年の児童を、都市部から農村部に移動させることを決定しています（学童疎開）。また、このころから戦局の悪化にともなって、国民の東条首相にたいする強い支持にも、かげりが見え始めてきました。一方、政界でも反東条・早期和平を共通の目標にして、近衛文麿の周辺にさまざまな政治勢力がひそかに結集を始めていました。マリアナ失陥は、こうした勢力にたいする追い風となり、直接には近衛や岡田啓介海軍大将、米内光政海軍大将などを中心にした重臣[④]グループによる倒閣工作によって、44年7月に東条内閣は総辞職に追い込まれます。今まで東条を支持してきた天皇もその最大の政治顧問である内大臣の木戸幸一とともに東条を見限り、この政変を支持しました。

④首相経験者や枢密院議長など、非公式に天皇を支える政治集団のことをいいます。

B29の生産ライン。B29の開発には原爆開発を上まわる巨額の予算が投入されました(132)

第18章　戦局の転換

3. 戦争経済の崩壊

軍需生産の急速な拡大

戦時統制経済のコントロール・タワーとして、その中枢に位置していたのは、企画院でした。この企画院を中心にした統制経済の下で、資金・資材・資源・労働力が、軍需産業に重点的に投入されました。政府もまた、鉄鋼・石炭・造船・軽金属・航空機を５大重点産業に指定して、生産増強に大きな力を注ぎました。1943年11月には、軍需生産行政の一元化をはかるために、商工省・企画院と陸海軍の航空本部を統合して、新たに軍需省を設置しています[①]。さらに、同年10月の軍需会社法の公布によって、軍需会社に指定された民間企業の経営にも、政府が介入できるようになりました。その結果、表１のように、軍需生産は飛躍的に拡大します。

【表１　陸海軍の兵器生産指数の年次別変化】

年	生産指数（1937年＝100）					
	兵器弾薬	陸軍航空機	総合	艦艇	海軍航空機	その他とも総合
1931	14	15	14	10	?	?
32	28	22	27	140	41	100
33	42	33	40	27	46	40
34	50	47	49	33	52	49
35	61	62	61	51	63	61
36	55	80	60	20	82	52
37	100	100	100	100	100	100
38	280	200	264	77	161	102
39	295	267	290	123	174	138
40	372	305	358	133	167	157
41	400	605	442	388	260	351
42	513	973	607	446	444	462
43	515	1,697	756	282	1,008	588
44	484	2,206	834	789	1,354	1,139
45	118	494	195	190	292	270

中村隆英編『日本経済史7』(岩波書店、1989年)

①一元化の背景には、陸海軍が、資金・資材・労働力の配分をめぐって対立・抗争を続けるという深刻な事態がありました。

とくに、超重点産業とされた航空機生産の拡大は急であり、性能の面では大きな問題点をかかえながらも、戦争末期の44年まで、量的には拡大を続けました。

軍需生産の矛盾

しかし、日本の戦争経済には、大きな矛盾がはらまれていました。すでに述べたように、重化学工業の基礎的な生産力が未発達な状況の下で、軍需生産の急速な拡大が強行されたため、軍需生産そのものが自らの生産に必要な各種生産財の生産を阻害するという矛盾が生じたからです。兵器生産以外の一般鉱工業生産の推移は、35〜37年平均を100とした場合、41年＝169.4、42年＝142.7、43年＝113.5、44年＝86.1、45年＝28.5、というように急速に低落しています（安藤良雄編 1979）。また、軍需生産の一元

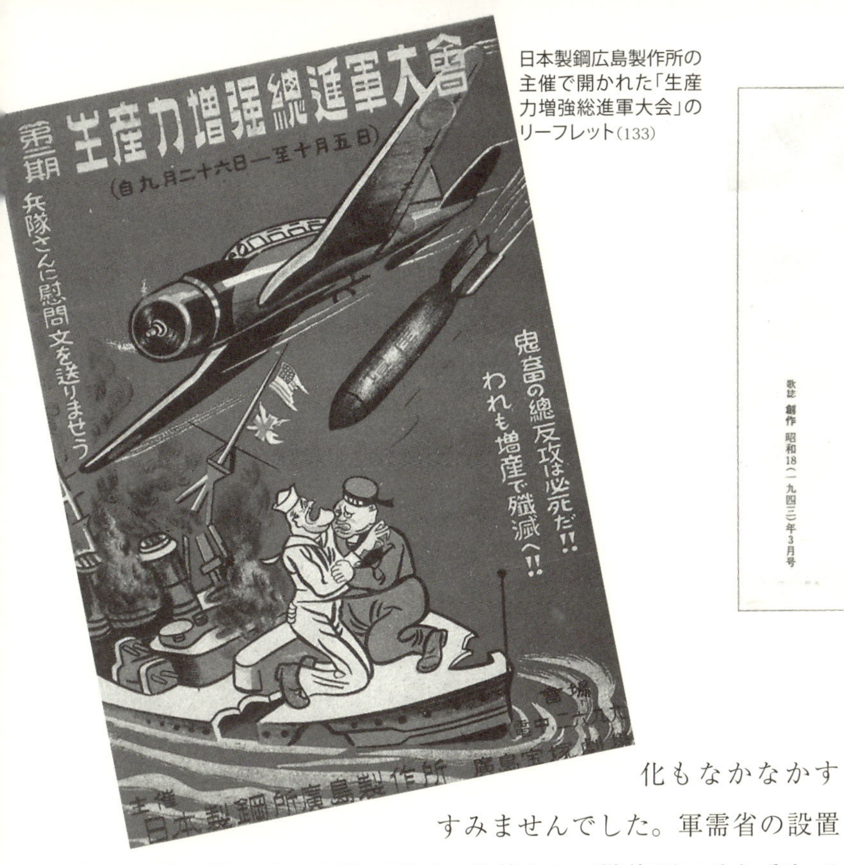

日本製鋼広島製作所の主催で開かれた「生産力増強総進軍大会」のリーフレット(133)

大方(おおかた)は米国製なる工作機の耐用期間をわが思ひ見つ

山本広治

歌誌 創作 昭和18(一九四三)年3月号

日本の軍事産業の工作機械は、アメリカなどからの輸入品が大部分でした。この歌の作者は、日本経済の脆弱性を、はっきりと認識しています(134)

化もなかなかすすみませんでした。軍需省の設置後も、航空機以外の兵器工場は、依然として陸海軍のそれぞれの管轄下にありました。技術院や科学技術審議会などを中心にして、政府は科学技術動員政策を推進しましたが、陸海軍関係の研究機関はその管轄外にありました[②]。さらに、戦前の予想を上回る船舶の喪失[③]が、日本の戦時経済を直撃しました。東南アジアや中国の占領地、「満州国」、植民地やフランス領インドシナから資源や資材、食料などが移送されることによって、日本の戦時生産はかろうじて維持されていました。ところが、その移送のための海上交通路が、連合軍の潜水艦や航空機などの攻撃によって、各地で寸断されてしまったのです。日本政府は、造船業の生産増強に躍起になりますが、新造船を上回る船舶の喪失があり、日本の船舶保有量は、急速に減少していきます(表2)。

こうして、この海上輸送力の低下が致命的打撃となって、日本の戦争経済は、音を立てて崩壊してゆきました。

②これにたいして、英米では、軍需生産や、科学技術動員政策が、首相や大統領の指揮の下で一元的に実施されました。

③開戦前の企画院による検討では、船舶の年間喪失量は、80万～100万トンと見積もられていました。

【表2 アジア・太平洋戦争中の船腹推移】

(単位：千総トン)

年次	新増 その他の増	喪失 その他の減	差引増減	年末保有量	指数
開戦時(1941.12.8)				6,384.0	100
1941年12月中	44.2	51.6	△7.4	6,376.6	99
42	661.8	1,095.8	△434.0	5,942.6	93
43	1,067.1	2,065.7	△998.6	4,944.0	77
44	1,735.1	4,115.1	△2,380.0	2,564.0	40
45年8月まで	465.0	1,502.1	△1,037.1	1,526.9	24
敗戦時(1945.8.15)				1,526.9	24

(注)100トン以上の鋼船一切を含む。
安藤良雄編『近代日本経済史要覧(第2版)』(東京大学出版会、1979年)

第18章　戦局の転換

4. 絶望的抗戦期における戦場と兵士

戦死者数の急増

1944年6～7月のマリアナ沖海戦の敗北とマリアナ諸島の失陥によって、日本の敗北は決定的となりました。旧海軍の2人の幕僚将校は、これ以降は、「最早(もはや)勝利を得た米軍の残敵掃蕩(そうとう)戦に過ぎない」とまで表現しています（淵田美津雄・奥宮正武 1951）。戦局は、絶望的抗戦期に移行したのです。

問題は、地域別の戦死者数から判断すると[①]、アジア・太平洋戦争期の戦死者＝175万1,400名（敗戦後の戦没者を除く）の過半数が、この時期に戦死していると推定されることです。年次別戦死者数のわかる岩手県の事例で見てみると、44年以降、敗戦までの戦死者数は、敗戦後の戦没者を除く全戦死者の実に85％にも達しています（岩手県 1972）。さらに、日本政府の発表によれば、この戦争における民間人の戦没者数は、外地の一般邦人約30万人、国内の戦災死没者約50万人とされています。この大部分は、ソ連の対日参戦に伴う死者や原爆や空襲による死者ですから、敗戦後の死者を除けば、民間人戦没者のほぼ全部が、絶望的抗戦期の死者ということになります。つまり、天皇を含む日本の国家指導者が、もっと早く戦争の終結を決意していたならば、多くの日本人の、それだけでなく多くの外国人の命を救うことができたはずです[②]。沖縄戦で夫を失ったある戦争未亡人は、遺族会のアンケートに、「又、申訳ありませんが、天皇がもう一年ぐらい早く終戦のお言葉を下さったら、生きられた人がどんなにおられたかと、これはいつも考えていることです」と回答しています（八島信雄 1994）。

マリアナ諸島のテニアン島で全滅した日本軍(135)

①日本政府が公表している統計からは、地域別の戦死者数はわかりますが、年次別の戦死者数はわかりません。

②米軍の場合も、アジア・太平洋戦争の全戦死者約10万名のうちの53％が、44年7月以降の戦死者です。

飛行場に集合した特攻隊員。前列左から２人目の後藤光春大尉は、「完全な飛行機にて出撃致し度い」という悲痛な遺書を残しています。特攻機の多くは性能の劣る旧式機でした（136）

戦死のありよう

絶望的抗戦期の死のもう１つの特徴は、餓死・海没死・特攻死の存在です。藤原彰『餓死した英霊たち』（青木書店、2001年）によれば、日中戦争以降の全戦死者約230万名の約60％が、広義の餓死者であると推定されています。補給を無視した無謀な作戦計画、制海・制空権の喪失による補給の途絶、医療、衛生体制の不備などが多数の将兵が餓死した原因です。海没死とは、艦船や輸送船などの沈没による死者のことです。その数は、陸海軍の軍人・軍属・商船員合わせて40万名前後とされています（池田貞枝1977）。近代の戦争で、これだけの数の海没死を出したのは、アジア・太平洋戦争以外にはありません。特攻死は、爆弾を積んだ航空機など[③]で、敵の艦船に体当たりする特攻隊の戦死者です。44年10月のフィリピン戦から特攻隊が出撃し、45年3月末から始まった沖縄戦でピークに達しました。特攻隊の戦死者は、航空特攻だけで約4,000名に上ります。特攻攻撃専門の部隊を多数編成し、特攻用の独自の兵器を開発したのは、日本陸海軍だけであり、そこに日本軍の非人間的体質がよくあらわれているといえるでしょう。

③特攻には、航空特攻のほかにも、魚雷を改造した人間魚雷「回天」や体当たり用のモーターボートによる水中・水上特攻などがありました。

column

子どもたちの戦争――日本の「子ども兵」

1989年の国連総会で採択された子どもの権利条約は、武力紛争の際に子どもを保護する義務を各締約国に課しています。しかし、現実には、武力紛争に巻き込まれて多くの子どもたちが日々命を落としているだけでなく、兵士として強制的に軍隊に編入されたり、家族の生活を支えるために志願兵となる子どもたちも後を絶ちません。いわゆる「子ども兵」の問題です。

私たちは、この問題を他人事のように考えがちですが、実は、戦前の日本も、多くの「子ども兵」をかかえた社会でした。陸軍の場合で言えば、1934年に陸軍少年飛行兵制度（志願年齢14～17歳）が、海軍の場合で言えば、30年に予科練と略称された飛行予科練習生制度（志願年齢15～19歳）が創設され、多数の少年パイロットが養成されてゆきます。飛行兵以外にも、陸軍では少年戦車兵、少年通信兵、少年重砲兵などが誕生しました。海軍でも、14歳以上16歳未満の少年の中から水兵などを採用する特年兵（海軍練習兵）制度がありました。

出撃を前にした特攻隊員たち。子犬を抱いている荒木幸雄伍長は17歳、他の隊員も17～18歳の少年飛行兵出身者です(137)

注目する必要があるのは、特攻隊員の中に多くの少年兵が含まれていた事実です。特攻隊の戦死者の中で、20歳以下の若者が占める割合は、陸軍＝23.5％、海軍＝43％であり、最も若い戦死者は、陸軍の場合は17歳、海軍の場合は16歳でした。特攻隊の有力な担い手の1つは、少年飛行兵や予科練出身の少年だったのです（吉田裕・森茂樹 2007）。ちなみに、将校の特攻隊員の約2割だけが陸軍士官学校、海軍兵学校などの軍幹部学校を卒業した正規将校であり、残りの8割は一般大学を卒業した学徒兵でした。報道班員だった作家の高木俊朗は、煩悶する学徒兵出身の特攻隊員とは対照的に、「少年飛行兵出身の下士官の多くは、積極的な決意をもって、特攻隊に参加した。だから、兵舎などでさわぎまわる時は、旅行にきた中学生のように、嬉々としていた」と書いています（高木俊朗 1957）。「大人の責任」を感じさせるような痛々しい事実です。どれだけの少年が「子ども兵」として戦死したのかは、よくわかりません。ただ、岩手県の場合でみてみると、敗戦時に19歳以下だった世代の戦死者は、全体の戦死者の中の2%を占めています（岩手県 1972)。日中戦争からアジア・太平洋戦争の敗戦までの軍人・軍属の戦死者数が、約230万名（戦後の死者を含む）ですから、この数字を機械的に当てはめてみると、敗戦時に19歳以下だった世代の戦死者数は、約4.6万名ということになります。また、成年の戦死者の中に、多くの少年兵出身者が含まれていたことも忘れてはいけないでしょう。彼らは国民学校（小学校）と軍隊社会以外の世界を知ることなしに、死んでいった人々でした。私たちは歴史の中の「子ども兵」の存在をあらためて検証してみる必要があります。

台所から見た戦争

アジア・太平洋戦争の開戦前後から、生活必需品の配給制が、いっそう拡大していきました。41年4月からは、6大都市で主食の米の配給制が始まり、普通の大人1人の配給量（1日あたり）は、平均的な消費量よりかなり低い2合3勺(しゃく)に設定され、以後、全国に拡大してゆきます。また、日中戦争が長期化する中で、物価統制のため生活必需品などの価格も、政府が公的価格を決める制度になっていました。現代人の眼から見れば、2合3勺という米の配給量は、それほど低い量にみえないかもしれませんが、副食物が乏しく、必要なカロリーの大部分を主食に依存していたという当時の食生活の特殊性を考慮に入れる必要があります。また、この配給量は、形式的には戦争の末期まで変わりませんでしたが、麦・いも類・雑穀などの混入が増え、44年10月には主食配給量の中で米の占める割合は、66%にまで低下しています。さらに、41年11月からは魚類が、42年2月からは、衣料品・味噌・醤油が、11月からは青果物が、配給制に移行しました。しかし、実際には、配給品だけで生きてゆくのは不可能であり、多くの国民は、公定価格制度違反の闇取引によって値段の高い食料品などを購入し、最低限の食生活をかろうじて維持しているのが現実でした。国民1人1日あたりの栄養摂取量は、1934～36年の2082カロリーが、敗戦の翌年の1946年には、1463カロリーにまで低下しています（経済企画庁 1959)。

国民生活の悪化は、表の幼少年の体格の変化の中によくあらわれています。40年から46年にかけての体格の悪化に注目してください。作家の小林信彦（1932年生まれ）は、「とにかく、カボチャばかり食べさせられた。〔中略〕牛乳や卵は見たこともなく、僕の世代の身長が低いのはそのせいだと思う」と書いています（小林信彦 1995)。

【幼少年の体格】

年度	身長（cm）		体重（kg）	
	6歳男	12歳男	6歳男	12歳男
1920	107.0	134.8	17.6	30.5
1930	108.1	137.1	17.9	31.8
1940	109.7	142.0	18.4	35.3
1946	107.4	137.5	17.8	31.5
1950	108.6	136.0	18.5	31.5
1960	111.7	141.9	19.1	34.6
1970	114.5	147.1	20.1	38.5
1980	115.7	149.7	20.8	41.2

中村隆英編『日本経済史7』(岩波書店、1989年)

第19章　敗戦

1. 総力戦下の社会変容

総力戦の遂行と社会の近代化・現代化

総力戦の遂行には、経済構造だけでなく、従来の社会秩序や社会関係を大きく変化させ、社会の近代化・現代化を促進するという側面があります。総力戦のためには、すべての人的資源の総動員が必要となり、その結果、今までは近代国民国家の底辺や周縁に位置づけられてきた人々の政治的・社会的地位を改善し、彼らにも積極的に戦争に協力させることが必要だったからです。また、戦時生産力の急速な増強や大規模な兵力動員のためにも、国家はさまざまな社会政策を実施するだけでなく、労資関係や地主と小作農との関係などにも積極的に介入することが、求められるようになります。もちろん、それは、戦力の増強という至上命令のためでしたから、戦力となりえない人間は差別され、切り捨てられていく面もあわせもっていました。戦時中に障害者やハンセン病の患者などが受けた差別は、そのことをよく示しています[①]。しかし、総力戦の持つ近代化・現代化機能にも着目しなければ、戦時下の社会変容の全体像を把握できないことも確かです。少し具体的に見てみましょう。

「皇国婦女皆働の図」。1944年3月製作。多数の女性画家による合作ですが、総力戦の下での女性の社会進出の状況が巧みに描かれています(138)。

①たとえば、精神科病院の都立松沢病院は、食料不足などから45年には、全患者の41％が死亡しています。

都市と農村における変化

軍需産業の急速な拡充は、日本経済の重化学工業化をもたらしただけでなく、農業などの第1次産業や商業などの第3次産業から、鉱工業などの第2次産業への大規模な労働力移動を促進しま

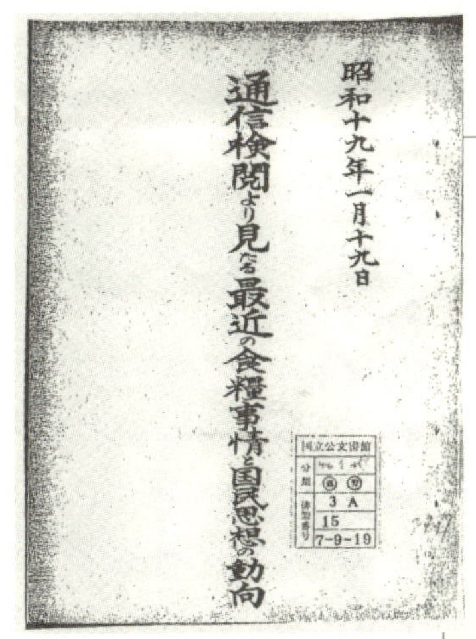
昭和十九年一月十九日

通信検閲より見たる最近の食糧事情と国民思想の動向

「通信検閲より見たる最近の食糧事情と国民思想の動向」。内務省警保局がまとめた民心の動向に関するレポート。私信の検閲から得られた情報を基に作成されています。文中の「古賀司令長官」は、1944年3月に殉職した古賀峯一連合艦隊司令長官のこと

> 魚も野菜も極く少量です。これで人間が生きて行けると政府の役人は思つているのですから……自分達は不自由のない生活をしてゐて、実際配給だけの生活の苦しみなんか知らないのです。早く戦争が終わればよいと思ひます。古賀司令長官もたうたう殉職なさいましたけれど、此の頃の私は誰が死んでも何とも感じなくなりました。新聞に色々書いて居りましたが、ちつとも感激いたしません。（杉並　女）

した。国民徴用令②による強制的就労がこの流れを加速させます。第２次産業の有業人口は、1932年の595万人から44年の1,011万人に、大きな増大を見せています（中村隆英 1989）。この結果、農村を中心にした伝統的な社会秩序は大きく変容し、生産増強のため、工業部門でも女性労働者の増大や熟練工を中心にした労働者の待遇の改善などがすすみました。また、深刻な労働力不足の中で、欧米諸国からは大きく立ち遅れていたとはいえ、女性の社会進出がさまざまな面ですすみました。このため戸主が大きな権限を持つ伝統的な家制度自体も動揺することになります。農村でも、食糧増産のために、小作料の引き上げが停止され、生産者米価に奨励金が加算されるなど、直接生産者である小作農を保護し、地主の利益を抑制する政策がとられました。これによって、地主制の衰退が戦時下に顕著になります。同時に、衣料品や食料品などの生活必需品が配給制になったことは、実際には闇買いなどの抜け道があったとはいえ、消費生活の面における上層と下層との経済的格差を圧縮する機能を果たしました。注目する必要があるのは、国民生活の窮乏化のなかで、闇や役得（やくとく）で豊富な生活必需品を入手することのできる軍人や軍需産業関係者、富裕層などにたいする一般の国民の批判が強くなっていたことです。それは、社会的平等を求める圧力として作用するとともに、完全な平等を実現できない国家指導者にたいする批判にもつながっていきました。

②39年7月に国家総動員法にもとづいて制定された法令。これにより、国民を国家の指定する職務に強制的に就労させることが可能になりました。

第19章　敗戦

2. 戦争終結への動き

小磯内閣から鈴木内閣へ

1944年7月、東条内閣にかわって小磯国昭陸軍大将が内閣を組織しました。小磯首相は、戦争指導体制強化のために、大本営への首相の列席を要求しましたが、陸海軍に拒否され、従来の大本営政府連絡会議を最高戦争指導会議[①]に改組するだけにとどまりました。一方、戦局は、その後も悪化の一途をたどり、44年10月には米軍がフィリピンのレイテ島に、翌45年1月にはルソン島に上陸して、フィリピンが陥落しました。このことは、日本と東南アジアの占領地との間の交通路が遮断されたことを意味しています。

①その実態は、従来の大本営政府連絡会議とほとんど変わらず、戦争指導の一元化は実現しませんでした。

「お母ちゃん手はなさないで」。5歳で被災した福田美佐子さんが、避難の途中で叫び続けた言葉(139)

さらに、44年11月からは、マリアナ諸島を基地とするB29による日本本土への空襲が開始され、45年3月には、硫黄島の日本軍守備隊が全滅して、米軍は本土空襲のための有力な中継基地を確保します。米軍は当初、高い高度から爆弾を正確に目標に命中させる精密照準爆撃を軍事施設や軍需工場地帯に対しておこなっていましたが、これがうまくいかないことがわかると、都市部への無差別じゅうたん爆撃に方針を切り替えました。これによって、45年3月の東京大空襲[②]以降、日本の諸都市が次々に焼き払われていきます。

②わずか一晩の空襲で約10万人もの死者が出ています。

小磯首相は、中国の蔣介石政権にたいする和平工作に望みをつなぎますが、天皇や重光葵（しげみつまもる）外相の支持をえられず、沖縄本島への米軍の上陸が始まる中、45年4月に内閣は総辞職に追い込まれます。後継内閣の首相は、天皇の信頼の厚い鈴木貫太郎海軍大将でした。天皇や大本営は、沖縄での決戦に期待をかけましたが、米軍の戦力に圧倒され、日本軍の組織的抵抗は6月には終わりを告げました。沖縄戦では、スパイとみなした住民や米軍に投降する住民の殺害、住民に対する「集団自決」の強要など、軍による非人道的行為が多発しました。こうして戦局が絶望的となる中で、鈴木内閣は、6月には政府に巨大な権限を委任した非常立法である戦時緊急措置法を議会の抵抗を押し切って公布し、本土決戦の準備をすすめました。

ポツダム宣言の公表と日本政府の対応

45年2月、米・英・ソ3国首脳は、ヤルタで会談し、対日戦にかんする秘密協定を締結しました（ヤルタ協定）。その内容は、ドイツ降伏後3か月以内にソ連は対日戦に参戦し、その見返りとしてソ連に南樺太を返還し千島列島を譲渡するというものでした。南樺太は日露戦争によって日本がロシアから奪ったものでしたが、千島は日露間の条約によって日本領となった地域であり、その譲渡は、領土不拡大の原則をうたった大西洋憲章の精神に明らかに違反していました。続いて、同年7月には、ポツダム会談が開催され、米・英・中3国による対日共同宣言（ポツダム宣言）が公表されました[③]。同宣言は、日本政府にたいして、軍国主義勢力の一掃、植民地・占領地の放棄、陸海軍の武装解除、戦争犯罪人の処罰、日本社会の民主化などを求めていました。鈴木内閣は、徹底抗戦を主張する陸海軍の強硬派に押され、ポツダム宣言を「黙殺」するという態度をとりましたが、8月6日、9日の広島・長崎への原爆投下、8日のソ連の対日参戦が決定打となります。日本政府は、2回の御前会議をへて14日にポツダム宣言の受諾を最終決定しました。天皇は翌15日にラジオ放送を通じて、自らこの事実を国民に伝えました（玉音（ぎょくおん）放送）。

③実際には米英ソ3国首脳が会談して宣言案を決定した後、中国の同意を取りつけ米・英・中3国の共同宣言という形で公表されました。当時、日ソ中立条約の下で対日戦に参戦していなかったソ連は、形式上は参戦後にこの共同宣言に加わり、4国の共同宣言となります。

敗戦の日の正午、天皇の「玉音放送」を聞く人々。玉は、玉体・玉顔など、天皇の身体や動作につける敬語で、玉音は天皇の声を意味します（140）

column

8・15以降の戦死者──彼らはなぜ死んだのか

1964年に厚生省援護局が作成した資料によれば、日中戦争の開始から1945年8月14日までの陸海軍の戦死者数は194万100名、8月15日以降の戦死者数は18万900名、総計で212万1,000名となっています。あくまで、この時点で政府が把握していた戦死者数ですが、戦争が終わった8月15日以降の戦死者数の多さに驚かされます。もちろん、この中には、8月15日以前の戦闘で負傷したり病気になったりした後で、8月15日以降に死亡した兵士も含まれていますが、8月15日以降、各地で、戦闘が続いていたことも忘れてはならないでしょう。

1つは、ソ連軍との戦闘です。8月8日に日本に宣戦布告したソ連は、赤軍を満州に侵攻させただけでなく、樺太や千島列島にも上陸作戦をおこない、9月初めまで無理押しの軍事行動を継続しました。自国の勢力圏の拡張が、その狙いです。45年7月のポツダム会談で、原爆の実験に成功したことをトルーマン米大統領から知らされたスターリンは、当初の予定を無理やり繰り上げて対日戦に参戦してきました。原爆投下によって日本が早い段階で降伏してしまえば、極東においてソ連の勢力圏を拡張する機会が失われてしまうと考えたからです。このため、千島列島での上陸作戦では、作戦準備が十分に整わないうちに上陸作戦を強行したため、日本軍の反撃によって、手痛い損害を被っています。

もう1つは、中国戦線です。中国戦線では、日本軍の総司令部が、国民政府軍だけに降伏し、その武装解除を受けるよう命じていました。共産党軍への降伏によって、日本軍の武器・弾薬が共産党軍に流れるのを恐れたための措置です。支那派遣軍総司令官の岡村寧次陸軍大将は、敗戦前から国民党軍との提携を模索しており、敗戦後は国民政府軍支持の態度を直ちに明確にします。このため、降伏・武装解除を要求する共産党軍と、これを拒否する日本軍との間で、各地で戦闘がおこなわれることになったのです。また、山西省では、軍上層部の命令で、一部の部隊が敗戦後も残留し、国民政府軍に協力して共産党軍との戦闘に参加しています。その結果、約2,600名の将兵が、敗戦後、3年8か月にわたって共産党軍と戦い、550名が戦死しています。彼らは、軍上層部の命令により残留したにもかかわらず、責任逃れを図る軍からは逃亡兵として処理されました。このため、残留期間が軍歴に算入されず、軍人恩給や遺族年金など、さまざまな面で著しい不利益を、現在でも被っています（池谷薫2007）。

原爆投下問題と日本政府

原爆投下による死者の数は、1945年末までに広島・長崎両市で約21万人、その後の死者を合わせると、死者総数は少なくとも約30万人に達すると推定されています。これだけ多数の犠牲者を出した原爆投下問題にたいして、日本政府はどんな態度を取ったのでしょうか。都市にたいする無差別じゅうたん爆撃にかんしては、44年10月10日の米艦載機による那覇空襲の直後と、45年3月10日の東京大空襲の直後に、日本政府は、都市爆撃は国際法に違反するなどの理由で、アメリカ政府に抗議を申し入れています。すでに、日本政府は日中戦争中から、重慶爆撃などの大規模な戦略爆撃をくりかえしおこなってきました。それだけにその抗議に説得力があるとは思えませんが、抗議自体は正当なものです。原爆にかんしても、広島への投下直後に、原爆投下は、非軍事目標にたいする攻撃であり、「国際法及び人道の根本原則」に違反するとして、厳重な抗議をおこなっています。

長崎に投下された原子爆弾(141)

問題は日本政府が、戦後もこの立場を堅持して核廃絶の先頭に立ったのかという点にあります。残念ながら、答えはノーです。そもそも、8月6日の広島市の平和記念式典に、佐藤栄作首相が、歴代の首相として初めて参列したのは、市側の再三の要請にもかかわらず、敗戦後、四半世紀もたった1971年のことです。8月9日の長崎の平和祈念式典の場合は、さらに遅れて1976年に、三木武夫首相が初めて参列しています。「反核」が対米批判につながる可能性があるという危惧(きぐ)が、歴代首相の足を重くしていたのでしょう。また、国際社会の場でも、事態は同様です。国連総会では、1961年以降、核兵器の使用は国際法に違反するとして、核兵器使用禁止条約の締結を求める決議を20回以上も採択しています。日本政府は当初はこの決議に賛成していましたが、その後、棄権に転じ、1980年以降は反対にまわり、多くの非核保有国を失望させました。さらに、93年には世界保健機関(WHO)が、94年には国連総会が、核兵器の使用は国際法上許されるのかという問題について、ハーグの国際司法裁判所に諮問することを決定しました。しかし、日本政府は、いずれの場合にも、表決に際して、棄権にまわったのです(小池政行 2002)。このときの反対票は、核保有国及びその同盟国によって投じられました。核保有大国であり、日米安保条約によって同盟関係にあるアメリカへの配慮が、被爆国である日本政府の行動を縛っているのは明らかです。

column

『昭和天皇実録』は史実をどれほど伝えているのか

『昭和天皇実録』（以下『実録』）は宮内庁が編纂した昭和天皇の公式伝記で、およそ25年の歳月をかけて2014（平成26）年4月完成（全61巻1万2,000ページ）し、9月9日に一般公開されたものです（その後、全18巻・人名索引1巻に再編集されて刊行されました）。

『実録』は、一般には閲覧できない侍従日誌など旧宮内省の内部史料も活用され、天皇の言動、政府と宮中の重要な決定事項などが一日ごとに記録されています。さかのぼれば『日本書紀』から連なる天皇の公式記録という性格があります。天皇と宮中を中心に描いた膨大な「昭和史日録」としてその意義も大きいとされています。

しかし、情報量としては膨大な『実録』ですが、これを読むさいに大事なことは、『実録』から何が抜け落ちているかに着目することです。『実録』では段落ごとに出典が記されています。しかし、出典とされた史料に『実録』の記述に採用されていない部分があることを見逃してはなりません。

例えば、1941（昭和16）年2月8日に大本営政府連絡会議で決定された「対独伊「ソ」交渉案要綱」は、日本とドイツ、イタリア、ソ連で世界を四分割しようというものでしたが、外務省編『日本外交年表竝（ならびに）主要文書』では10日に天皇が「裁可」したことになっているにもかかわらず、『実録』では天皇が「裁可」したのかどうかは触れられていません。また、1943（昭和18）年5月31日、御前会議で決定された「大東亜政略指導大綱」についても、『実録』では、ビルマ（現ミャンマー）やフィリピンの独立と「大東亜会議」の開催が決まったことなどが記されています。ところが実際の「大東亜政略指導大綱」（外務省編前掲書所収）を見ると、現在のマレーシアやインドネシアに当たるマレー・スマトラ・ジャワ・ボルネオ・セレベスを日本の領土にして、重要資源の供給地にすることも決めています。この問題でも、昭和天皇が関与して日本の領土拡張を決めた重要な記述が、『実録』では抜け落ちているのです。

『実録』の叙述の特徴は、従来からある「昭和天皇＝平和主義者」のイメージを再編・強化していることです。天皇が積極的に戦争を推進したことを示す史料は系統的にカットしています。『実録』の記述が決定版の公式記録として独り歩きしてしまうと、戦争に関与した昭和天皇の本当の姿を示す史料が非公式で信憑（しんぴょう）性の薄いものとして扱われるのではと懸念されます。戦争の時代、天皇にどんな情報がもたらされ、天皇は何を言ったのか。これらのことを隠したままでは、歴史の真実は明らかにはならず、現代や後世の人々は歴史の真の教訓を引き出せないでしょう。

（参考文献：山田朗『昭和天皇の戦争―「昭和天皇実録」に残されたこと、消されたこと』岩波書店、2017年）

戦後の天皇と皇室のあり方

戦前・戦後の天皇と皇室のあり方は、大日本帝国憲法から日本国憲法に変わることによって大きく変化しました。統治権の総攬者・統帥権の保持者（大元帥）としての天皇は、国民の総意にもとづく国民統合の象徴になり、「憲法の定める国事に関する行為のみを行ひ、国政に関する権能を有しない」（憲法４条）ことになりました。しかし、天皇の役割とその制度は変わりましたが、皇室のあり方は継承された部分が相当ありました。戦前・戦後の皇室のあり方を規定する皇室典範を比較してみると表のようになります。

	戦前皇室典範	戦後皇室典範
制定	1889（明治 22）年	1947（昭和 22）年
性格	欽定法（憲法と同格）	一般法（昭和 22 年法律第３号）
改正手続き	皇族会議及枢密院の諮詢をへて勅定	国会の議決により決定
構成	12 章 62 条	5 章 37 条
皇位継承原則	①男系男子（女帝否定）	①男系男子（女帝否定）
	②皇長子・長皇孫の順	②皇長子・長皇孫の順
	③嫡出・非嫡出（庶子）の順	（庶子の皇位継承を事実上否定）
皇位継承時	天皇崩御（生前退位否定）	天皇崩御（生前退位否定）

戦前の皇室典範は、皇室の家法という位置づけ（帝国議会の権限外の特別法）で、その改正は天皇が発議し、皇室会議と枢密院に諮詢して勅定するというものでしたが、戦後の皇室典範は、1947（昭和 22）年１月に一般法として制定されました（日本国憲法と同時に５月３日に施行）。そこでは、皇族の範囲を天皇・皇后・皇太后・皇子・皇孫・皇子孫及びその妻、天皇の兄弟姉妹（いずれも女性は結婚すると皇族から離脱）と限定され、それ以外の皇族は除外されました（11 宮家 51 人が皇籍から離脱）。しかし、皇位継承原則としては、戦前皇室典範の非嫡出（庶子）の皇位継承を事実上否定したものの、旧典範の男系男子主義、子・孫への継承原則が維持され、天皇の生前退位や女性天皇は容認されませんでした。平成の終了時の皇位継承は特別措置で生前退位が認められましたが、典範上では天皇死去にともなう皇位継承のみが規定されています。

明治期の国家・君主のあり方を基準に創出された皇室制度は、戦後改革によっても生身の人間が担うものとしての天皇・皇族という面が度外視され、男女平等原則も適用されないという現代社会には適合し難いものとして存置されつづけています。また、代替わりの儀式の中核をなす大嘗祭も神道儀式としての性格が強いにもかかわらず国費で賄われるなど、憲法の政教分離原則との関係で疑問が出されています。皇室の諸儀式も現代にふさわしい形とはいかなるものなのかという問題が提起されています。

第三部

第2次世界大戦後の日本と世界

1945　GHQ、政治犯釈放など指令。労働組合法公布
1946　日本国憲法公布（11月、47年5月施行）
1947　2・1スト禁止
1948　国連総会、世界人権宣言を採択
1949　中華人民共和国成立
1950　朝鮮戦争（～53）。警察予備隊創設（52 保安隊に再編）
1951　サンフランシスコ講和条約、日米安保条約に調印
1954　米、ビキニ環礁で水爆実験。保安隊を自衛隊に再編
1955　第1回原水爆禁止世界大会。バンドン会議
1959　キューバ革命
1960　新日米安保条約に調印
1961　第1回非同盟諸国首脳会議
1965　米軍、北ベトナム爆撃を開始
1967　四大公害裁判始まる
1972　日中共同声明（国交正常化）
1975　ベトナム戦争終結
1978　「日米防衛協力のための指針」（ガイドライン）決定
1979　女性差別撤廃条約採択（81 発効）
1980　「社公合意」の締結
1989　消費税導入。東ヨーロッパ諸国の旧政権が倒れる
1991　湾岸戦争。ソビエト連邦解体
1994　ASEAN地域フォーラム（ARF）発足。小選挙区制度導入
1995　日経連「新時代の『日本的経営』」。東南アジア非核地帯条約
2001　9・11米同時多発テロ。米、アフガニスタンを攻撃
2003　米英軍によるイラク戦争
2004　「九条の会」発足
2006　第1次安倍晋三政権発足
2009　総選挙で与党（自民党・公明党）が敗北、民主党政権発足
2011　東日本大震災
2012　自民党が総選挙で勝利、第2次安倍政権発足
2015　安保関連法成立

第20章　戦後改革から占領政策の転換へ

1. 大戦後の国際社会と日本

国際連合の結成

第２次世界大戦後の国際平和を新たな国際機関の創設によって実現しようとする構想は、すでに大西洋憲章の中で示されていました。これを受けて大戦の終結を前にした1945年４月、サンフランシスコで国際連合創設のための連合国会議が開催されました。この会議で調印された国際連合憲章は、戦争の再発防止、基本的人権の尊重と男女平等、社会進歩と生活向上のための共同の努力などの基本精神を高らかに謳いあげていました。加盟国の主権平等原則が明記される一方で、米・英・仏・ソ・中の５大国によって構成される安全保障理事会が強力な権限を持つなどの問題点も残されていました。しかし、長い間、半植民地状態におかれていた中国（中華民国）が安全保障理事会に参加していること自体が、新しい時代の開幕を告げるものになっていました。事実、国連憲章は、国連の目的の１つに、民族自決の促進を掲げています。

【第２次世界大戦の主要国における兵力と戦費、戦死者数の比較】

	戦費（億ドル）	兵力（万人）	戦死兵（万人）	傷病兵（万人）	民間死者（万人）	総戦死者（万人）
米　国	2880	1236	29.2	67.1		
イギリス		468	30.6	28.1	6	36.6
ソ　連	930	1250	1360	500	772	2132
中　国	490	500	132.4	176.2	1000	1132.4
主要連合国合計		3454	1552.2	771.4	1778	3301
日　本	412	609	230		80	310
ドイツ	2123	1000	330		289.3	619.3
イタリア	210	450	26.2	12	9.3	35.5
主要枢軸国合計	2745	2059	586.2		378.6	964.8
交戦国総計			2357	1026.4	3116.4	5473.4
第一次大戦			802	2122.8	664.2	1466

『岩波講座　アジア・太平洋戦争』1（岩波書店、2005年）

1946年1～2月、イギリス・ロンドンで開かれた国際連合の第１回総会
（142）

同時に、経済面では、44年７月に、自由貿易主義にもとづく国際経済協力機構創設のため、アメリカのブレトンウッズで連合国経済会議が開催され、ブレトンウッズ協定が締結されました。これによって、新たに、国際通貨基金（IMF）と国際復興開発銀行（のちの世界銀行）が設置されることになります。さらに、45年８月には、米・英・仏・ソの４国政府によってロンドン協定が締結され、侵略戦争の再発防止のため、枢軸国の国家指導者の戦争犯罪を裁く国際軍事裁判所を設置することが

決定されました。この結果、開廷されたのがニュルンベルク裁判[1]と東京裁判[2]でした。

①45年11月から46年11月まで開廷し、19人のナチス・ドイツの国家指導者に有罪の判決を下しました。

②46年5月から48年11月まで開廷し、25人の日本の国家指導者に有罪の判決を下しました。

日本占領の開始

45年8月末から、米軍の日本進駐が始まり、9月2日には降伏文書の調印式がおこなわれ、以後、GHQ（連合国軍最高司令官総司令部）による日本占領が開始されます。この占領にはいくつかの重要な特徴がありました。第1には、占領の目的が日本の非軍事化と民主化に置かれたことです。そこには、侵略戦争の再発防止のためには、日本ファシズムの政治的・経済的・社会的・思想的基盤を解体させなければならない、という国際社会の強い意志が反映されていました。

GI（兵隊）、チョコレート、ジープは、子どもたちにとって、豊かな国アメリカの象徴でした(143)

第2には、連合国による共同占領という形をとりながらも、それが、事実上、米軍の単独占領であったことです。占領軍の主力は米軍であり、米軍の軍司令官であるマッカーサー元帥が連合国軍最高司令官を兼任したという事実の中に、この特徴がよくあらわれています。したがって、国際世論を無視することはできなかったとはいえ、占領政策にはアメリカの国益が色濃く反映されることになりました。また、占領目的に反すると判断した場合には、GHQは日本の社会運動に介入しました。47年の2・1スト[3]にたいする禁止命令はそのことをよく示しています。第3には、ドイツのような直接軍政とは異なり、日本政府の統治機構を通じて占領政策を実施するという間接統治方式がとられたことです[4]。日本の降伏がアメリカ側の予想より早く軍政の準備が整わなかったことなどが、その原因でしたが、このことは日本の官僚制が温存されることを意味しました。

③官公庁の労働組合などが中心になって計画されていたゼネラルストライキ。

④ただし沖縄戦で米軍に占領された沖縄は、その後も、米軍の軍政下に置かれていました。

1945年9月2日、米戦艦ミズーリ艦上で降伏文書に署名する重光葵外相(144)

2. 民主化の進展と社会運動の高揚

非軍事化と民主化

敗戦を迎えた日本政府は、戦時体制を解除し、満州事変前の平時状態に復帰することで、連合国の対日要求を満足させることができると考えていました。新たに結成された2つの保守政党、自由党と進歩党もこの点の認識はほとんど変わりませんでした[①]。しかし、GHQの非軍事化・民主化政策は、日本側の思惑をはるかに超えた内容を持っていました。

①進歩党の後継勢力は、その後、自由党の一部などと合同して1954年には日本民主党を結成します。

1945年10月、GHQは、敗戦直後に成立した皇族の東久邇宮稔彦(ひがしくにのみやなるひこ)内閣に人権指令を発し、弾圧法規の廃止、政治犯の釈放、思想警察の廃止などを指令します。衝撃を受けた東久邇内閣は総辞職し、代わって成立した幣原喜重郎(しではらきじゅうろう)内閣には、女性の解放、学校教育や経済機構の民主化、労働組合の結成の奨励などが指令されました。以後、改革が加速されていきます。軍事面では、陸海軍の武装解除と大本営などの軍事機関の廃止がおこなわれました。政治面では、46年2月から、職業軍人、軍国主義的な政治家や言論人などを公職から排除する公職追放が開始されます。経済、社会面では、46年8月の持株会社整理委員会の設置、47年4月の独占禁止法の公布、同12月の過度経済力集中排除法の公布などによって、財閥による企業支配が解体され、独占的大企業への規制が強化されます。46年10月に開始された農地改革では、地主の土地を強制的に買収し、小作農に売却する政策がとられました。これによって、地主制が解体され、多数の自作農が創出されました。また、45年12月公布の労働組合法によって、労働者の団結権・団体交渉権・争議権が保障されました。女性への参政権の付与（45年12月）、民法の改正による戸主中心の家制度の廃止（48年1月）など、女性の地位の改善もすすみました。

1946年4月の総選挙。女性が初めて参政権を獲得したこの選挙では、39名の女性議員が誕生しました
(145)

日本国憲法の制定

1948年、皇居前広場で開催されたメーデー。占領期には、皇居前広場は人民広場とよばれ、各種の集会が開催されました(146)

非軍事化・民主化政策の集大成が日本国憲法の制定でした。日本政府は、明治憲法の若干の手直しによって事態を乗り切ろうとしましたが、GHQはこれに満足せず、日本の民間研究団体の憲法案なども参考にしながら、自ら草案を作成して日本政府に交付しました。これにもとづいて作成された政府案が議会の審議にかけられ、46年11月3日に日本国憲法が公布されます(施行は、翌47年5月3日)。新憲法は戦争の惨禍への反省の上に立って、国民主権・基本的人権の尊重・戦争の放棄と戦力不保持の基本原則を明確にした画期的な内容を持っていました。②

②草案の審議過程で、共産党や社会党議員の要求により、国民主権の原則がより明確となり、生存権の規定が新たに追加されました。

重要なことは、この時期にさまざまな社会運動がかつてない高まりを見せたことです。合法政党として活動を開始した日本共産党と45年11月に結成された日本社会党がその推進力となりました。社会運動高揚の背景にあったのは、すさまじいインフレでした。日銀券の増発や経営者側の生産サボタージュによって生じたインフレが国民生活を直撃したのです。戦争とファシズムの時代から解放された日本の民衆は、民主化政策に触発され、生活難に後押しされながら、政治や社会体制の徹底的な変革を求めて、運動に積極的に参加していきました。とくに、労働運動は急速な発展を見せ③、1949年には、組合員数666万人、推定組織率56%に達しました。こうした中で、46年4月に幣原内閣が、47年5月に吉田茂内閣が総辞職し、同年6月には社会運動の高揚を背景にして、社会党首班の連立内閣、片山哲内閣が誕生します。片山内閣は、党内対立などが原因で48年2月に総辞職しますが、この内閣の下で、日本国憲法を支える法体系や諸制度の整備がすすめられました。

③労働運動の中心となったのは、共産党の影響の強い全日本産業別労働組合会議(産別会議)と社会党の影響の強い日本労働組合総同盟(総同盟)でした。

【戦後の労働組合組織率と組合員数の推移】

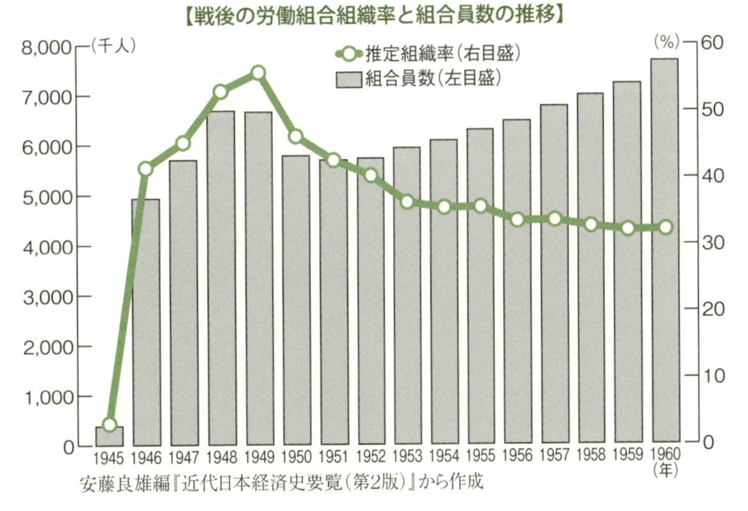

安藤良雄編『近代日本経済史要覧(第2版)』から作成

第20章　戦後改革から占領政策の転換へ

3. 占領政策の転換

冷戦への移行

第２次世界大戦後、世界各地で共産党を中心とした革命運動の高揚がみられ、さらに、東欧などでソ連の衛星国家群が次々に誕生してゆくようになると、アメリカはソ連にたいする対決姿勢を強めていきました。1947年３月、トルーマン大統領は、議会で演説し、共産主義の脅威と戦っている国々を援助することがアメリカの使命だと宣言しました（トルーマン・ドクトリン）。６月には、マーシャル国務長官が、ヨーロッパの経済復興のために大規模な経済援助をおこなう計画（マーシャル・プラン）を発表しましたが、最終的にはソ連はこの計画に参加せず、東西両陣営の対立が決定的になります。軍事面でも、49年４月にはアメリカなどの西側諸国によって北大西洋条約機構（NATO）が結成され[①]、緊張が高まっていきました。

朝鮮戦争の初期、南へ進軍する北朝鮮軍の兵士(147)

ソウル市庁前の北朝鮮の戦車（ソ連製のT34戦車）(148)

ヨーロッパで始まったこの冷戦は、しだいにアジアにも波及し、48年10月には、アメリカの国家安全保障会議（NSC）が対日政策の見直しに踏み切り、東側陣営との対決のため、政策の重点を日本の民主化から経済復興に置き直すことを決定します。この結果、均衡財政、労働争議の抑制、公職追放の解除や戦犯裁判の早期終結などの新たな政策が実施に移されていきます。この間、日本国内では、48年３月に成立した芦田均内閣が疑獄事件で総辞職し、同年10月には、再度、吉田茂内閣が成立していました。アメリカの新たな対日占領政策の担い手となったのは、この吉田内閣でした。吉田内閣は、ドッジ・ライン[②]を実施に移し、予算支出の大幅削減、新規融資の停止、賃金の抑制、１ドル＝360円の単一為替レートの設定などによって、インフレを急

①これに対抗してソ連を中心とした東側諸国も、55年にワルシャワ条約機構を結成します。

②GHQの経済顧問、J・ドッジが日本政府の指導にあたったため、新たな財政金融引き締め政策は、ドッジ・ラインと呼ばれました。

速に収束させるとともに、アメリカを中心とした国際通貨体制の下に日本経済を組み入れました。また、大量の人員整理が労働者側の激しい抵抗を呼び起こすと、吉田内閣は、49年4月の団体等規正令の公布や同年6月の労働組合法の改正などによって、共産党の弾圧や労働運動の規制に乗り出します。「逆コース」の始まりです。

労働運動への規制が強まる中、1948年の東宝争議では、組合弾圧のため米軍まで出動しました(149)

朝鮮戦争の勃発

1950年6月、武力による南北朝鮮の統一を意図した朝鮮民主主義人民共和国（北朝鮮）の軍隊が、大韓民国（韓国）にたいする侵攻を開始しました。[3] 国連の安全保障理事会の決議にもとづき、マッカーサー元帥を総司令官とする「国連軍」が編成され朝鮮に派遣されますが、その実態はアメリカ軍であり、アメリカは「国連軍」の形をとって、内戦に武力介入をおこなったのです。この朝鮮戦争で、日本は米軍の出撃・兵站（へいたん）基地として大きな役割を果たしました。一方、アメリカは、朝鮮での軍事的劣勢を挽回（ばんかい）するため、日本の再軍備を決意し、7月にはマッカーサー元帥が、日本政府に7万5,000名の警察予備隊の創設を指示します。また、吉田内閣は、共産党員やその支持者を公職や民間企業から罷免・解雇する憲法違反のレッド・パージ政策を本格化させ、反戦運動や労働運動に大きな打撃を与えました。同時に、敗戦の打撃とドッジ・ライン下での不況にあえいでいた日本は、朝鮮特需[4]や輸出の増加によって、急速な経済復興をとげることになります。なお、朝鮮では激しい戦闘の末、53年7月に休戦協定が締結されました。

③アジア・太平洋戦争の終結時に、北部をソ連軍に南部を米軍に占領された朝鮮では、冷戦への移行によって、その後、分断が固定化され2つの国家が誕生していました。

④米軍は軍需品や兵器の修理などを日本に発注し、ドルで支払ったため、日本は朝鮮戦争により多くの外貨を獲得しました。これを朝鮮特需といいます。

1951年、警察予備隊の宇都宮駐屯部隊。アメリカ軍から貸与されたバズーカ砲の訓練をしています(150)

column

復員と引揚

「根こそぎ動員」の結果、敗戦の時点で、日本本土には436万名、海外には353万名、合計で789万名もの陸海軍の諸部隊が各地域に配備されていました。また、海外にいた一般民間人の数も307万人に達していました。国際化がすすんだといわれる現代の日本社会でも、3か月以上海外に在留している日本人の総数は、2017年10月現在で、135万人にすぎません。「大日本帝国」が、その勢力圏の中にどれだけ多くの日本人を送り出していたかが、よくわかります。

韓国の釜山で引揚船に乗船する前に所持品の点検を受ける兵隊たち(151)

敗戦と同時に、この陸海軍の大部隊の復員が始まります。復員とは軍を平時状態に復帰させ、軍務を解除することをいいます。日本本土に配備されていた部隊の場合、敗戦と同時に軍隊の自壊現象が始まっていたこともあって復員は急速にすすみ、45年中には、ほとんどの部隊が復員を終え、兵士たちは各自の故郷に戻りました。海外の部隊の場合は、船舶の不足などのため、復員はかなり遅れましたが、一部の地域を除いて、47年中には復員をほぼ終えることができました。

しかし、満州・南樺太・千島列島などでソ連軍に降伏した日本軍の将兵（一部、民間人を含む）は、シベリアに送られ強制労働に服させられたため、復員が大幅に遅れます。これは、武装解除の後、日本軍の将兵を直ちに復員させることを約束したポツダム宣言第9項に明白に違反する行為でした。この「シベリア抑留」によって、86万人の日本人が長期間にわたって抑留され、過酷な自然環境と非人道的な待遇によって、7万人の日本人が命を落としました。シベリアからの復員は、50年までにようやく終了します。

一方、海外にいた日本人の引揚も困難を極めました。とくに、ソ連軍の侵攻を受けた満州からの引揚は、国共内戦に伴う混乱の影響もあって、悲惨な逃避行となりました。民間人の海外における戦没者数は、約30万人に上りますが、その多くは、引揚途上の死没者です。問題は、復員・引揚がほぼ終了した後にも多数の「未帰還者」が存在したことです。軍人の場合、敗戦を知らずに、あるいは降伏を拒否して、現地に残留し続けた人々がいました。72年にはグアム島のジャングルから横井庄一さんが、74年にはルバング島から小野田寛郎さんが、75年にはモロタイ島から「中村輝夫」さん（日本名・台湾出身）が発見され、帰還しています。また、民間人の場合でも、さまざまな事情から敗戦時に中国に残留した女性や子どもたちの存在を忘れてはならないでしょう。これらの人々の日本での肉親探し、帰国と帰国後の定住問題などは、いまだ全面的な解決をみていません。その意味でも、戦後はまだ終わっていないのです。

戦前・戦後の連続と断絶を考える

1945年8月15日、長く続いた悲惨な戦争がようやく終わりました。この日を境にして、日本は軍国主義国家から平和国家・文化国家に生まれ変わったというイメージを多くの日本人は共有してきました。日本国憲法をGHQによる「押し付け憲法」と考え、その改正を主張しているような人の場合でも、戦前・戦後が断絶していると考えている点では共通しているといっていいでしょう。しかし、だからといって、連続性の面がまったく認識されてこなかったわけでは決してありませんでした。例えば、東条英機内閣の商工大臣をつとめ、開戦の詔書に署名している岸信介が、57年に首相となったという事実は、日本の保守政治の連続性を示すものとして、くりかえし指摘されています。

ところが、歴史学の分野では、そうした連続論とはまったく違う文脈で、戦前・戦後の連続性を重視する見方が台頭してくることになります。「総力戦体制論」などと呼ばれる議論がそれです。総力戦の遂行は、女性や労働者など、今までは社会の下層や周縁に位置づけられてきた人々の戦争協力を不可欠なものとします。このため、国家は、国民としての一体性を強めるため、労資関係や地主と小作農との関係にも介入して、古い社会関係や社会秩序の改革に取り組まざるを得なくなります。その結果、総力戦体制の下で、社会の近代化や現代化が進行する、これが総力戦体制論のあらましです。

確かに総力戦の遂行が社会をいやおうなしに変容させる面があるのは事実です。また、総力戦体制論が、戦時体制研究を豊かなものにする上で、大きな貢献をしたことも積極的に評価されるべきでしょう。ただし、連続面だけに目を向けて、断絶面をまったく無視するのは、やはり問題です。なぜなら、それでは占領期におこなわれた民主的改革の意義や高度成長がもたらしたきわめて大きな社会変化の意義を無視ないし軽視する結果になってしまうからです。占領期の改革にしても、日本側に改革の意思も準備もなく、GHQが改革を主導する「GHQ指令型」(この場合は、断絶面が主となります)、日本側に改革の意思と準備があり、GHQに先行して改革がおこなわれた「日本側先取り型」(この場合は、連続面が主となります)、そして、両者の「混合型」などに区別して、1つ1つの改革を丁寧に腑分(ふわ)けしてゆくような、分析作業が必要となるでしょう。(五百旗頭真 1990)

『婦人倶楽部』1945年11・12月合併号に掲載された国債の広告。建設貯蓄債券は、戦争中の戦時貯蓄債券の名前を変えただけのもの(152)

第21章　サンフランシスコ講和会議と日本の戦後処理

1. 寛大な講和

講和をめぐる国際情勢

第1次世界大戦の場合、1918年11月にドイツと連合国との間で休戦協定が締結され、翌19年の1月にはパリ講和会議が開催されています。ところが、アジア・太平洋戦争の場合には、45年9月の降伏文書調印から、51年9月のサンフランシスコ講和条約の調印まで、6年もの年月を要しています。

その原因の1つとしては、この間における国際情勢の激変をあげることができます。言うまでもなく冷戦への移行です。これによって、米ソ間の対立が激化し、講和条約にかんする連合国内部の意見調整自体が困難になりました。

また、1949年10月の中華人民共和国の建国も状況を複雑なものとしました。アメリカは当初、アジアにおける同盟国としては、蒋介石の率いる国民政府に期待を寄せていましたが、アジア・太平洋戦争の終結後に開始された国民党と共産党との内戦に共産党が勝利したため、社会主義国となった中国に代わる新たな同盟国として日本が浮上してくることになったのです。しかし、日本をどのような形で西側陣営の中に組み入れるかについては、日本が軍事大国として復活することにたいする危惧（きぐ）が根強く存在したこともあって、西側陣営の中にさえ意見の対立がありました。こうした状況の中で、ようやく51年9月に講和会議が開催され、サンフランシスコ講和条約が調印されることになります。

サンフランシスコ講和条約の調印式。調印するのは、首席全権の吉田茂首相(153)

単独講和条約に反対する
総評などの集会(154)

講和条約の特質

この講和条約の第１の特質は、「片面講和」という点に求められます。ソ連などの社会主義諸国は、米軍の駐留継続などに反対して条約への調印を拒否しました。また、中華人民共和国と、内戦に敗れて台湾に移った中華民国政府のどちらの政府を講和会議に招請するかという問題では、中華人民共和国をすでに承認していたイギリスと同国を敵視するアメリカとの間で合意に達することができず、結局両国とも招請しないことになります[①]。さらに韓国政府は会議への招請を要請しましたが、日本政府の強い反対により実現しませんでした。こうして、この講和会議では、すべての交戦国との「全面講和」は実現しなかったのです[②]。

第２の特質は、「寛大な講和」という性格です。この講和条約では、日本の戦争責任にかんする直接的言及がどこにもありません。ただ、その第11条で日本政府が東京裁判の判決を受諾することが簡単に記されているだけです。軍備の制限条項や、民主化を義務付ける条項も存在せず、民主化の履行を監視する国際機関の設置も見送られました。賠償問題では、アメリカ政府の強い圧力の下で、主要参戦国は、賠償請求権を放棄し[③]、この結果、日本は巨額の賠償金支払いに悩まされることなく、経済復興とその後の高度成長に専念することが可能になりました。冷戦への移行の中で、アメリカは、戦争責任の追及や日本の非軍事化・民主化に熱意を失い、日本の経済復興と親米保守政権の継続、日本との同盟関係の強化を最優先の課題とするようになっていたのです。

①日本政府は、アメリカの強い圧力の下で、52年4月、講和条約の発効と同時に、中華民国との間に日華平和条約を締結します。このとき、中華民国政府は、中国を代表する政権として日本政府の承認を受けることを最優先の課題としたため、対日賠償請求権の放棄をよぎなくされました。

②日本国内では、全面講和と日本の中立を求める全面講和論が、知識人、社共両党、労働組合などの革新勢力を中心に大きな広がりを見せました。

③請求権を放棄しなかったビルマ・フィリピン・インドネシア・南ベトナム4国との間には、54年から59年にかけて、賠償協定が個別に締結されていきました。

2. 日米安保体制の形成

在日米軍基地の戦略的重要性

日本が受諾したポツダム宣言は、その第12項で占領目的が達成された時点で「連合国の占領軍は直ちに日本国より撤収せらるべし」と規定していました。この規定に従えば、講和条約の発効後に米軍は日本から撤退しなければならないことになります。ところが、冷戦への移行に伴って、在日米軍基地の戦略的重要性は従来以上に大きなものとなっていました。東アジアにおいては、日本だけが、巨大な軍事基地を支えることのできる工業力を有していたからです。このため、アメリカ政府は、講和条約調印に向けての対日交渉の中でも、在日米軍基地の継続使用を最優先の課題として位置づけていました。これにたいし、吉田茂首相は、アメリカの再軍備要求には、一定の抵抗を示したものの、交渉の初期の段階で、基地の継続使用に同意したため、交渉は終始アメリカ側のペースですすみ（豊下楢彦 1996)、1951年9月、サンフランシスコ講和条約と同時に、日米安全保障条約（安保条約）が調印されます。[①]

1951年9月8日、日米安保条約に署名後、アメリカのダレス特使と握手する吉田茂首相(155)

①日米安保条約調印の直前に、米・フィリピン間に米比相互防衛条約が、米・豪・ニュージーランド間にアンザス条約が調印されています。これらの条約には、反共軍事同盟という目的のほかに、当初は、日本の軍事大国化を阻止するための軍事同盟という狙いがこめられていました。

アメリカへの軍事的従属

この条約の特徴の1つは、その片務(へんむ)的性格です。日本は米軍に基地を提供することによって、アメリカの軍事戦略に大きな貢献をよぎなくされているにもかかわらず、アメリカ側には日本防衛の明文上の義務はありませんでした。また、在日米軍の任務は、「極東における国際の平和と安全の維持に寄与」するという形で曖昧(あいまい)に規定されていたので、米軍が日本の安全に直接関係のない遠隔地での軍事行動に、日本の基地を利用することが可能になりました。さらに、日本の主権が大きく制限されていることもこの条約の大きな特徴です。在日米軍には、日本国内における「内乱」などの鎮圧を理由にして、治安出動する権利が与えられていましたし、日本政府がアメリカ政府の事前の同意なしに、第三国に基地を提供することも認められていませんでした。加えて、米軍の配備にかんする細目協定は、行政協定[②]で決定するとされていたことも大きな問題でした。この規定にもとづき、日米行政協定が締結され、その結果、駐留米軍には治外法権的な特権が与えられたからです。これにより在日米軍基地の存在自体が、日本国憲法下での日本の法体系と大きな矛盾をきたすことになります[③]。

ソ連領サハリンへの偵察飛行からの帰路、青森県上空を飛ぶアメリカ軍機（156）。日米安保条約によって、日本には米軍基地が置かれることになりました

一方、サンフランシスコ講和条約によって、沖縄の日本からの分離が確定したことも大きな問題でした。その結果、沖縄の施政権は引き続きアメリカが掌握し、空軍基地を中心にした巨大な基地群が建設されていきます。さらに、1950年代なかばに本土での反基地闘争が高揚すると、日米両国政府は本土の基地をできる限り沖縄に移転させる政策をとるようになりました。また、安保条約では、日本政府は、「自国の防衛のため漸進的に自ら責任を負うことを期待」されており、これによって、52年7月には警察予備隊が保安隊に、54年6月には保安隊が自衛隊に再編・強化されるなど、アメリカへの軍事的従属の下で、日本の再軍備が急速に進行していきます。

②行政協定は、国会の承認を必要としないため、議会の軽視という点でも大きな問題があります。

③このため日本政府は、日本の法律の適用を免除する目的で、各種の特例法・特別法を公布していきます（安保特例法）。

3.「逆コース」の進展を阻むもの

「逆コース」の本格化

1951年5月、講和会議の開催を前にして発表された特別声明の中で、連合国軍最高司令官のリッジウエイ中将[①]は、占領期に制定された諸法令を再審査する権限を日本政府に与えることを明らかにしました。これを受けて吉田茂首相は、政令諮問委員会を設置し、占領政策の全般的な見直しに踏み切ります。同年11月から12月にかけて、読売新聞は、当時の政治情勢とその下での復古的な世相を風刺した「逆コース」という連載を掲載しましたが、「逆コース」の語源は、この連載にあったといわれています。

①マッカーサー元帥は、中国にたいする空爆など、朝鮮戦争の拡大を主張してトルーマン大統領から解任されました。その後任が、リッジウエイ中将です。

お巡りさん
逆コース
⑥

『オイ・コラッ!』と言えば『ヘイ、スミマセン』と答える両方とも頂けないセリフだが、これが近ごろの街の現実だ。そもそもこの事のはじまりは東京に自動車が何万台も走るようになって運転手もやり憎い、ついつい違反する。この場合下手をすれば免許証がとりあげられる。だから運転手仲間の合言葉としていつしか"謝るの一手"ということになり、謝られるとつい威張りたくなる…をのさばらせてオイコラはまず交通巡査から復活し、パトロールさんに及び、さらに警察の敷居を高くしたのが因果だそうナ。不愉快です。

田中警視総監殿。

大物遇

1951年11月8日付の読売新聞。復古的な風潮の下で、権威主義的な「オイコラ」警察が復活しているのを批判しています

こうして、再軍備が公然と始まる一方で、治安対策の強化を目的とした破壊活動防止法の公布と公安調査庁の設置(52年7月)、カルテル容認のための独占禁止法の改正(53年9月)、警察制度の中央集権化のための警察法の改正[②](54年6月)など、占領期の民主化政策を否定する反動的な政策が次々に実現していきます。また、講和条約の調印前後から、公職追放を解除された「大物政治家」が、続々と政界に復帰し、52年10月に成立した第4次吉田茂内閣では、閣僚中に占める公職追放解除者の割合は36%、53年5月に成立した第5次吉田内閣では、52%にも達しています(天川晃・増田弘2001)。さらに、54年に入ると、保守党派の中に改憲論が台頭し、改進党や自由党の憲法調査会が憲法改正案を発表しましたが、いずれも、日本国憲法の平和主義を否定し、戦前の天皇制国家をモデルにしている点で復古的性格の強い内容のものでした。

②GHQの指令により47年12月に警察法が公布され、警察制度の民主化や地方分権化がはかられましたが、54年6月の改正で、中央集権的な性格の強い警察制度が復活しました。

「逆コース」の限界

しかし、この「逆コース」が、すべての領域で一律にすすんだわけではありません。防衛政策、経済・労働政策、治安政策などでは、その動きは急でしたが、保守党の最大の基盤である農村における農政の基調は、あくまで農地改革で生み出された多数の自作農の保護・育成にあり、旧地主層の復権などは問題にもなりませんでした。戦後改革は、国民の中に多数の受益者を生み出しており、政権党であっても、その既得権を否定することはできなかったのです。

注目すべきことは、「逆コース」の動きの中で、国民の間に、戦前のような軍国主義的な社会にまた回帰していくのではないか、という強い危惧(きぐ)が生まれたことです。この危惧が多くの国民を日本国憲法への支持に向かわせることになります。「暗い時代」の生々しい記憶が息づいているこの時代にあっては、「逆コース」は、むしろ日本国憲法にたいする支持を掘り起こす結果にもなったのです。事実、憲法第９条改正問題にたいする世論調査を見ても、50年代初めは改正賛成派が、反対派をかなり上まわっていますが、50年代半ば頃から両者の関係が逆転し、改正反対派が急速に拡大してゆきます（小林直樹 1982）。また、52年9月に始まった内灘闘争[③]に象徴されるように、反基地闘争も次第に広がりを見せるようになっていました。

③52年9月、石川県の内灘村に米軍の砲弾試射場が建設されることが決まると、漁業などへの影響を恐れた村民の反対運動が始まり、その支援運動が全国に拡大しました。米軍基地にたいする最初の本格的な反対運動です。

ストックホルム・アピールに署名する人々。1950年3月、ストックホルムで開催された平和擁護世界大会は、核兵器の絶対禁止などを求めるストックホルム・アピールを採択、このアピールを支持する署名活動が世界各地にひろがり、日本でも進みました（157）

column

歴史の中の戦争責任問題──なぜ日本は裁かれたか

東京裁判でなぜ日本の戦争責任が裁かれることになったのでしょうか。第1には、第1次世界大戦後における国際法の発展の問題が指摘できます。かつてない規模の悲惨な総力戦の現実を目の当たりにして、国際法の分野では、戦争の違法化がすすみます。これは、国際紛争を解決する手段として戦争という行為に訴えること自体を違法だとする考え方です。1919年に国際連盟規約が、28年にパリ不戦条約が調印された背景には、こうした戦争違法観が存在しました。確かに「自衛戦争」の権利を各国が留保するなどの抜け道があったものの、第1次世界大戦前の国際法では、戦争という国家行為をそのまま許容する無差別戦争観が支配的だったことを考えるならば、そこには明らかに大きな転換がありました。さらに、第2次世界大戦の時期になると、違法な戦争を準備・計画・開始・指導した国家指導者の刑事責任を問うという考え方が広がりをみせてゆきます。この結果、ニュルンベルク裁判ではナチス・ドイツの国家指導者が、東京裁判では日本の国家指導者が裁かれることになりました。なお、この2つの国際裁判で戦争犯罪とみなされたのは、捕虜の虐待など、従来の交戦法規でも禁止されていた「通例の戦争犯罪」、違法な侵略戦争を裁く「平和にたいする罪」、民間人にたいする組織的・計画的な集団虐殺を裁く「人道にたいする罪」の3つでした。

東京裁判におけるA級戦犯の法廷。後方の2列がA級戦犯の被告席(158)

第2には、第1次世界大戦後の大きな国際的なうねりをあげることができます。具体的には、民族独立運動の高揚と、国際連盟の創設やワシントン・ロンドン海軍軍縮条約の締結に示されるような国際協調への動きなどです。日本は、ドイツやイタリアと同盟しながら、こうした新しいうねりに正面から敵対する勢力として、歴史の舞台に登場したのです。これら3国が国際的にも完全に孤立したのは、そのことの当然の帰結でした。

もちろん、戦後もアメリカやソ連などの大国が、自衛を口実にして覇権主義的な戦争政策を続けてきたのは事実です。しかし、その一方で、侵略戦争や人道にたいする罪などの戦争犯罪を犯した個人を、国際法にもとづいて訴追・処罰するための常設裁判所として、国際刑事裁判所（ICC）が、2002年から活動を開始し、日本政府も2007年にようやく正式加盟しているという現実があります。多くの問題をかかえてはいますが、侵略戦争や人道にたいする罪が、国際法上の犯罪であるという考え方が着実に広がっていることを否定することはできません。この流れを拡大する立場に立つのか、それとも、アメリカのように、自国の軍事行動の自由を優先させて、これを阻止する立場に立つのか、そのことが一人一人に問われているのだと思います。

戦後史の中の靖国神社

敗戦は、靖国神社のあり方を大きく変えました。GHQは、1945年12月、「神道指令」を発し、国家神道の廃止を命じます。戦前の日本では、神道が国家と結びつき、天皇制の思想的基盤となっていたからです。この結果、靖国神社は一宗教法人となり、国との関係を断たれました。また、この指令の基本原則は、その後、日本国憲法の政教分離原則の中に受け継がれてゆくことになります。52年にサンフランシスコ講和条約が発効すると、アジア・太平洋戦争の戦死者の合祀(ごうし)が本格化し、政府は戦死者の個人情報を神社に提供するようになります。しかし、合祀事務への国の全面的協力は、憲法の政教分離原則に明らかに違反する行為でした。さらに、日本遺族会などの勢力は、この頃から、靖国神社のいわば国営化をめざす「国家護持」運動に乗り出し、自民党もこれに呼応して、69年には、靖国神社国家護持法案を初めて国会に提出します。しかし、革新勢力の反対や、憲法の政教分離原則が厚い壁となり、結局、この法案は74年までに計5回上程され、5回とも廃案となりました。

ここで、「国家護持」をすすめてきた勢力は、路線転換に踏み切ります。法律による「国家護持」を断念し、終戦記念日の8月15日に首相が公式参拝することによって、靖国神社を公的な追悼施設として認知させるという路線です。こうしたなかで、85年8月15日には、中曽根康弘首相が、戦後の首相としては初めての公式参拝をおこないますが、中国・韓国などの激しい反対にあって、翌年からは参拝を断念します。ところが、小泉純一郎首相は、首相就任後、毎年参拝し、2006年には焦点となる8月15日に参拝を強行して、アジア諸国との関係を決定的に悪化させました(ただし、私的参拝と言明)。

事態を複雑にしたのは、神社側が78年に、東京裁判で裁かれたA級戦犯を合祀していた事実です。日本政府は、サンフランシスコ講和条約で東京裁判の判決を受諾しています。その国の首相がA級戦犯を合祀している靖国神社に参拝するのは、国際的には、裁判や講和条約を否定することを意味しています。さらに、2002年に改修された神社付属の戦争博物館=遊就館の展示内容も問題です。この展示はかつての戦争を、自衛戦争、あるいはアジア解放のための聖戦として、全面的に正当化する内容のものであり、靖国神社への首相の参拝は、首相が遊就館の戦争観を支持しているものと受け止められるからです。なお、アジア・太平洋戦争にかんする遊就館の展示は、戦争の責任はアメリカ側にあると説明していましたが、アメリカなどからの抗議によって、2007年には、対米開戦の説明文の書き直しをよぎなくされています。さらに、2013年に安倍晋三首相が参拝すると、オバマ政権は「失望している」との異例の声明を発表しました。靖国問題は、アメリカとも関係してくるのです。ちなみに、明仁天皇は在位中に一度も参拝していません。

第22章　日米安保体制と高度成長

1. 民族独立の世界的なうねりのなかで

ベトナムにおけるフランスの敗北

1950年代になると、民族独立の波は世界に広がっていきました。インドシナでは、54年5月、フランスの拠点ディエンビエンフーが陥落し、フランスの軍事的敗北が決定的になります。同年7月、インドシナ休戦協定が締結され、ベトナムでは北緯17度線が休戦ラインとされ、2年後に全土で総選挙がおこなわれることになったのです。しかし、休戦協定に参加しなかった米国は、南ベトナムに傀儡（かいらい）政権をつくり、統一総選挙を拒否させ、フランスにかわってインドシナに全面的に介入していきます。中東では、エジプトでナセルなど若手将校たちが、イギリスの従属下にあった王制を打倒し（52年）、イギリス軍の撤退協定を獲得するなど植民地支配からの脱却をめざしました。

「平和５原則」とアジア・アフリカ会議

54年6月、インド訪問中の中国の周恩来首相とネルー首相との間で共同声明が発表され、そのなかで「平和５原則①」が提起されます。この原則で「平和地域」を建設して世界平和を強化することの合意がなされたのです。アジアの新興独立国からの積極的な平和プランの提起でした。この会談が大きな契機になり、翌55年4月、インドネシアのバンドンで第１回アジア・アフリカ会議が開催されます。会議では、「バンドン10原則②」が採択されました。

①⑴領土主権の相互尊重、⑵相互不可侵、⑶内政不干渉、⑷平等互恵、⑸平和共存という5原則。

②⑴基本的人権・国連憲章の尊重、⑵国家主権と領土の尊重、⑶人種・国家の平等の承認、⑷他国の内政不干渉、⑸単独・集団自衛権の承認、⑹集団防衛協定を大国の特殊利益のために用いないこと、他国に圧力をかけないこと、⑺侵略行為・脅威・兵力使用を避けること、⑻国際紛争の平和的解決、⑼相互の利益と協力の増進、⑽正義と国際義務の尊重。

1955年4月に開かれた第１回アジア・アフリカ会議（バンドン会議）の全景。日本を含むアジア・アフリカ諸国29か国が集まりました（dpa/PANA）

欧米列強や日本帝国の植民地支配の対象にされていた諸民族が、これまでの国際政治のあり方を批判し、自分たちの自主的な連帯を主張する歴史的な会議になったのです。

1959年1月、キューバ革命の中、ハバナへ向かうカストロ(車の上で手を上げている人物)ら(PANA)

このアジア・アフリカ会議に参加したエジプトのナセルは、スエズ運河の国有化を宣言し、独立に向けて前進します。これに反発したイギリスやフランスは武力侵攻しますが、国際的批判や撤兵を求める国連決議などによって孤立し、撤退をよぎなくされます。また米国の裏庭といわれたラテンアメリカでは、59年にカストロらによるキューバ革命が成功します。こうした民族独立の波を背景に、60年の国連総会で「植民地独立付与宣言」が採択され、植民地支配の不当性と民族自決の正当性が確認されます。民族自決の波は、やがて非同盟運動[③]に発展していきます。

米国の「まきかえし政策」

アメリカでは、53年にアイゼンハワー政権が成立します。アイゼンハワー政権は、これまでのトルーマン政権の「封じ込め政策」[④]を批判し、攻撃的な「まきかえし政策」を展開しました。第1に、ソ連圏の周辺に核兵器を配置し、「敵」の侵略にたいしては大量報復=全面核戦争も辞さないという体制をつくり(大量報復戦略)、第2には、地域的安全保障という名目で、軍事同盟網を張りめぐらしたことです。アジアでは、日米安保条約に続いて、米韓相互防衛条約(53年1月)、東南アジア条約機構(SEATO、54年9月)、米台相互防衛条約(54年12月)と軍事同盟条約網が広げられました。

③インドのネルー、エジプトのナセル、ユーゴスラビアのチトーらの提唱で、1961年、ユーゴスラビアのベオグラードにおいて第1回非同盟諸国首脳会議(25か国)が開かれました。非同盟運動は、大国主導の軍事同盟に加わらず、世界平和と民族自決権の確立、公正な国際秩序の樹立をめざす運動です。その後さまざまな困難を乗り越えて発展し、06年の第14回首脳会議には史上最大の118か国が参加し、国連加盟国の3分の2近くに達しています。アジア23か国のうち、日本と韓国以外は非同盟運動に参加しています(中国はオブザーバー参加)。

④「封じ込め政策」は、アメリカ国務省政策企画部長ジョージ・ケナンによって提唱されたトルーマン政権の対ソ外交政策のこと。ソ連の進出を阻止するには、世界的な規模でソ連の周辺国にたいし経済的・軍事的援助を与え、ソ連の封じ込めに成功すれば、ソ連は内部から崩壊するというものでした。47年3月のトルーマン・ドクトリン、同年6月のマーシャル・プラン、49年の北大西洋条約機構(NATO)の設立などの一連の経済・軍事援助政策の展開となります。しかし、50年代前半になると、こうした「封じ込め政策」が手ぬるいとして、アイゼンハワー政権の国務長官ダレスによって、「まきかえし政策」という対ソ強硬外交が展開されます。武力以外のあらゆる手段によってソ連に攻勢をかけ、冷戦の主導権をソ連から奪い返すと主張しました。

第22章　日米安保体制と高度成長

2.「55年体制」と新しい国民運動

自民党の結成と社会党の統一

1955（昭和30）年に、政党関係が大きく変わりました。第1に、同年11月、自由党と民主党の合同（保守合同）によって、自由民主党（自民党）が結成されました。戦後の保守政党の分裂状態が克服されて、戦後初めて単一保守政党が実現したのです。同党は綱領において、「自主独立の完成」を掲げ、政策では「独立体制の整備」を強調します。そのなかで「憲法の自主的改正」「自衛体制の整備、日米安保条約および行政協定の改正促進」「共産主義、反民主主義活動にたいする対策確立、国内治安の確保」などが明記されています。自民党はその出発点から、再軍備と憲法改定、治安体制の強化、反共主義と日米安保体制の再編強化を基本目的にしていました。

ビキニ環礁での水爆実験で被爆したマグロ漁船第五福龍丸の乗組員(159)

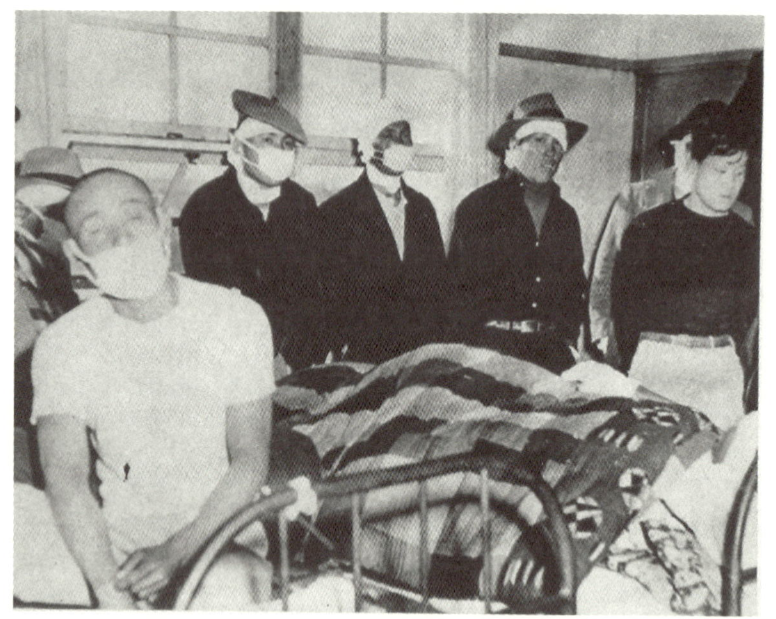

第2に、51年のサンフランシスコ講和条約と日米安保条約の賛否をめぐって左派と右派に分裂していた社会党が統一したことです（10月）。

この保守合同と社会党の統一によって生まれた政党関係が「55年体制」と呼ばれています。「55年体制」によって、「2大政党制」が生まれたと言われましたが、その実態は、「1と1/2政党制」と指摘される議席差を見ても、長期保守単独政権（自民党政権）を可能にするものでしかありませんでした。この自民党政権のもとで、教育、治安などでの「逆コース」がすすみ、再軍備が本格化します。

新しい国民運動

これに抗して社会運動が活発化しました。勤務評定による教員の管理強化にたいしては勤評闘争が、「オイコラ警察の復活」と言われた警職法改悪にたいしては警職法反対の国民運動が展開されます。50年代後半の社会運動の特徴の1つは、地域における共同（共同闘争）を大きく前進させたことです。地域において、政党、労働組合、平和・民主団体の共同闘争が組織され、勤評闘争、警職法闘争の高揚が生みだされました。こうした運動が60年の安保闘争に受け継がれていきます。

また、この時期に、新しい国民運動が登場します。その象徴が原水爆禁止運動です。前年の54年3月、ビキニ環礁でのアメリカの水爆実験でマグロ漁船第五福竜丸が被爆し、乗組員の久保山愛吉さんが死亡すると、世論が沸騰し、超党派の署名運動が展開されます。そのなかで55年8月、第1回原水爆禁止世界大会が開かれました。この運動のなかで、「生命を生みだす母親は、生命をそだて、生命を守ることをのぞみます」を基調にした母親運動が始まります。米ソの核軍拡競争が激しくなるなかで、「人類の生存」という根本問題にかかわる国民運動が日本に登場したのです。

第1回原水爆禁止世界大会(160)

第22章　日米安保体制と高度成長

3. 日米安保体制下の日本

60年安保闘争

1960年1月に新しい日米安保条約が調印されました。これをめぐって、日本の戦後史において最大の国民運動が展開されます。60年安保闘争高揚の最大の原動力は、安保改定阻止国民会議の結成にありました（59年3月）。戦後初めて日本社会党、日本共産党、総評（日本労働組合総評議会[①]）などの政党、労働組合、平和・民主団体（138団体）による共闘組織が全国的レベルで結成されたのです（日本共産党は中央段階ではオブザーバー）。運動の発展の中で、全国で約2,000の地域共闘組織がつくられ、23回に及ぶ統一行動が組織されました。持続的な共闘組織＝統一戦線組織の誕生といえます。この運動が、安保条約の改定を阻止することはできなかったものの、岸内閣を退陣に追い込み、50年代に追求されてきた「逆コース」＝軍事大国化の動きに歯止めをかけることになります。

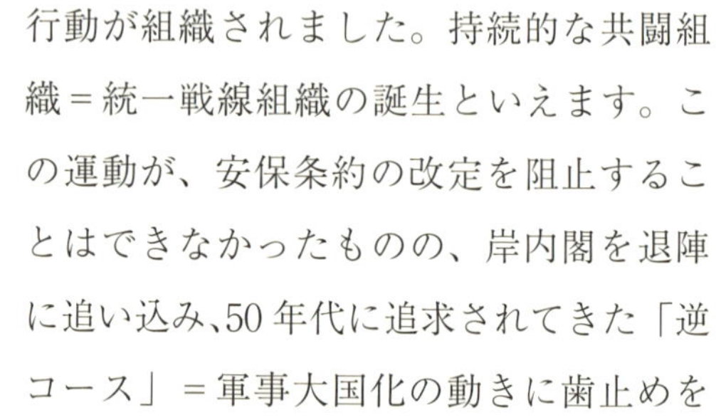

①1950年7月、アメリカ占領軍の全面的支援を受けて結成されます。当初は親米・反共・労資協調を特徴としていましたが、運動の前進と下部の労働者たちの圧力によって、一定の戦闘性を持つようになります。「ニワトリからアヒルへ」と言われる総評の転換が生じます。その後、総評は日本の労働運動の主導権を握りますが、1989年11月、日本労働組合総連合会（連合）の結成を受けて解散しました。

60年安保闘争(161)

60年安保条約の特徴

それでは、締結された60年安保条約[②]の特徴はどこにあったでしょうか。第1に、在日米軍が「日本国の安全」と「極東における平和及び安全の維持」のために駐留し、引き続き基地使用特権を保持したことにあります（第6条）。第2に、「日本国の施政の下にある領域」という地理的制約をつけながら、米軍と自衛隊の共同作戦を規定し（第5条）、そのために「武力攻撃に抵抗するそれぞれの能力」を「維持し発展させる」とした（第3条）ことです。日本国憲法を無視する公然たる軍事同盟条約になったのです。第3に、日米経済協力が規定されました（第2条）。このように、基地国家日本を維持しながら、

②60年安保条約（抄）
第2条 締約国は、その自由な諸制度を強化することにより、これらの制度の基礎をなす原則の理解を促進することにより、並びに安定及び福祉の条件を助長することによつて、平和的かつ友好的な国際関係の一層の

公然とした軍事同盟を構築するという新しい日米関係に移行しました。

ベトナム戦争下の日本

1960年代の日本は、この日米安保体制のもとで、アメリカのベトナム戦争の基地になり、日本の核基地化が急ピッチですすみます。64年に原子力潜水艦が初めて寄港し、68年には原子力空母エンタープライズが佐世保に寄港しました。さらに、72年には日本政府が空母ミッドウエーの横須賀母港化を承認します。アメリカ以外で空母の母港化を認めたのは横須賀だけでした。50万人以上の兵力を投入しながら、アメリカのベトナム戦争は完全に行き詰まっていきます。そのなかで東南アジアを訪問したニクソン米大統領は、「グアム・ドクトリン」を発表し（69年）、アメリカが今後もアジアと政治的経済的に深い関係を継続するが、単独の軍事的介入を避け、「地域的相互防衛機構」を強化することをあきらかにしました。同年の佐藤・ニクソン首脳会談では、沖縄の返還を確認し、この返還が、米軍の極東における役割、日米安保条約の堅持、沖縄を含む日本の防衛努力の強化などと一体のものであることが合意されます。72年5月、沖縄返還協定が発効し、沖縄の施政権が返還されます。

発展に貢献する。締約国は、その国際経済政策におけるくい違いを除くことに努め、また、両国の間の経済的協力を促進する。

第5条 各締約国は、日本国の施政の下にある領域における、いずれか一方に対する武力攻撃が、自国の平和及び安全を危うくするものであることを認め、自国の憲法上の規定及び手続に従つて共通の危険に対処するように行動することを宣言する。……

第6条 日本国の安全に寄与し、並びに極東における国際の平和及び安全の維持に寄与するため、アメリカ合衆国は、その陸軍、空軍及び海軍が日本国において施設及び区域を使用することを許される。……

第10条 ……もつとも、この条約が10年間効力を存続した後は、いずれの締約国も、他方の締約国に対しこの条約を終了させる意思を通告することができ、その場合には、この条約は、そのような通告が行なわれた後1年で終了する。

ベトナム戦争中、ヘリコプターで敵地に降り立った米陸軍の兵士(162)。日本から多くの兵士がベトナムに派兵されました

第22章　日米安保体制と高度成長

4. 高度成長と日本社会の変貌

経済大国日本へ

60年安保闘争を転機に自民党政治が大きく転換しました。60年7月に発足した池田勇人内閣の課題は、国民の政治的エネルギーを封じ込め、混乱した政治と社会を安定させ、保守政治の基盤を強化することにありました。そのために「寛容と忍耐」が強調され、「所得倍増」の経済目標が提起され、経済成長政策が本格的に推進されていきます。

高度成長は、すでに50年代後半から始まっていましたが、池田内閣の下で本格化します。60年代に本格化した高度成長（表1）によって、急速度に重化学工業化を達成し、60年代にアメリカにつぐ経済大国になります。重要産業である鉄鋼、電力、造船、石油化学などでは、外国、とくにアメリカからの大量の技術導入によって技術革新がおこなわれ、さらに猛烈な設備投資によって、機械設備や化学装置が確立し、大量生産体制が実現しました。「設備投資を軸とした経済成長」であり、日本の産業構成は軽工業中心から重化学工業中心に根本的に変化したのです[①]。

【表1　主要資本主義諸国における経済諸指標の1961～70年の年平均増大率の比較】

	実質経済成長率	鉱工業生産	設備投資	労働生産性	労働賃金	賃金コスト	輸出	輸入	卸売物価	消費者物価
日本	11.1	14.1	15.2	11.1	12.2	1.1	17.1	15.9	1.3	5.9
アメリカ	4.1	4.5	3.9	3.1	4.1	1.0	7.7	10.2	1.5	2.8
イギリス	2.8	2.8	4.7(1)	3.2(2)	6.4	3.2(1)	6.7	5.7	3.1	4.1
西ドイツ	4.8	5.8	5.7	6.0(1)	8.1	2.0(1)	11.0(1)	10.8(1)	2.0	2.7
フランス	5.8	6.0	9.1(1)	6.4(1)	8.1	1.6(1)	10.1	11.7	3.0	4.0
イタリア	5.6	7.1	5.2(1)	6.4(1)	8.7	2.2(1)	13.8	12.6	2.6	4.0
カナダ	5.2	6.4(1)	5.4(2)	4.3(1)	5.1	0.8(1)	11.1	9.6	2.1	2.6

（注）1）は1961～69年平均、2）は1961～68年平均
日銀『日本経済を中心とする国際比較統計』（1971年版）より

①60年代後半になると、ベトナム戦争の中で、アメリカの援助を受けていたアジア諸国への輸出が急増し、これが刺激になって設備投資が活発化し、いっそうの経済成長がすすみました。日本経済は米国に依存する「輸出依存型」の特徴を強めていきます。

60年代の高度成長を通じて、人口が都市に集中し（表2）、さらに、農民が激減し、労働者が中心となる現代型社会に変貌していきます（199ページ参照）。そこにはきわめて矛盾した複合的性格がありました。

【表2　三大都市圏人口の推移】

	人口（1000人）				全国を100とした比率				人口増加数（1000人）			人口増加率（%）		
	1960年	1965年	1970年	1975年	1960年	1965年	1970年	1975年	1960～65年	1965～70年	1970～75年	1960～65年	1965～70年	1970～75年
東京圏	17,864	21,017	24,113	27,042	19.1	21.4	23	24.2	3,153	3,096	2,929	17.7	14.7	12.1
名古屋圏	5,691	6,313	6,929	7,550	6.1	6.4	6.6	6.7	622	616	621	10.9	9.8	9
大阪圏	11,404	13,070	14,538	15,696	12.2	13.3	13.9	14	1,666	1,468	1,158	14.6	11.2	8
3大都市圏	34,959	40,400	45,580	50,288	37.4	41.1	43.5	44.9	5,441	5,180	4,708	15.6	12.8	10.3
全国	93,419	98,275	104,665	111,937	100	100	100	100	4,856	6,390	7,272	5.2	6.5	6.9

本格的な「競争型社会」

第1に、大企業本位の経済成長のなかで、企業や学校教育など社会のあらゆる領域に競争主義的秩序が構築され、人間の可能性をテストの成績や企業の業績のみで判断する本格的な「競争型社会」が形成されていきます。大企業職場では、「日本的労使関係[②]」が形成され、労働者間の分断と差別による企業への統合が強められました。競争主義を認め、企業に同調して「会社人間」としてがんばれば、ある程度の生活が保障されるようになります。

②大企業職場を中心につくられた「日本的労使関係」の特徴は、年功制、終身雇用を土台に企業側と企業別労働組合との間で安定した「労使関係」を形成することにありました。実態は、本工労働者を新しい管理制度で支配しながら、本工労働者と臨時工・社外工労働者、女性労働者との間を分断して差別を持ち込み、本工労働者に特権意識や企業忠誠心を持たせて労働者全体を統合しようというものでした。

民主主義と人権の社会的定着

第2に、この時期の平和と民主主義の運動の展開によって、憲法の民主的規範が国民のなかに浸透し、日本国憲法が日本社会に定着し始めたことです。とくに60年代のベトナム反戦運動や公害闘争（200ページ参照）の意味はきわめて大きなものがありました。60年代、日本国民のなかで「戦争絶対否定」意識が急増し、平和意識が成熟します。憲法第9条を多くの国民が支持するようになったのです。また、公害闘争や教科書訴訟などの社会運動の前進のなかで人権概念が豊かに発展させられ、経済成長に優先する生存権・環境権、国民の教育権などの規範観念が国民のなかに浸透し始めたのです。このような社会運動の高揚と憲法の民主的規範の浸透のなかで、全国で革新自治体が成立します。革新自治体は福祉と環境保全政策を実行し、大企業に一定の責任をとらせるルールをつくり、市民生活の向上に大きく貢献します。67年の革新都政の誕生を契機に、沖縄、京都、大阪などで革新首長が誕生し、73年には政令都市の名古屋と神戸の市長選で革新候補が勝利します。77年には総人口の43.1％が革新自治体で生活するようになりました。

こうして高度成長期に、一面では、競争主義、企業主義の理念や企業への統合システムが再編強化され、他面では民主主義と人権の理念やシステムの発展にもとづく一定のルールがつくられたのです。日本社会は、両者の対抗とせめぎ合いにもとづく複合的な性格を持つようになります。

column

農村社会が急激に変わった

高度成長期に、日本の農村社会は大きく変貌しました。日本の階級構成が大きく変化するのは、1960年であり、この年に初めて農漁民や商工自営業が過半数を割り、労働者階級が過半数を超えます。農漁民は60年に30・6%、65年に23%、70年に18・1%にまで激減したのです。農家数で見ると、1955年から60年までの5年間で年平均約1万6000戸減少し、60年から68年にかけて年平均約7万9000戸減少しました。急激な高度成長のなかで、農村の労働力が都市に吸収されたのです。このなかで、農村では専業農家が減少し、兼業農家が圧倒的になります。68年の時点で、「専業」対「第1種兼業」（農業を主とする）対「第2種兼業」（農業を従とする）の割合は、「20対30対50」で、専業農家はわずか2割に過ぎず、8割が兼業農家で、それも第2種兼業農家が多数になっていました。

こうした農村社会の変貌を象徴していたのが出かせぎ農民の急増です。たとえば、アメリカ占領軍の居住地跡に建設されたオリンピック施設、新幹線や高速道路、大阪千里丘陵の万国博覧会などは出かせぎ農民の労働力に依拠しなければ完成することはできませんでした。出かせぎの主力は東北の農民でしたが、出かせぎが長期化し、世帯主の出かせぎが特徴的でした。こうした事態は農村地域のあり方、地域共同体の機能を掘り崩していきます。生産組合の役員のなり手がなくなり、会議がもてなくなります。共同作業に出たがらず、すべてをお金で解決する傾向が横行します。祭りが廃れ、伝統芸能を保持することも難しくなりました。若者は部落の集会所に集まらなくなり、ボウリング場に流れ、集会所で宴会をやるより、車で市街地に行き、「ドライブイン」で遊び帰ってくるようになったのです。こうした現象が、高度成長のなかで、農村社会に目立つようになります。

【高度成長期前後の階級構成】

階級 ＼ 年次	1950年	55	60	65	70
労働力人口（完全失業者を含む）	100.0	100.0	100.0	100.0	100.0
A資本家階級（1）+（2）+（3）	1.9	2.0	2.7	3.6	3.9
（1）個人企業主	0.4	0.2	0.2	0.03	0.1
（2）会社役員・管理職員	1.2	1.6	2.3	3.5	3.6
（3）管理的公務員	0.3	0.3	0.2	0.1	0.2
B（4）軍人・警官・保安サービス員	0.9	1.1	1.1	1.2	1.2
C自営業者層（5）+（6）	58.9	53.2	45.7	38.3	34.7
（5）自営業者・家族従業者	57.9	52.4	44.7	37.1	33.7
（a）農林漁業従事者	44.6	37.7	30.6	23.0	18.1
（b）鉱工運通従事者	6.2	6.2	6.2	6.2	7.3
（c）販売従事者	6.2	7.0	6.2	5.9	6.0
（d）サービス職業従事者	0.9	1.5	1.6	1.9	2.3
（6）専門的・技術的職業従事者	1.0	0.9	1.0	1.2	1.0
（7）上記中、家族従業者	33.7	30.0	23.9	19.1	15.9
D労働者階級（8）〜（14）	38.2	43.6	50.5	56.9	59.9
サラリーマン層（8）+（9）	11.9	12.5	14.2	17.0	18.6
（8）専門的技術的職業従事者	3.7	4.1	4.0	4.6	5.5
（9）事務従事者	8.3	8.4	10.1	12.4	13.2
生産的労働者層（10）+（11）	20.0	22.4	27.8	29.2	29.5
（10）農林漁業従事者	2.3	2.0	1.7	1.2	0.8
（11）鉱工運通従事者	17.7	20.4	26.1	28.0	28.7
不生産的労働者層（12）+（13）	4.3	6.8	7.8	9.3	10.4
（12）販売従事者	2.0	3.5	4.1	5.3	6.3
（13）サービス職業従事者	2.3	3.3	3.7	4.0	4.1
（14）完全失業者	2.0	1.9	0.7	1.4	1.3

星埜惇「『高度成長』と社会構造の変化」（岩波講座『日本歴史』23〈現代2〉）から作成

4 大公害裁判

1960年代半ばから、公害が深刻な社会問題となります。この公害問題を象徴していたのが4大公害裁判（熊本水俣病事件、新潟水俣病事件、イタイイタイ病事件、四日市ぜんそく事件）です。1967年6月、新潟水俣病患者たちは、昭和電工を相手に訴訟を起こします。これは戦後初めての大規模な公害訴訟でした。新潟県阿賀野川流域において水俣病が発生します。厚生省の研究班は上流にある昭和電工鹿瀬工場の排水によるものと答申しましたが、昭和電工はそれを認めず、水俣病患者は放置されていたのです。71年9月、新潟地裁は昭和電工の加害責任を明らかにする判決を下します。また67年9月、「四日市ぜんそく」に悩む患者たちは、三菱化成や中部電力などを相手に損害賠償請求の訴訟を起こしました。四日市公害は、石油コンビナートの火力発電による亜硫酸ガスの増大によって空気が汚染され、「四日市ぜんそく」を引き起こし、死者まで出していたのです。72年7月、津地裁四日市支部は三菱化成など6社の共同不当行為を認定しました。68年6月、イタイイタイ病患者らが訴訟に踏み切ります。これは、富山県神通川流域の住民が三井金属神岡鉱山の廃液によるカドミウム汚染を原因とするイタイイタイ病に苦しむ患者たちのたたかいでした。骨がもろくなり、骨折のために激痛が走り、「イタイ、イタイ」を絶叫することからつけられた難病で、多くの犠牲者が出ていたのです。72年8月の名古屋高裁金沢支部の全面勝訴判決をもとに、直接交渉でイタイイタイ病に関する補償誓約、土壌復元誓約を勝ち取り、続いて公害防止協定を締結させました。

4大公害裁判の1つ、イタイイタイ病裁判の地裁判決を前に、三井金属に抗議する被害者たち(163)

69年6月、熊本水俣病患者たちが裁判を開始します。熊本水俣病は、チッソ水俣工場が排出した有機水銀で汚染された魚介類を摂取することによって起きた中毒事件です。熊本県水俣市では、1950年代から奇病が発生し、死亡者を出していました。患者は吐き気をもよおし、手足や唇がしびれ、言語・聴覚・歩行障害が起き、犬やオオカミの遠吠（とおぼ）えのような声をあげ、虚空をつかむようにしてもだえ死ぬか、命をとりとめても言語・運動障害などの後遺症に苦しんだのです。熊本大学医学部の研究者によって、この奇病がチッソ水俣工場の排水による有機水銀中毒であることが明らかにされていましたが、チッソはそれを認めず、行政も何一つ対策をとろうとしませんでした。73年3月、熊本地裁でチッソを断罪する判決が出され、患者側は補償協定を締結します。

4大公害裁判は、公害の非人間的な悲惨な実態を告発し、加害者としての大企業の責任を明らかにしました。国民の「開発幻想」を克服するうえで大きな意味を持っていました。

第23章　激動するアジアと世界

1. ベトナム戦争の終結と「ニクソン・ショック」

変動相場制への移行

1973年1月、パリでベトナム和平協定が結ばれ、さらに75年4月、サイゴンが陥落し、アメリカはベトナム戦争に敗北しました。第2次世界大戦後、30年にわたって続けられたインドシナ戦争は、アメリカの敗北と民族解放運動の勝利によって幕を閉じることになります（209ページ参照）。ベトナム戦争におけるアメリカの敗北によって、国際政治における植民地支配は基本的に終わりをつげたと言えます。

ニクソン・ショックで売り一色となった東京証券取引所。世は円高不況に包まれました（164）

73年の第4次中東戦争を契機に、石油価格が大幅に引き上げられ、「石油ショック」がおこり、このことが直接的な要因となって74～75年に世界的な不況になります。工業生産や貿易が戦後最大規模でおちこみ、高度成長が終焉を迎えたのです。他方で、戦後の資本主義を支えていたアメリカ主導の国際的枠組み＝IMF（国際通貨基金）体制が動揺します。第2次世界大戦後、アメリカはドルを基軸通貨とするIMF体制によって世界経済を支配してきました。しかし、巨額な対外援助、軍事援助によって国際収支が赤字になり、それを埋め合わせてきた貿易収支も赤字に転落し、もはやこれまでのやり方を維持することができなくなったのです。71年8月、ニクソン米大統領は、金とドルの交換の停止、10％の輸入課徴金の実施などからなる緊急ドル防衛政策（「ニクソン・ショック」）を発表しましたが、ドル不振が続き、結局、各国は変動相場制に移行しました。

新自由主義の登場

高度成長の終焉（しゅうえん）によって、戦後資本主義経済を支えてきたケインズ主義が後退します。かわって新自由主義の潮流が登場しました。ケインズ主義は、国家の財政出動を積極的におこない、需要を創出することによって、経済発展をもたらし、雇用や社会保障

①この意味で、新自由主義は、経済的には弱肉強食の市場経済万能主義を、政治的には民主主義の抑圧・形骸化という反動的な性格を持っていました。この新自由主義を旗印に、イギリスにサッチャー政権（79～90年）が、アメリカにレーガン政権（81～88年）が、日本に中曽根政権（82～87年）が登場したのです。

との両立をめざしたのです。しかし、高度成長が破綻(はたん)し、スタグフレーション（不況とインフレの併存）と膨大な国家財政の赤字をもたらしたことが徹底的に批判されます。かわりに登場した新自由主義は、国家の肥大化や赤字財政をもたらしたとして「福祉国家」の見直し＝「構造改革」を主張し、規制緩和と民営化によって、「小さな政府」を実現し、市場経済の徹底化を主張しました。重要なことは、こうした「改革」は、「強い国家」の支援がなければ実現できないだけに、「小さな政府」を主張しながら、実際は強権的な国家を必要としたことです。①

自立の道をすすむASEAN、日中関係の正常化

一方、アジアでは、ベトナム戦争の体験を通じて、新しい動きが生まれてきます。アメリカのベトナム戦争に協力していたASEAN（東南アジア諸国連合、67年創設）が、ベトナム戦争後、自立の道をすすみ始め、アメリカいいなりから離脱し始めたのです。ASEAN諸国が締結したTAC②（東南アジア友好協力条約、76年）は、国連憲章の原則と「バンドン10原則」の精神にそって、恒久平和と紛争の平和的解決を明らかにしています。ASEAN諸国はベトナム戦争のなかで、アメリカに従い、武力対立による悲劇を体験しますが、この従属的事態の克服に踏み出したのです。77年、東南アジア条約機構（SEATO）が解体されます。カンボジア問題③でベトナムとASEAN諸国は対立しますが、紛争解決の粘り強い努力がおこなわれ、95年にベトナムがASEANに加盟します。これを契機にカンボジア、ラオス、ミャンマーが加盟します。ベトナムやインドシナ諸国が加盟することによって、ASEANはベトナム戦争時代の対立を克服し、東南アジアの地域協力機構としての実態を持つようになります。

また70年代には、日中関係が正常化しました。1972年9月の日中共同声明で国交正常化がなされましたが、そのうえにたって、78年8月12日、日中の平和友好条約が締結されました。国連憲章の諸原則を尊重し、平和5原則を基礎として日中関係を発展させることが確認されました。

②東南アジア友好協力条約〔TAC〕(抄)
第２条　締約国相互関係は、次の基本的原則により行われる。
(a)全ての国家の独立、主権、平等、領土保全及び国家的同一性の相互尊重
(b)全ての国家が外部からの干渉、転覆又は強制されずに存在する権利
(c)相互内政不干渉
(d)平和的手段による不和又は紛争の解決
(e)力による威圧又は力の使用の放棄
(f)締約国間の効果的協力
第13条　締約国は、紛争の発生を防止する決意及び誠意を保持する。締約国に直接影響する問題に関する紛争、特に地域の平和及び調和を害するような紛争が生じた場合には、締約国は、武力による脅威又は武力の行使を差控え、かつ常に締約国間で友好的交渉を通じてかかる紛争を解決する。

③人民の決起とベトナム軍の介入によって、圧政を続けたポル・ポト政権が崩壊しました（1978年12月）。しかし、ポル・ポト派は、タイを拠点にしてゲリラ闘争を開始し、カンボジアは内戦状態になります。ASEAN諸国は、ベトナムの「侵略」を非難し、国連では、ポル・ポト政権に起源を持つ「民主カンボジア」が依然として議席を確保していました。1980年代末になると、中ソ関係の正常化という国際情勢の変化もあり、ようやくベトナム軍の撤退とポル・ポト派の復活阻止を原則とするカンボジア問題の政治的解決がめざされるようになります。1991年10月に調印されたパリ和平協定にもとづいて、国連カンボジア暫定統治機構（UNTAC）がつくられ、その指導のもとで93年5月、内戦にかかわっていた各派が参加する総選挙が実施されたのです。その結果、旧シアヌーク派のフンシンペック党と，それまでのプノンペン政府を支えていた人民党との連立政権が誕生し、シアヌークが国王に復帰して立憲君主制の「カンボジア王国」がスタートします。カンボジア問題の正常化への道が始まりました。

2.「社公合意」と革新統一の分断

「自由社会を守れ」と公明・民社の右傾化

70年代後半になると、70年代前半の革新の高揚にたいする逆流とも言える動きが本格化します。その出発点は「自由社会を守ろう」という全国的キャンペーンを確認した73年の自民党の会議でした。こうした反共キャンペーンを背景に、民社党は、75年の党大会で、「保革の枠組みを超えた『国民の路線』」と、公然と自民党との連合路線を決定します。公明党は、75年の党大会で、日米安保条約にかんして、73年の「即時廃棄」を「合意廃棄」に修正し、78年の党大会で安保条約と自衛隊を容認するようになります。そして公明党は、革新統一を分断するために、共産党への攻撃を強めるとともに、社会党に選挙協力の条件として、全野党共同路線を放棄して、共産党との断絶を強く求めたのです。

「社公合意」の締結

社会党は、70年代後半、76年、77年、78年と日本共産党との党首間で革新統一にかんする合意を結んでいましたが、一連の国政選挙での後退で、党内の右派的潮流が強まり、急速に公明党に接近していきます。こうして80年1月、社会党と公明党の「連合政権についての合意」(「社公合意」) がなされたのです (212ページ参照)。政権協議の対象から共産党が除外され、政策的に当面、安保条約と自衛隊が容認されました。社会党は、全野党共闘と安保条約即時廃棄の立場から転換することになります。この「社公合意」締結前後に、革新統一が壊され、革新自治体が後退していきます。78年に京都府と沖縄県、79年には東京都と大阪府で革新自治体が敗退しました。

日米ガイドラインの決定

同じ時期に、日米関係の新たな展開が生まれます。1975年8月、ベトナム戦争終結後初めての日米首脳会談 (三木・フォード会談) がおこなわれ、安保条約を「アジアにおける国際政治の基本構造の不可欠の要素」と位置づける共同声明が発表されます。この会談の後、日米防衛協力の強化が検討され、日米防衛協力小委員会が発足します。そして78年にガイドライン（「日米防衛協力のための指針」）が正式に決定されます。このなかで、「(1) 日本に武力攻撃がなされた場合又はそのおそれのある場合の諸問題」とともに、「(2) (1) 以外の極東における事態で日本の安全に重要な影響を与える場合の諸問題」が「研究・協議事項」とされ、「極東」を対象とする日米共同作戦体制の構築がめざされることになったのでした。60年安保のように、日米共同作戦を領域内に限定するのではなく、「極東」に拡大するための「研究・協議」が正式に開始されることになります。ベトナム戦争後の東アジアにおける「ソ連の脅威」に対抗する日米防衛協力の枠組みを具体化しようとするものでした。

1975年8月、ワシントンでフォード大統領（右）と会談する三木武夫首相（CNP/PANA）

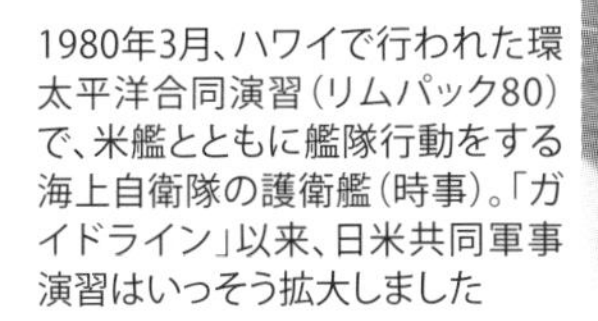

1980年3月、ハワイで行われた環太平洋合同演習（リムパック80）で、米艦とともに艦隊行動をする海上自衛隊の護衛艦（時事）。「ガイドライン」以来、日米共同軍事演習はいっそう拡大しました

第23章　激動するアジアと世界

3.「戦後政治の総決算」と政治状況の変化

80年代になると、政治、社会、経済などあらゆる領域で、これまでの枠組みを変更する動きが強まります。そのさいのキーワードは、「国際国家」や「戦後政治の総決算」でした。

「国際国家」日本

第1に、「ソ連の脅威」を口実に、日米同盟関係が一段と強化されたことです。81年に日米首脳会談がひらかれ、共同声明で初めて「同盟関係」が明記され、両国による役割分担が合意されます。中曽根康弘内閣が登場すると、83年の日米首脳会談で、日米両国は「運命共同体」であることが確認されます。さらに、中曽根首相は「ワシントン・ポスト」紙に「日本列島の不沈空母化」、「4海峡封鎖」の構想[①]を語ります。中曽根首相は、レーガン大統領の軍事的要請に過剰なまでに応えることによって、自らの政権の維持を図ったのです。こうしたことを「国際国家」日本の役割として正当化しようとしました。

①ソ連のバックファイア爆撃機に対抗して、「日本列島の不沈空母化」をはかり、ソ連の潜水艦にたいして「4海峡封鎖」をはかるという構想。4海峡とは、宗谷、津軽、対馬の東・西水道のこと。

臨調「行革」路線

第2に、「自助・努力」のスローガンのもとに、臨調「行革」路線が開始されたことです。81年3月、第2臨調（第2次臨時行政調査会）が発足します（会長・土光敏夫経団連名誉会長）。同年7月に「第1次答申」が発表されます。社会の活性化のためには、社会保障や福祉は国民が「自立、自助」の精神で解決すべきという考え方にたっていました。80年代にはこの臨調「行革」路線が実行されていきます。たとえば、革新高揚期の73年に無料にされた老人医療の有料化（82年）、本人1割負担導入の健康保険法の改悪（84年）、国民年金を基礎年金にして他の年金と統合し、保険料を3倍に引き上げ、給付額の大幅引き下げなど年金制度の改悪（85年）などがその典型でした。さらに、国鉄が分割・民営化され、電電・専売2公社の民営化が強行されます。国鉄はJRと呼ばれる6つの旅客鉄道株式会社と貨物株式会社、および特殊法人である新幹線鉄道保有機構と国鉄清算事業団とに改組されます。この結果、戦後の総評の中心的戦闘部隊であった国労（国鉄労働組合）が弱体化されることになります。

第３に、財政再建を口実に、不公平税制の典型である消費税が導入されたことです。国民世論の反対を押し切って88年10月に強行成立させられ、89年４月から実施されました。

連合の結成と全労連、革新懇の誕生

こうしたもとで、「非自民」「反共産」の政治勢力の形成に貢献する労働組合運動の構築がめざされました。労使協調の組合が主導する労働戦線の右翼的再編が進み、87年に民間「連合」（全日本民間労働組合連合会）が結成され、89年11月に、総評が解散し、連合（日本労働組合総連合会）が発足します。[①]組織人員が798万2,398人とされ、日本の組織労働者の65.3％を占める日本の労働組合運動史上最大のナショナルセンター（全国組織）でした。こうして「労使一体」を追求する右翼的潮流が戦後初めて労働運動の主導権を掌握することになります。

これに対して、同じ89年11月、たたかう労働組合の全国組織として全労連（全国労働組合総連合）が結成されました。全労連は、「三つの原則」（資本からの独立、政党からの独立、一致する要求での行動の統一）に基づき、産業別の全国労働組合と地域的に労働組合を結集した地方組織（ローカルセンター）によって構成され、産業別のたたかいと地域のたたかいを結合して全国的な運動をめざしたのです。

また、「社公合意」によって、革新統一が壊されるなかで、革新の陣地を守り、統一戦線運動の前進的打開を目指して、81年５月、全国革新懇（「平和・民主主義・革新統一をすすめる全国懇話会」）が結成されました。[②]

1988年12月、東京で開かれた、消費税法案に反対する国民中央大会（「しんぶん赤旗」）。１万2000人が集まりました

①労働戦線の右翼的再編に危機感を持った総評顧問３氏（岩井章元事務局長、大田薫元議長、市川誠元議長）は、83年3月、それが「現代の産業報国への道」だとして、「労働運動研究センター」（労研センター）を発足させました。88年になると、労研センターは、「連合に反対するすべての労働者・労働組合の結集」と総評左派や純中立組合の受け皿として全国労働組合連絡協議会（全労協）の結成を呼びかけます。全労協は共闘組織ですが、労働運動は、連合、全労連、全労協の3つの潮流に分かれました。

②革新懇は、革新統一の世論形成と運動を推進するための団体と個人からなる運動体です。革新懇運動の展開のなかで、革新統一を政党の組み合わせだけで考えるのではなく、共通の課題と共同の意志にもとづいてすべての政党、諸団体、個人を結集する統一戦線運動のあり方が提起され、80年代以降の革新の陣地をまもる統一戦線運動の推進母体としての役割を担ったのです。

第23章　激動するアジアと世界

4. 多国籍企業化と日本経済

貿易戦争での圧勝と減量経営

「石油ショック」を契機に、世界経済がスタグフレーションで混乱しているときに、日本経済は不況から驚異的な回復をとげます。1980年代には、世界のGNP（国民総生産）の約1割を占める経済大国になります。

その要因は、第1に、輸出の飛躍的な拡大にありました。アメリカには自動車が、ヨーロッパには自動車や電子関連機器が、韓国・台湾・香港・シンガポールなどのアジアNIEs（新工業経済群）には設備投資関連機器などが集中豪雨的に輸出されました。第2に、IC（集積回路）やコンピューターを中心とする生産技術の改良とその応用が徹底的に追求され、これが国際競争力を強める一因になります。第3に、徹底した「減量経営」に成功したことです。賃金の抑制、人減らし「合理化」の「減量経営」が、労資協調的な労働組合の全面的協力のもとに実行されました。またこの時期に、QC（品質管理）サークル[①]、ZD（無欠点）活動[②]などが強化され、労働者の「自主性」、「創意」、「参加意識」を引き出し、企業共同体に労働者を統合する動きが活発になります。労働者のなかに、みずからの雇用と生活を守るには企業に依存せざるをえないという意識が強くなります。この結果、質の良い商品を低コストで輸出することが可能になり、貿易戦争で圧勝したのです。

【日本の対米貿易の推移】　（比率以外の単位は百万ドル）

年	対米輸出		対米輸入		対米貿易収支（A）（通関収支）	貿易収支総計（B）（通関収支）	対米比率（A/B）%
	実額	%*	実額	%*			
1965	2,479	29.3	2,366	29.0	113	283	39.9
70	5,940	30.7	5,560	29.4	380	437	87.0
75	11,149	20.0	11,608	20.1	-459	-2,110	21.8
76	15,690	23.3	11,809	18.2	3,880	2,426	159.9
77	19,717	24.5	12,396	17.5	7,321	9,686	75.6
78	24,915	25.5	14,790	18.6	10,124	18,200	55.6
79	26,403	25.6	20,431	18.5	5,972	-7,640	
80	31,367	24.2	24,408	17.4	6,959	-10,721	
81	38,609	25.2	25,297	17.5	13,312	8,740	152.3
82	36,330	26.2	24,179	18.3	12,151	6,900	176.1
83	42,829	29.3	24,647	19.6	18,181	20,543	88.5
84	59,937	35.2	26,862	19.7	33,075	33,611	98.4
85	65,278	37.2	25,793	19.9	39,485	46,099	85.7
86	80,456	38.5	29,054	23.0	51,401	82,743	62.1
87	83,580	36.5	31,490	21.1	52,090	79,706	65.4
88	89,634	33.8	42,037	22.4	47,597	77,563	61.4
89	93,188	33.9	48,246	22.9	44,943	64,328	69.9

1987年までは『通商白書』〔1988年〕272ページ、88、89年は『通商白書（各論）』〔1990年〕12～13ページ、より作成。%は計算したもの
*日本の総輸出（入）に占める対米輸出（入）の比重

①労働者が職場で小グループに組織され、生産性上昇、工程の改善、コストダウンにかんして話し合い、提案するもので、それを通じて品質管理や生産性上昇をめざすものです。

②自発的にミスや、事故、欠陥製品をなくすために、労働者の「創意」と工夫を引き出す運動です。

「プラザ合意」

貿易戦争に一人勝ちした日本にアメリカなどの国際的圧力が強

まり、1985年にG5（先進5カ国蔵相、中央銀行総裁会議）でドルの為替レートを引き下げる国際的合意（プラザ合意）がまとまります。この「合意」によって、日本の貿易黒字を削減するために円高ドル安が意識的に誘導されます。またアメリカからの圧力に屈し、日本は超低金利政策の実施に踏み切ります。日本の金利をアメリカの金利より安くし、日本の資金をアメリカに流入させ、アメリカの「双子の赤字」（貿易赤字と財政赤字）の穴埋めをさせるというものです。

このプラザ合意を受けて中曽根首相の私的諮問機関「国際協調のための経済構造調整研究会」（座長・前川春男元日銀総裁）の報告書＝前川リポートが発表され、市場開放と内需拡大の「国際協調型」経済への転換が示されます。これまでの「輸出依存型経済構造」の限界が明らかになるなかで、輸出を維持しながら、日本の大企業の海外生産をすすめるというものでした。大企業の多国籍企業化の方向が明確にされるのです。また「輸出依存」にかわる内需拡大は、大企業の大型公共事業参入や都市再開発を中心とするものでした。

こうして貿易戦争で圧勝し、超経済大国になった日本は、アメリカなどの国際的圧力のなかで、「輸出依存型」からの転換を開始し始めます。それは、引き続き輸出を維持しながら、多国籍企業化への本格的な転換をはかるというものでした。多国籍企業化は1990年代になって本格化します。

【バブルおよびバブル崩壊期の日米の株価と公定歩合の推移】

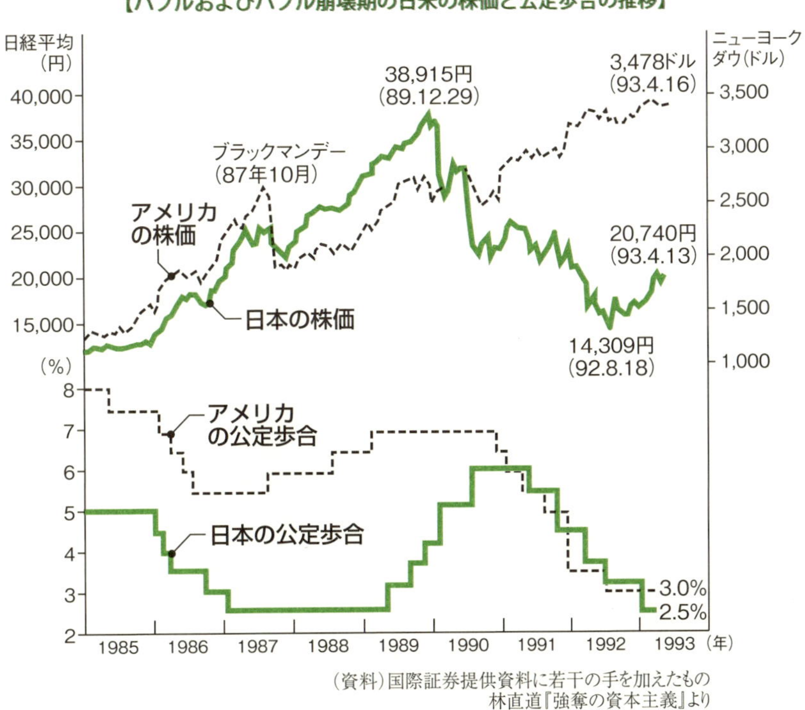

（資料）国際証券提供資料に若干の手を加えたもの
林直道『強奪の資本主義』より

column

ベトナム戦争の終結

1973 年 1 月、パリでベトナム和平協定が締結され、事実上、アメリカはベトナム戦争に敗北しました。さらに 75 年 4 月、南ベトナムの首都サイゴンが陥落し、第 2 次世界大戦後、30 年にわたって続けられた戦争がアメリカの完全敗北とベトナム側の勝利によって終結します。アメリカはベトナム戦争に 2,500 億ドルの膨大な戦費を使い、延べ 260 万人の兵力を派遣しました。南ベトナムには最高時に 54 万 9,500 人の米軍が駐留します。さらに、アメリカ陣営では、韓国、フィリピン、タイ、オーストラリア、ニュージーランドが兵力を派遣し、最高時の兵力は 6 万人を超えます。戦争の犠牲者は、北ベトナム・解放戦線側が戦死者 97 万 6,700 人、負傷者 130 万人とされ（推定）、アメリカ側の戦死者が 22 万 5,000 人、負傷者 75 万 2,000 人といわれています（推定）。

アメリカは第 2 次世界大戦時に使用した数の 2.5 倍にあたる砲爆弾を投下し、核兵器こそ使用しませんでしたが、枯葉剤、ナパーム弾、ボール爆弾など非人道的兵器*によって多くのベトナム民衆を殺傷したのです。

＊**枯葉剤**…密林のなかに隠れている南ベトナム解放民族戦線の兵士を見つけるため、密林を枯らす目的で航空機からまいた 2・4・5-T 系除草剤のこと。この除草剤の合成のさいに不純物として含まれるダイオキシンが発がん性や催奇形性（奇形を促す性質）をもっており、戦争が終わり 30 年以上がたっても、腕・足の欠損、無脳症、二重胎児、頭部の肥大などの先天性障害を持った子どもが多く生まれています。

＊**ナパーム弾**…ナパーム焼夷（しょうい）剤を用いた油脂焼夷弾。第 2 次世界大戦中に開発され、日本の都市への空襲に使われます。焼夷力が非常に大きく、ベトナム戦争のときにアメリカは大量に使用しました。

＊**ボール爆弾**…親爆弾のなかに子爆弾が多数入っている親子爆弾のこと。ボール爆弾が地面に衝突すると、親爆弾に入っている 600 個の子爆弾が、長さ約 1 キロメートル、幅約 300 メートルの地域に飛び散り、さらにその子爆弾が爆発して、それぞれ約 300 個の鋼鉄の小球、矢型の破片などが高速度で八方に飛び散ります。人員を殺傷したり、トラックのタイヤ、燃料タンクなどに穴を開けたりします。

ベトナム和平で釈放されることになり、南ベトナム政府軍兵士と握手する捕虜だった解放戦線メンバー（1973年1月23日）（165）

ベトナム戦争の歴史的意味は、第 1 に、世界史上、最大、最強のアメリカ帝国主義が全力投球した侵略戦争がうち破られたことです。アメリカは、第 1 次インドシナ戦争（1945 ～ 54 年）に敗れたフランスにかわって、ベトナム戦争に介入します。南ベトナムに傀儡（かいらい）政権をつくり、形だけ独立させ、実質的に南ベトナムを支配する新植民

地支配を確立しようとしました。しかし、このアメリカの敗北によって、新植民地支配のねらいも挫折し、第２次世界大戦を契機に始まった植民地体制の崩壊が決定的になります。

第２に、世界的にベトナム反戦運動が高揚し、国際的な共同行動が組織され、ベトナム人民のたたかいが世界的に支えられたことです。この国際的な支援なしにベトナム側の勝利はあり得ませんでした。

第３に、ベトナム戦争を契機にアジアの自立に向かう歴史的な変化が生まれたことです。アメリカにしたがって、アジア人同士が殺し合った悲劇的な体験を踏まえ、アメリカとの軍事同盟を拒否し、アジアの紛争は自らが平和的に解決することをめざし、東アジアの共同体構築に向けての動きが開始されることになります。

「社公合意」の締結

1980年１月に締結された「日本社会党と公明党の連合政権についての合意」(「社公合意」)は、日本の革新統一や社会運動にきわめて大きな影響を与えました。この「合意」のなかで、「政権の構成、基盤勢力については、今後協議し、両党の合意によって決定するものとする。なお、現状においては日本共産党はこの政権協議の対象にしないことで合意した」と共産党排除が明記されます。これは当時の社会党の「全野党共闘路線」からの大転換でした。また社会党は共産党とは、一連の党首会談によって、「長期の展望に立った統一戦線結集をめざし」努力すると合意がなされていました。それを一方的に破り捨て、「共産党排除」に踏み切ったのです。政策面では、「日米安保体制の解消をめざし、当面それを可能とする国際環境づくりに努力する」「当面、自衛隊はシビリアン・コントロールを強化する」とされています。「国際環境づくりに努力する」とありますが、その「環境」ができるまでは日米安保条約を認めることになります。社会党は、安保条約即時廃棄のそれまでの路線を転換することになりました。自衛隊にかんしても、「シビリアン・コントロールを強化する」という表現で、当面、その存在を認めることになりました。こうして社会党は、安保条約と自衛隊を容認する立場に、180度転換することになったのです。

この「社公合意」締結前後に、革新統一が壊され、京都や東京などの革新自治体が敗退していきます。また社会運動の面でも、「社公合意」は大きな影響を与えます。労働運動、平和運動、女性運動などあらゆる領域で分裂と混乱が生じます。「社公合意」を支持し推進する総評は、80年７月の総評大会に共産党の挨拶を拒否します。1955年以来来賓として招待されてきた同党の代表招待は、これ以降二度と復活することはありませんでした。ベトナム反戦運動以降、平和運動の象徴であった10・21統一行動は、81年以降、統一して開催できなくなります。また80年の母親大会から、総評、日教組、自治労などが不参加の態度をとるようになります。

こうして、「社公合意」を契機に、いわゆる戦後革新の軸であった「社共統一」が解体され、革新統一の分裂が決定的になり、戦後の民主主義運動の試練が生まれたのでした。

第24章　ソ連の崩壊と政治・社会の再編成

1. 90年代の国際社会の激動

米ソ軍事対決構造の崩壊

1990年代になると世界情勢は激動します。89～91年にかけて、東欧やソ連が体制崩壊しました。とくにソ連崩壊によって、戦後世界を規定してきた米ソ軍事対決構造が崩壊し、アメリカが唯一の超軍事大国になります。また90～91年にかけて湾岸危機・湾岸戦争①が勃発します。ソ連の崩壊と湾岸戦争の「勝利」を受けて、アメリカはきわめて攻勢的な世界戦略を採用しました。93年に発足したクリントン政権は、ソ連「封じ込め」にかわって、「拡張戦略」をすすめ、世界的な覇権主義を追求しました。そして95年2月に「東アジア太平洋戦略報告」を発表し、アジアに米軍の10万人体制を確保する方向を明確にしたのです。これを受けて翌96年、日米首脳会談で「日米安保共同宣言」が発表され、「アジア・太平洋」の安全と平和の確保がソ連崩壊後の日米安保体制の意味であることが強調されました。

湾岸戦争で巡航ミサイルを発射する米軍の戦艦ウィスコンシン(166)

①1990年8月、イラクがクウェートを侵攻し、それに対して、翌91年1月、アメリカを中心とする多国籍軍がイラクを攻撃して始まった戦争のこと。90年8月2日、10万のイラク軍がクウェートに侵攻し、全土を制圧します。国連は、同日の安全保障理事会でイラクを非難し、無条件撤退を決議しました。しかしイラクのフセイン大統領は、クウェートは本来イラクの一部であると言って併合を宣言したのです。国連加盟の主権国家への侵略行為でした。アメリカのブッシュ(父)政権はサウジアラビア防衛支援を名目に、アメリカ軍の派遣を決定し、同盟国、友好国に軍事的・財政的協力を求めました。国連はイラクへの経済制裁を決議し、実施し、国際世論は問題の平和的解決も求めますが、11月29日、安保理事会は、アメリカなど多国籍軍に対イラク武力制裁の権限を委任する決議(678号)を採択します。これを受けて翌91年1月17日、多国籍軍が攻撃を開始し、2月には大規模な地上戦に入ったのです。圧倒的な軍事力の差によって、軍事的な決着はすぐにつき、フセイン大統領はクウェート撤退を命令し、停戦します。そして4月3日、安保理事会は正式停戦の確認を決議し、イラクはこれを受諾します。この戦争での犠牲者は、イラク側が10万～十数万人、多国籍軍側は百数十人でした。

EU(欧州連合)の誕生と東アジアの共同体創設の運動

しかし、ヨーロッパとアジアは日米両国とは違う方向にむかいます。ヨーロッパは、冷戦のもとでアメリカに従属しながらも、独自にヨーロッパの地域的統合を強めていました。第2次世界大戦の悲劇を繰り返さない不戦の体制と経済復興がめざされ、1952年に戦争物資である石炭、鉄鋼を管理する「ヨーロッパ石炭鉄鋼共同体」が創設され、58年に「ヨーロッパ経済共同体」(EEC)が、67年には「ヨーロッパ共同体」(EC)が結成され、地域的統合が強化されていました。そしてソ連崩壊後、マーストリヒト条約[②]にもとづき、93年にEU（欧州連合）が誕生します。02年には、統一通貨（ユーロ）をつくり出し、単一市場を実現しました。EUは、様々な社会的規制を加えた市場経済を理念とし、労働条件や社会保障などでも、労働者や市民の要求を反映した指令や規則を定め、「ルールある経済社会」をめざすことになります。

②欧州連合（EU）創設のための基本条約。91年12月、オランダのマーストリヒトで行われた首脳会議で合意。92年2月に調印、93年11月に発効。

アジアでは、ASEANが東南アジア友好協力条約（TAC）を結集の条件として共同体をめざし、94年、アジア・太平洋地域で唯一の安全保障対話であるASEAN地域フォーラム（ARF）を発足させます。ARFには、ASEAN加盟諸国とともに、アメリカ、日本、カナダ、オーストラリア、韓国、中国、ロシア、北朝鮮などが参加し、安全保障問題を話し合うことが可能になっています。95年には、東南アジア非核地帯条約が調印されます（97年発効）。アジアの紛争を平和的に解決する努力が蓄積されていきます。

1994年7月25日、タイのバンコクで開かれたASEAN地域フォーラムの初会合。日本からは河野洋平外相（左から２人目）が参加した（共同）

97～98年にアジアで金融・通貨危機が起きます。国際金融資本の短期投機活動が引き起こした経済危機でした。この危機にアメリカは、IMFの介入による緊縮財政、自由化・民営化政策を押しつけますが、失敗します。この金融・通貨危機を経験するなかで、東南アジア諸国のアメリカ離れが進み、東南アジアの共同体構想の動きが急速化します。ASEAN＋3（日本、韓国、中国）の枠組みがつくられ、共同体の具体化に関する共同声明が発表されました（99年11月）。東南アジアの共同体実現の動きは新しい段階に入りました[③]。こうしてソ連崩壊後の日米両国と、ヨーロッパ諸国や東南アジア諸国との違いが鮮明になります。

③東南アジアでは、2015年12月、「政治・安全保障」「経済」「社会・文化」の３本柱からなるASEAN共同体が創設されました。また、05年12月、第1回東アジア首脳会議がマレーシアのクアラルンプールで開かれています。

第24章　ソ連の崩壊と政治・社会の再編成

2. 政界再編と日米同盟のバージョンアップ

93年政変と社会党の事実上の解党

93年7月18日に総選挙が行われ、自民党は過半数を割り、「非自民」諸党が過半数を制することになります。自民党単独内閣の崩壊でした。同年8月、「非自民」8党派連立[①]の細川護熙（もりひろ）内閣が誕生します。この細川内閣のもとで、94年1月、衆議院選挙についての小選挙区比例代表並立制が、政党助成金制度とともに成立します。

①日本新党、日本社会党、新生党、公明党、民社党、新党さきがけ、社会民主連合、民主改革連合

ソ連崩壊を契機に、「保革対立消滅」論が大キャンペーンされ、政界における保守と革新の対立にかわって、「改革派」対「守旧派」の図式がもてはやされるようになっていました。この中で、政権復帰をめざす自民党が、戦後革新勢力の重要な一翼を占めていた社会党の村山富市氏を首相にすえて、自民党、社会党、さきがけの三党連立政権（94年6月）を誕生させたことは国民に大きな衝撃を与えました。

社会党は、94年9月に臨時全国大会を開き、「当面する政局に望むわが党の基本姿勢」を確認し、従来の中立・非同盟路線が歴史的役割を終えたこと、現在の自衛隊が憲法の枠内にあり、日米安保条約を堅持することを明記しました。このことは、1980年の「社公合意」以来の同党の路線転換が完了し、中立・非同盟路線を放棄して安保条約と自衛隊を容認することを公式に認めたものといえます。やがて、96年1月、党大会で社会党は社会民主党に党名を変更します。事実上の社会党の解党でした。こうして戦後革新の担い手であった社会党、総評が消滅することになります。

小選挙区比例代表並立制を導入するための法律案に反対する人々（1994年1月22日付「しんぶん赤旗」）。この日、参議院では、同法案を推進してきた党からも反対する議員が出て法案は否決された。その後、両院協議会を経て修正された法案が衆参両院で可決・成立したが、大政党に有利な制度への国民のきびしい批判・運動が国会を動かしたことは貴重な経験だったといえる

96年1月、村山内閣に代わって、自民党の橋本龍太郎を首相とする第1次橋本

内閣が発足しました。「自・社・さ」の三党連立は継続されました。自民党は再び首相の座を手に入れたのです。

自衛隊の海外派遣の既成事実化——第２次ガイドラインの決定

湾岸戦争を契機に、「国際貢献」の大キャンペーンが繰り広げられ、そのなかで自衛隊の海外派遣の既成事実が積み重ねられていきます。湾岸戦争終了直後、閣議決定で、自衛隊の掃海艇部隊がペルシャ湾に派遣されました。戦後初めての自衛隊の海外出動でした（91年4月）。さらに、翌92年、PKO（国連平和維持活動）等協力法が成立し、「国連協力」の名のもとに自衛隊が、カンボジア、モザンビークなどに次々と派遣されます。自衛隊は海外には出動しないという「原則」が壊されてしまったのです。

96年、橋本内閣のもとで、第１節で述べたように日米首脳会談がおこなわれ、「日米安保共同宣言」が発表されます。従来、日米安保の口実とされてきた「日本の防衛」に代わって日米防衛協力の意味が「アジア太平洋地域」の安全と平和にあるとされました。97年には、この新しい防衛協力の枠組みとして第２次ガイドラインが決定され、99年には、「周辺事態法」として具体化されました。同法により、米国が日本の「周辺」で起こす戦争に、自衛隊が後方支援できることになったのです。日米同盟が大きく転換し、バージョンアップされました。

1996年4月17日、東京・赤坂の迎賓館で日米安保共同宣言への署名を終え握手するクリントン米大統領（左）と橋本龍太郎首相（共同）

第24章　ソ連の崩壊と政治・社会の再編成

3.「構造改革」の推進と日本社会の変貌

「新時代の『日本的経営』」と職場社会の激変

90年代になると、日本企業の本格的な多国籍企業化にともなう経済構造の改革の動きが始まります。80年代末から90年代初めの日米構造協議や日米包括経済協議で、アメリカから日本の市場開放と「規制緩和」が強く要求されます。そのアメリカ側の要求を受け入れ、1993年の「平岩レポート①」では、従来の終身雇用制が批判され「経済の国際化に対応するため、参入しやすく、転職しやすい労働市場」を形成することが強調されます。

また、貿易、金融、保険、雇用など各分野でアメリカ側から規制緩和に関する要望が、94年以降、「年次改革要望書」として日本政府に提出され、政策に組み入れられていきます。

国際的にも、94年3月にデトロイトで開かれた「G7の雇用サミット」、同年7月のナポリ・サミット、95年6月のハリファックス(カナダ)サミットなどで「硬直した労働市場」の「構造改革」によって「労働市場の弾力化」を実現するアメリカ主導の国際的「雇用戦略」の推進が合意されます。

こうしたなかで、日経連（当時）の「新時代の『日本的経営』」が発表されました（95年）。その特徴は第1に、表に示したような雇用の種別化を決めたことです。正規の労働者を管理職、総合職などのごく一部に限り（表の長期蓄積能力活用型グループ）、専門部門や一般職を含めた多くの労働者を非正規労働者（パート、アルバイト、契約社員、派遣社員、臨時職員など正規以外の雇用形態）にする（表の高度専門能力活用型グループ、雇用柔軟型グループ）

①細川首相の私的諮問会議として「経済改革研究会」が発足し、経団連（当時）の平岩外四会長が座長になります。この研究会が93年11月に「規制緩和について—中間報告」を、同年12月に最終報告書「経済改革について」を発表します。中間報告のなかで、「短期的には経済社会の一部に苦痛を与えるが、中長期的には自己責任原則と市場原理にたつ自由な経済社会の建設」を強力に実行すべきであると述べています。そして経済的規制は「原則自由」、社会的規制は「自己責任」原則でと提言したのです。さらに、最終報告では、「長引く景気低迷による厳しい雇用問題に対応するとともに、規制緩和の実施、産業構造の変化、経済の国際化に対応するため、参入しやすく、転職しやすい労働市場を形成する」として、それまでの終身雇用制を批判しました。多国籍企業化する大企業の資本蓄積の新しい条件として日本的経営の改革を強く求めていたのです。

【日経連「新時代の『日本的経営』が提案した雇用の種別化】

	雇用形態	対象	賃金	賞与	退職金・年金	昇進・昇格	福祉施策
長期蓄積能力活用型グループ	期間の定めのない雇用契約	管理職・総合職・技能部門の基幹職	月給制か年俸制、職能給、昇給制度	定率＋業績スライド	ポイント制	役職昇進、職能資格昇格	生涯総合施策
高度専門能力活用型グループ	有期雇用契約	専門部門（企画、営業、研究開発等）	年俸制、業績給、昇給なし	成果配分	なし	業績評価	生活援護施策
雇用柔軟型グループ	有期雇用契約	一般職、技能部門、販売部門	時間給制、職務給、昇給なし	定率	なし	上位職務への転換	生活援護施策

という雇用政策を提唱したことです。低賃金、無権利の非正規労働者が増え、職場における自由と権利が空洞化していきました。

第２に職場に成果主義的な労資関係の導入を求めたことです。労働者の賃金決定において、年齢や勤続年数の要素を排除し、仕事の成果や企業への貢献という形で使用者の一方的評価が重視されるようになりました。成果主義は従来にない競争によって、労働者を「勝ち組」「負け組」に分断し、長時間過密労働をより深刻化させることになります。

こうした変化により、企業「共同体」に労働者を丸ごと抱え込む従来の形から、多くの労働者に競争の中で生きることを強いる形へと、労働者に対する企業支配の形が転換しました。この職場社会の激変は、労働者同士の集団的関係を崩していきました。

橋本「６大改革」と財界の「構造改革」路線の選択

96年11月、第２次橋本内閣が成立します。橋本首相は所信表明演説で、行政改革、経済構造改革、金融システム改革、社会保障構造改革、財政構造改革の５つの「改革」を提起します。後に教育改革が加わり、「橋本６大改革」とよばれました。橋本「改革」でとくに問題になったのは、金融自由化②、省庁再編③、財政再建でした。

橋本内閣は財政再建を口実に、97年４月に消費税を3%から5%に引き上げ、９月には医療保険制度を「改革」し医療保険の本人２割負担の導入を強行します。約９兆円の負担増が国民に強いられました。再び消費不況が強まり景気は急速に悪化します④。

「構造改革」推進の背景には、アメリカからの規制緩和の要求とともに、日本の財界が「構造改革」路線を正式に採用したことがあります。96年に発表された経団連の「『魅力ある日本』―創造への責任」（豊田ビジョン）は、それまでの「追いつけ、追い越せ」型の「一国フルセット型産業構造」から多国籍企業化と国内競争力の強化に適した「ハイブリッド型産業構造」への転換を提起し、経済的規制の撤廃による「脱規制社会」、行財政改革による「小さく効率的な政府」や労働法制の規制緩和による「創造的な人材」の育成、などを求めました。

②金融の自由化＝「金融ビッグ・バン」は、アメリカの要請に従い、日本の金融市場の規制緩和をめざすものであり、「金融システム改革法」（98年6月）として具体化されました。証券会社、銀行、保険会社など金融業の営利活動に対する公的規制を取り払い、投資信託などリスクのある金融商品の販売や投機性の強いデリバティブ（金融派生商品）の販売規制が緩和されます。翌99年には、商法が改定され、買収したい企業の株式と自社株の交換によって、企業の買収が可能になります。日本経済の「マネーゲーム化」が本格化しました。

③首相の直属機関として「行政改革会議」が設置され、具体化されました（96年11月）。そして、98年6月に中央省庁等改革基本法が成立します。これはその後の小渕内閣に継続され、99年7月に中央省庁改革関連17法案が可決されます。この結果、2000年1月から、省庁改変によって、1府12省体制が発足しました。「小さな政府」を目指すといわれましたが、それはけっしてそのようなものではなく、内閣府への権限集中に見られるように、強力な行政国家の構築をめざすものでした。

④こうした経緯もあり、98年7月の参議院選挙で自民党は大敗、橋本内閣は退陣に追い込まれました。

第24章　ソ連の崩壊と政治・社会の再編成

4. 社会運動の抵抗と試練

米兵による少女暴行事件をきっかけに沖縄県民の怒りが爆発。1995年10月21日の沖縄県民大集会には8万5000人が集まりました（「しんぶん赤旗」）

沖縄の少女暴行事件と島ぐるみのたたかい

95年9月4日、沖縄で3人の米兵による少女暴行事件が起きました。復帰後も繰り返されてきた米兵の犯罪にたいして、沖縄県民の怒りが爆発しました。同時期、米軍用地の強制使用にかかわる県知事の代理署名問題が大きな問題となります。9月28日の県議会で大田昌秀知事は代理署名拒否の方針をあきらかにしました。少女暴行事件と代理署名拒否によって、沖縄問題に全国民が注目しました。

10月21日、沖縄県民総決起大会が開かれ、宜野湾市の海浜公園に8万5,000人が参集しました。県議会全会派、県経営者協会、連合沖縄、県婦人連合会、県青年団協議会など18団体がよびかけ、約300団体によって実行委員会が結成された「島ぐるみ」の集まりでした。大会では、「米軍人・軍属による犯罪を根絶する」「被害者にたいする謝罪と完全な補償」「日米地位協定を早急に見直す」「基地の整理・縮小を促進」などの4つの要求が確認されます。

安保廃棄や基地の撤去ではなく、日米地位協定の見直しや基地の整理・縮小が一致点でした[①]。それは、「島ぐるみ」の運動として、沖縄と日本の政治をめぐるたたかいに大きな影響を与えるものでした。

① 「島ぐるみ」の抗議運動の高まりの中で、96年4月、橋本首相とモンデール駐日大使は、普天間基地の「全面返還」を発表しました。しかし、今日まで普天間基地の全面返還は実現していません。それは自民党政権が、アメリカの圧力に屈して、代替基地をつくらないかぎり、「全面返還」はないという「移転先探し」の態度をとったことにあります。最初の計画は、名護市辺野古沖の海上に、海上ヘリ基地を建設するというものでした。この計画は、97年、名護市の市民投票で「ノー」の審判が下され頓挫します。次の計画は辺野古沖を埋め立て、「軍民共用」の飛行場をつくるというものでしたが、これも県民のねばり強い反対運動の中で撤回されます。3度目の案が辺野古にV字型の2本の滑走路を持つ巨大な最新鋭基地をつくるというものでした。06年の米軍再編計画にも明記され、この新基地建設が日米両政府によって強行されようとしていますが、「島ぐるみ」の運動によって、新基地に反対する県知事が選ばれるなど、県民は今日までこの企ての実現を許していません。

ナースウェーブ、丸子警報器、関西電力などのたたかい

職場社会の激変のなかで、労働運動は試練に直面しますが、そのなかでも、試練への挑戦ともいうべき貴重なたたかいがおこなわれます。

1989年10月6日、患者さんのために、自分自身と看護の未来のために、「もう我慢できない、看護婦は主張する」と東京の看

護師たちが立ち上がります。「看護婦増やせ10・6白衣の大集会」（日比谷公会堂）と白衣の看護師1,300名の銀座デモが行われ、マスコミにも大きく報道されて社会的に注目されました。こうして「看護婦増やせ」の「ナースウェーブ」が全国に広がっていきます。たたかいの様子をマスコミも全国で連日報道し、看護師問題が大きな国民的関心事になり、政府や国会を動かしていきます。こうした運動の広がりの背景には、悲惨な医療現場の労働実態がありました。80年代の臨調「行革」路線のなかで、医療の「合理化」、営利化がすすめられ、看護師の長時間・過密労働、健康破壊、退職者の増大など深刻な事態が生まれていました。運動の高揚のなかで、1992年6月、ついに「看護婦確保法」が成立し、同年12月には「夜勤は複数・月8日以内」「完全週休2日制」というルールが政府によって明文化され、「基本指針」として告示されます。看護師の労働条件に関する初めての法律でした。

1993年10月20日、長野県丸子町（現・上田市）の丸子警報器の臨時社員28人の女性たちが、長野地裁上田支部に賃金差別是正を提訴しました。彼女らは、同じ仕事をしても、女性正社員と比べると、賃金65%、一時金60%、退職金18%という低さでした。96年3月15日、全国で初めて臨時社員と正社員の賃金差別を違法とする画期的な判決が下されます。会社側はこれを不服として東京高裁に控訴します。運動は全国化し、さらに、地元でも町民の過半数を目指した署名運動がおこなわれ、町ぐるみのたたかいに発展しました。こうして99年11月に、一審判決を上回る勝利和解を勝ち取ります。

90年代には、関西・東京・中部電力において労働者への思想差別に反対する闘争がたたかわれました。労働者が関西電力を訴えた裁判で最高裁は95年、「職場における自由な人間関係形成の自由」を認める画期的な判決を下しました。会社側の思想・信条による差別が違法・不当であり、是正しなければならないことが明確にされたのです[②]。「職場に憲法は通用しない」という大企業の労働者支配に大きな影響を与えました。

②1971年4月、速水二郎氏ら4人の労働者は、労働者の思想の自由や人権を認めない関西電力の理不尽な行為を告発するために、神戸法務局人権擁護委員会に「救済申し立て」を行い、さらに同年11月、神戸地裁に提訴しました。関西電力は特定の労働者を退社に追い込むため、監視、尾行、調査などを執拗におこなっていました。監視は職場での仕事ぶりだけでなく、私生活にも及び、本人や家族の状況や友人との交際の様子にまで及んでいました。職場の監視も、仕事ぶりの範囲を超え、私物の検査、写真撮影、電話の監視、同僚との会話や交際にまで及びました。こうした人権侵害を労務機構中心に会社ぐるみでおこなわれていたのです。

こうして始まった人権裁判は、一審（84年5月）に続いて二審（91年5月）でも労働者側が勝利しました。関西電力はこれを不服として最高裁に上告しましたが、1995年9月5日、最高裁はこの上告を棄却し労働者の勝利が確定しました。最高裁判決は、関西電力のしたことを「労働者の思想・信条の自由を侵す」と指摘。それまで職場の問題は私人の間の問題であり、憲法は適用されないとされてきましたが、憲法が企業の中にも適用されることを事実上、認めた画期的判決です。さらに、第一審、第二審に続いて、最高裁判決にも、「職場における自由な人間関係を形成する自由」が書き込まれました。

column

沖縄の基地問題

沖縄では、沖縄戦の最中から多くの住民が強制収容所に囲い込まれ、その間に広大な民有地が軍用地として収容され、嘉手納や普天間などの米軍基地がつくられました。これは、私有財産の没収を禁じた「ハーグ陸戦法規」(1899年)を蹂躙(じゅうりん)する国際法違反の無法行為でした。ここに沖縄の米軍基地の原点があります。そして、1951年のサンフランシスコ講和条約によって、引き続きアメリカの全面占領下に置かれた沖縄では、1953年4月、アメリカ民政府布令第109号「土地収用例」が公布され、伊江島、宜野湾村伊佐浜、真和志村などで農民の土地が、アメリカ軍の銃剣による脅しのもとブルドーザーで強制接収されました。現在、沖縄で米軍や自衛隊が使用している基地の7割弱がこの時期に建設されています。

60年代に、沖縄と本土で復帰運動が大きく前進しました。その結果、71年に沖縄返還協定が締結され、72年5月に沖縄は日本に復帰します。しかし、施政権は返還されたものの、米軍基地はそのままでした。また有事の際には再び沖縄への核兵器の持ち込みを認める「核密約」も取り決められていました。

米軍基地あるがゆえの被害は深刻です。米兵による犯罪、米軍機墜落などの事件、土壌汚染、公道を封鎖しての実弾演習が頻繁に起きています。現在、全国で133ある米軍基地(2012年1月1日現在)のうち米軍専用基地の約70%が国土のわずか0.6%に過ぎない沖縄に集中しています。在日米軍基地に、およそ4万9,000人の米軍が駐留していますが、半分を超える約2万7,000人が沖縄に駐留しています。

とくに問題になるのが海兵隊で、沖縄に駐留する米軍の57.8%にあたる1万5,000人強を占めています。海兵隊は、真っ先に敵地に突入する「殴り込み」部隊といわれ、海兵隊員は「敵」を殺傷するための特殊な訓練を受けています。このことが、沖縄で凶悪犯罪が続発する要因にもなっています。沖縄県の資料によると、72年の復帰から、2015年末まで米軍関係者(軍人、軍属、家族)の刑法犯罪は5,896件にのぼり、そのうち凶悪犯罪(殺人、性的暴力、強盗、放火など)は574件と1割近くを占めています。

基地被害の根源には、日米安保条約にもとづいて締結された日米地位協定(「日本国とアメリカ合衆国との間の相互協定及び安全保障条約第六条に基づく施設及び区域並びに日本国における合衆国軍隊の地位に関する協定」、1960年)があります。米兵が犯罪を起こしても、それが「公務中」であれば裁判権は米軍側にあるとされ、日本の警察は逮捕もできません。また「公務外」での米兵犯罪は、1953年10月の日米行政協定(日米地位協定の前身)の改定以来、第1次裁判権は日本にあるとされ、日米地位協定17条に引き継がれています。しかし、行政協定の改定が発効する前日の日米合同委員会(在日米軍に関し日本の官僚と在日米軍幹部が協議する機関)で、日本側代表が「日本にとっていちじるしく重要と考えられる事件以外」は裁判権の放棄を言明し、署名して確認事項とされ、それが今日まで継続されています。国民にひた隠しにされた裁判権放棄の「密約」といえます。「公務中」も「公務外」も米兵の犯罪を日本がほとんど裁判できない仕組みになっています。

「河野談話」と「村山談話」

1993年8月、宮沢喜一内閣の河野洋平官房長官が「慰安婦関係調査結果発表に関する河野内閣官房長官談話」（河野談話）を発表しました。91年のソ連崩壊による冷戦構造の解体後、東アジア諸国の民主化とあいまって日本の戦争責任とその補償を求める動きが活発になります。91年には韓国の金学順さんが旧日本軍の「慰安婦」であったと名乗り出て、自分の体験を語り、日本政府の謝罪と賠償を求めて日本で提訴しました。続いて中国、フィリピン、オランダなど各国の被害女性の告発と提訴がおこなわれます。さらに、これを契機に、侵略された側からの日本に対する謝罪・補償を求めるさまざまな訴訟、いわゆる「戦後補償訴訟」が広がりました。また吉見義明氏ら現代史研究者によって、軍が関与した資料の発見（「陸軍省兵務局兵務課起案「軍慰安所従業婦等募集に関する件」など）があり、メディアもアジアとの関連で加害責任の問題を取りあげるようになります。こうした動きの中で、政府も資料の蒐集と被害女性の聞き取りをおこなわざるを得なくなります。その結果が「河野談話」でした。

談話は、「慰安所」の設置、管理、慰安婦の移送に日本軍が直接あるいは間接に関与したこと、「慰安婦」の募集は軍の要請を受けた業者がおこなったが、甘言、強圧など本人の意思に反して集められた事例が数多くあり、官憲が直接加担したこともあったこと、「慰安所」の生活は強制的な状況で痛ましいものであったことを指摘しています。そのうえで、「本件は、当時の軍の関与の下に、多数の女性の名誉と尊厳を深く傷つけた問題」であり、「お詫びと反省の気持ちを申し上げる」と謝罪したのです。

同年8月に細川連立内閣が成立すると、細川首相は、就任記者会見で「（日本の過去の戦争に関して）私自身は侵略戦争であった、間違った戦争であったと認識している」と述べ、歴代首相で初めて侵略戦争と認めました。さらに、94年に村山内閣が発足すると、戦後50年にあたる1995年8月、村山首相が「戦後50周年の終戦記念日にあたって」の談話（村山談話）を発表しました。この中で、「わが国は、遠くない過去の一時期、国策を誤り、戦争への道を歩んで国民を存亡の危機に陥れ、植民地支配と侵略によって、多くの国々、とりわけアジア諸国の人々に対して多大の損害と苦痛を与えました」「ここにあらためて痛切な反省の意を表し、心からのお詫びの気持ちを表明いたします」と述べています。

このように、90年代になると、日本政府や支配層の側に、アジアなどの国際的批判に対応して、ある程度、侵略戦争や植民地支配の責任を容認し、一定の反省を示す態度が現れてきます。過去の束縛を断ち切り、本格的にアジアに進出しようとする日本の財界・大企業の「要望」も背景にはあったと思われます。しかし、1990年代半ば以降、これに対する反発と逆流も強まります。かつての戦争を美化し、肯定する潮流による「歴史修正主義」の運動が本格化しました（詳しくは231ページのコラム「安倍首相の来歴と歴史修正主義」参照）。

第25章　戦後社会の歴史的岐路—せめぎあいの時代

1. 激動する世界と「世界のなかの日米同盟」

9・11テロ事件とアフガニスタン・イラク戦争

21世紀を迎えて、アメリカではブッシュ（子）政権が発足しました（01年1月）。その年の9月11日、ウサマ・ビン・ラディンに率いられるテロリスト集団「アルカイダ」による「同時多発テロ」がアメリカで起きました[①]。ブッシュ政権は同年10月、アルカイダの引き渡しに応じなかったアフガニスタンのタリバン[②]政権を転覆させるため同国を攻撃しました。

さらにブッシュ政権は、イラクがテロ支援国家であり大量破壊兵器を開発している疑惑があるとして03年3月に同国への攻撃を始めました[③]（イラク戦争）。

テロ事件を契機に、ブッシュ政権は、反テロ戦争を推進する「ブッシュ・ドクトリン」を発表します。その軍事戦略上の特徴は、02年の「国家安全保障戦略（NSS）」に示されているように、「先制攻撃戦略」と「単独行動主義[④]」にありました。イラクへの軍事侵攻は、こうした国家戦略・軍事戦略にもとづいて強行されたのです。

しかし、イラクにたいするアメリカの軍事侵攻の危険性が強まる中で、ブッシュ戦略に対する反発が世界的にひろがりました。国連で、同盟国のフランスやドイツが反対に回り、安全保障理事会常任理事国のロシアや中国も反対しました。その背景には、03年2月の空前の反戦・非戦運動（600都市1,000万人を超える運動）に見られる世界の民衆運動のパワーがあったのです。

一方、ブッシュ政権を支えたのが、イギリスのブレア政権と日本の小泉純一郎内閣でした。小泉内閣は、01年にテロ特措法を成立させ、インド洋に自衛隊のイージス艦を派遣しました。03年5月の日米首脳会談で、「世界の中の日米同盟」が合意されると、イラク特措法を成立させ、戦後初めて武装した自衛隊をイラクに派遣しました。日本は、日米安保条約の発動の地域的範囲である「極東」を越えて、遠く中東やインド洋でアメリカに軍事協力するに至ったのです。

①ハイジャックされた2機の民間航空機がニューヨークの世界貿易センターに突入し、2機の乗客・乗組員、センターで働いていた人々、消化や救助にかかわっていた人々、あわせて2792人が死亡しました。また別の1機は、アメリカ国防総省（ペンタゴン）のビルに突入し、乗客・乗組員や国防総省の職員など184人が死亡しました。さらにもう1機が、ピッツバーグ近郊に墜落し、乗客・乗組員40人が亡くなったのです。

②アラビア語で「神学生」という意味。アフガニスタンのイスラム原理主義組織。

③イラクへの軍事行動の根拠とされた大量破壊兵器は、開発されていなかったことが後にわかりました。イギリスの首相だったトニー・ブレア氏は15年、「我々が入手した情報が間違っていたという事実については謝罪する」と述べました。

④アメリカの死活的利益を守るためには国連憲章が禁じている先制攻撃も辞さないし、アメリカ単独でも軍事行動をおこなうという政策。

テロや地域紛争の激化と解決の展望

アメリカのアフガニスタン戦争、イラク戦争は泥沼の内戦をもたらし、数十万人の命を奪ったといわれ、またテロを世界中に拡大させました。アメリカは、イラクへの侵攻・占領のなかで、「スンニ派」と「シーア派」の宗派対立を最大限に利用します。旧フセイン政権は「シーア派」だけを弾圧したのではなく、「スンニ派」、「シーア派」を問わず、体制に批判的なイラク国民全体を抑圧しました。したがって、フセイン政権に反対する抵抗運動は宗派の違いを超えて国民的広がりをもっていたのです。アメリカはこの国民的共同を分断し、イラク社会を混乱に導きました。この混乱のなかで、国際テロ組織アルカイダの影響もあり、「イラクのアルカイダ」が生まれ、さらに、他組織と合併して、「イラクのイスラム国」を名乗るようになります（06年）。

一方、2011年にはシリアで内戦が激しくなります。この内戦にアメリカ・NATO諸国の「有志連合⑤」やロシアがそれぞれ介入し、混乱が激しくなると、その中で「イスラム国」が勢力を拡大し、「イラク・シリアのイスラム国」（13年）と改称し、「国家」樹立を宣言するまでになったのです。やがて、大国の軍事介入で、「イラク・シリアのイスラム国」は壊滅状態になりますが、戦争や軍事力でテロや地域紛争を解決することはできず、シリア情勢は解決方向が見えないまま推移します。

⑤国連の決定や平和維持活動の枠組みによらない国際的提携。

テロや地域紛争の解決には困難もありますが、こうした経過の中で、その展望を考える上で重要な課題も明らかになっています。１つは、大国の介入が問題解決をむしろ阻害することです。国連を中心とする国際社会の援助のもとで、それぞれの地域の諸勢力の自主的な話し合いで解決の道を探ることが重要になっています。

もう１つは、テロ・過激組織への傾倒を生む背景となっている問題の解決が欠かせないということです。そのためには、格差と貧困の根絶、教育の充実、市民的・政治的権利の保障、政治体制の民主化などが求められています。

2. 小泉政権から安倍政権へ

「財界主導」の「政・財・官」癒着構造に再編

2001年4月、「自民党をぶっ壊す」などと自民党政治の「改革」を主張する小泉純一郎内閣が誕生します。小泉内閣は、「改革なくして成長なし」をスローガンに「構造改革」路線を強力に実行しました。その「司令塔」となったのが財界代表が参加する「経済財政諮問会議」です[①]。従来、自民党政権が財界、官僚機構と一体になって財界本位の政策をすすめ、「政・官・財の癒着」などと呼ばれましたが、財界首脳が政府の政策決定の中心にすわったことで「財主導」の癒着構造に再編されたといわれます。

2006年、安倍晋三内閣（第1次）が発足しました。安倍首相は「戦後レジームからの脱却」を主張し、「憲法改正」を掲げながら、教育基本法の改悪（06年）、「憲法改正」の国民投票法の制定（07年）などを推進します。ところが、07年の参院選で国民の反発を受け、自民党過半数割れという大敗北を喫し、退陣しました。

民主党政権の成立

2009年8月の総選挙で、連立与党の自民・公明両党が惨敗し、民主党が単独で半数を大きく上回る308議席を獲得し、圧勝しました。自民党の歴史的惨敗は、「構造改革」路線による格差と貧困の拡大[②]に対する国民の強い批判の表れでした。9月16日、鳩山由紀夫内閣が発足します。鳩山内閣は、それまでの自公政権と違い、2つの側面を持っていました。

1つは、「生活第一」「古い仕組みを終わらせよう」と言って多くの国民の支持を得ていたため、その掲げる政策には労働者派遣法の抜本改正、後期高齢者医療制度の撤廃、生活保護の母子加算の復活、高校授業料の無償化、日米地位協定の見直しなど国民の要求や利益がそれなりに反映されていたということです。また、東南アジアの自立の動きに対応して、東アジア共同体構想を提起します。もう1つの側面は、その政策に財界やアメリカの注文や要請も反映されていたことです。たとえば、日米FTA（自由貿易

①省庁再編に伴い01年に内閣府に設置。経済運営、財政運営、予算編成の基本方針を決めます。首相が議長となり、閣僚などとともに民間議員も参加します。初代の民間議員には経済同友会の牛尾治朗、日本経団連の奥田碩が民間議員として入りました。経済・財政諮問会議が「構造改革」のための政策を方向づけ、首相がそれをもとに指示を出すトップダウン方式の具体化が進められました。

②「構造改革」路線の推進によって、日本社会のあり方は急速に変わりました。社会の基礎的単位ともいえる職場で正規労働者が激減し、非正規労働者が激増します。その結果、経済的な格差と貧困が深刻な社会問題になりました。06年には年収200万円以下の労働者が1000万人（22・8%）を超え、非正規労働者の約8割弱が年収200万円未満の“ワーキングプア”となっています（05年）。年収200万円以下の層はその後も増え、2013年には1199万人、約24%になりました。

さらに、「構造改革」で推進されたのが税制と社会保障の「改革」でした。大企業が史上空前の利益をあげながら、法人税、研究開発、IT投資などをめぐる優遇税制を享受する一方、生活苦で苦しむ庶民にたいしては、定率減税の廃止、配偶者特別控除の廃止など大増税、年金や医療制度をめぐる負担増などが押しつけられました。

協定）の交渉促進、消費税増税、比例定数削減などはその現れです。このように、鳩山内閣の政策・路線には２つの側面がありました。

安倍政権の復活――対米追従、改憲の動き

しかし、民主党政権は３年４ヵ月の間、さまざまな圧力の中で第１の側面が後退し第２の側面が中心になり、国民の期待を裏切ることになりました。東アジア共同体構想の放棄と沖縄・辺野古への新基地建設容認、財界の「成長戦略」の受け入れと12年８月の民主・自民・公明の３党による消費税引き上げの合意などにそれは表れました。国民への裏切りによって、12年12月の総選挙で民主党は大敗北し、自公連立の安倍内閣（第２次）が復活します。

安倍内閣は、一方で、「アベノミクス」による経済の再建を主張し、公然と「企業が世界で一番活躍しやすい国」を目指しました。また、他方で2013年12月、安全保障に支障を来すとされる情報を政府が特定秘密に指定し公開しないようにする秘密保護法を強行。14年７月、集団的自衛権の行使を容認する閣議決定をおこない、15年９月には、安保関連法[③]＝戦争法の成立を強行しました。集団的自衛権は、自国が軍事的攻撃を受けた時に反撃する個別的自衛権とは異なり、自国が攻撃されていないのに、同盟国など他の国への軍事行動を理由に、その相手国を攻撃するものです。戦後の自民党政権は、憲法第９条２項があるため、自衛隊は「戦力」でなく「自衛のための必要最小限の実力」と説明し、したがって海外での武力行使、集団的自衛権の行使、国連軍への参加はできないというルールにしたがった防衛政策を進めてきましたが、このルールを一方的に踏みにじる暴挙をおこなったのです。これらは日米同盟を優先し、日本が「海外で戦争する国」になることを目指すものであり、日米両国が世界の安定のために「主導的役割を果たす」とした第３次ガイドライン（2015年４月）の合意に至りました。

安倍内閣は、単なる保守政権ではなく、日本の侵略戦争を肯定・美化する右翼団体である「日本会議」と密接な関係を持つ極右政権です。安倍首相は、憲法第９条２項をそのままに、自衛隊を憲法に明記するという新しい改憲構想を提起し、自身の在任中の「憲法改正」に意欲を示しています。

③安保関連法は自衛隊がアメリカ軍への後方支援や平時からのアメリカ軍の防護などをできるようにする法律であり、集団的自衛権行使を具体化するものでした。圧倒的多数の憲法学者からも違憲であると指摘されました。

3. 反撃を開始した日本の市民

リーマン・ショック後の世界的な社会運動の新しい動き

グローバル資本主義の暴走による格差と貧困の拡大に対し、欧米ではそれに反対する新しい市民運動が発展しました。EU（欧州連合）では、2008年のリーマン・ショック[①]以降、民営化、公務員削減、医療・教育予算の削減、年金改悪など新自由主義的緊縮政策がとられ、格差と貧困、不況と失業が深刻化します。この中で、ギリシャ、ポルトガル、スペインで緊縮政策に反対する市民運動が前進し、この市民運動と連携した政党が総選挙などで大きく躍進し、ギリシャとポルトガルでは新政権が樹立されました（2015年）。アメリカでは、2011年にニューヨークで「オキュパイ（占拠）」運動が起きます。「私たちは国民の99%」を掲げ、広がる失業と貧困、所得格差の著しい拡大に抗議する運動で、政治の変革を求め全国に広がります。この時期、反新自由主義、反独裁の社会運動が世界的に発展しました[②]。

社会運動の再生

日本でも新しい市民運動、社会運動が開始されます。2003年11月の総選挙で、自民党が選挙公約で改憲を提起し、憲法問題が政局の中心問題になったことに対応し、04年に作家の大江健三郎、井上ひさし、哲学者の鶴見俊輔、評論家の加藤周一氏ら9人の呼びかけで、9条改憲反対を一致点とする「九条の会」が発足しました。また、2008年のリーマン・ショックとそれを口実とした「派遣切り」を契機に、派遣労働者を支援する運動が起きました。派遣切りの嵐は、職を奪われた労働者に路上生活を強いました。この事態に市民運動と労働組合が連携して、職を奪われた労働者を支援する「年越し派遣村」の活動がおこなわれました。これは連日報道され、社会的関心が高まり、非正規労働者の雇い止めやワーキングプア（働く貧困層）などの問題が可視化されます。労働組合運動や社会運動が活性化し始めました。

2011年の東日本大震災は甚大な被害をもたらしました[③]。この

①08年、アメリカの投資銀行リーマン・ブラザーズ・ホールディングスの経営破綻をきっかけに、世界的な金融危機が発生、多くの国々が深刻な経済危機に陥り、世界同時不況が深刻になりました。背景として、金融市場の異常なまでの拡大に加え、実体経済における過剰生産が指摘されています。資本主義経済の矛盾が深刻になり、「ポスト資本主義」の議論が活発化しています。

②中東でも、2010～11年に大衆的な非暴力の運動で軍事独裁政権を倒す民主化運動が高揚し「アラブの春」と呼ばれました。中東の民主化の可能性を示す貴重な経験だったといえます。また韓国でも、朴槿恵大統領の腐敗政治を糾弾して市民が立ち上がり、大統領選挙で文在寅（ムンジェイン）を勝利させます。「キャンドル革命」（2016－17年）といわれる市民革命でした。

③2011年3月11日、三陸沖を震源とするマグニチュード9.0の地震が発生、強い揺れによる被害が東北地方を中心に関東地方などでも発生し、巨大津波が岩手県から千葉県に至る沿岸部に大きな被害をもたらしました。死者・行方不明者は2万人を超え、建物被害は全壊・半壊だけで40万棟を超えました。東京電力福島第一原子力発電所では、津波により原子炉冷却のための電源が失われた結果、炉心溶融、格納容器破壊を含む過酷事故が発生し、放射性物質が飛散しました。この事故により避難を強いられた住民は一時15万人を超え、被災者へのいわれなき差別も含め深刻な社会問題となっています。

震災により起きた福島第一原発事故を契機に原発に反対する運動が広がりました。さらに、沖縄の新基地反対闘争、労働法制改悪反対闘争、秘密保護法反対闘争など多様な社会運動が前進します。とくに、12年3月29日、300名で始まった原発再稼働反対を掲げる首相官邸前抗議行動の与えた影響はきわめて大きなものでした。④沖縄では、新基地建設による海兵隊基地の再編強化が、安倍内閣の強権的やり方で進められ、「オール沖縄」と呼ばれる島ぐるみのたたかいに発展しています。⑤原発再稼働に反対する運動と「オール沖縄」のたたかいは、安保関連法反対の歴史的な国民運動の発展に継続しました。

2015年の安保関連法反対闘争の歴史的意義

安倍内閣は、第2節でも述べたように、戦後の防衛政策のルールを乱暴に踏みにじり、2014年7月に集団的自衛権の行使を容認する「閣議決定」をおこない、15年9月に安保関連法の成立を強行しました。

安保関連法に反対する市民のたたかいは大きく盛り上がり、この中で「市民と野党の共闘」も実現しました。⑥ほとんどの護憲勢力を結集した「総がかり行動実行委員会」が結成され（14年12月）、これに学生、女性、学者などの市民運動も合流し、広範な国民的共同が実現しました。この国民的共同のなかから、15年12月、市民連合（安保法制の廃止と立憲主義の回復を求める市民連合）が発足します。この運動は、参加者が自分の意思で行動し、自分の言葉で怒りを表現していることが特徴だといわれています。「個人の尊厳」と主権者としての自覚の成熟ともいえます。この運動は立憲主義（憲法によって国家権力の行動をしばる考え方）の回復を求める運動として、安倍首相の改憲に反対する運動へと発展しました。

④野田佳彦内閣（当時）の大飯原発再稼働決定を契機に、一挙に4万人台、15万人台と急増し、2012年6月29日には20万人を超える空前の抗議行動に発展しました。この官邸前の行動が全国に大きな影響を与え、全国各地で「普通の市民」たちによる原発再稼働に反対する行動が活発になっていきます。これに触発されるように、さまざまな抗議行動が国会前や官邸前でとりくまれるようになりました。なお、安倍政権は原発再稼働を進めていますが、これには批判世論も強く、2019年2月4日現在、「運転中」とされる38基の商業炉のうち再稼働したものは9基にとどまっています（日本原子力産業協会調べ）。

⑤2014年には、1月名護市長選、9月名護市議選、11月県知事選、12月衆議院議員選で自民党を打ち破って、「オール沖縄」の基地建設反対派が圧勝します。

⑥市民と野党の共闘が進んだ結果、16年の参議院選挙において32個の一人区すべてで野党の統一候補が立候補しました。前回の参議院選挙ではこれらの一人区のうち野党候補が勝利したのは2選挙区にとどまっていましたが、この16年の選挙では11選挙区で与党候補を破りました。

2015年9月19日、安保関連法が参院で可決された後も、国会前で抗議の声をあげる人たち（毎日新聞社）。同法に反対する運動は立憲主義の回復を求め、安倍政権による改憲に反対する運動へも発展した

第25章　戦後社会の歴史的岐路―せめぎあいの時代

4. 21世紀の世界と日本

トランプ政権の成立と北朝鮮問題

2017年に登場したアメリカのトランプ大統領は、同年に国連総会で採択された核兵器禁止条約に反対し「使いやすい核兵器」の開発・配備に力を入れています。また、地球温暖化対策の国際的枠組みを定めたパリ協定（2015年採択）から離脱し、地球温暖化抑制に背を向けました。こうしたトランプ政権の「アメリカファースト」（自国第一主義）は、戦後国際秩序に挑戦する大国主義、覇権主義の動きであり、国際社会に混乱と混迷をもたらすとともに、核の脅威や地球温暖化から「人類の生存」を守ろうとする21世紀の人類的課題への挑戦になっています。こうした動きに前後して、ヨーロッパでも右翼排外主義が活発化しています[①]。

①「移民排斥」「自国第一」を掲げるフランス国民戦線のルペン、オランダ自由党のヴィルダースなどの極右勢力の台頭です。この背景には、新自由主義的「改革」で格差と貧困が強まり、不安と不満がつのる民衆を、「テロ対策」や「移民排斥」を強調しながら、右翼的排外主義に扇動している現実があります。

一方、北東アジアでは2018年、激的な変化が生まれました。韓国と北朝鮮の間で同年4月27日、南北首脳会談が板門店でおこなわれ、「板門店宣言」が発表されました。これを受けて5月22日に初めての米朝首脳会談がおこなわれ、朝鮮半島の永続的で安定した平和体制構築と非核化に向けてとりくむとする合意がなされました。歴史的な南北首脳会談の成功や米朝首脳会談の開催によって、北東アジアの「安全保障環境」が大きく転換する可能性が生まれました。休戦状態である朝鮮戦争の終結につながれば、戦後世界史上の大変化となります。

「退位宣言」と天皇の「代替わり」

2016年8月8日、明仁天皇（当時）がビデオメッセージで、高齢を理由に退位の意向を国民に伝えました。これを受けて翌年、「天皇の退位に関する皇室典範特別法案」（特例法）が可決されました。この天皇の代替わりは、皇室典範を改定せずに、「一代限りの特例法」で行われることになりました[②]。その後政府は、新天皇の即位の儀式を、「平成の代替わり」（89～90年）を踏襲しておこなうこととしました。しかし、「平成の代替わり」儀式は明治憲法下の旧皇室典範と登極令（現憲法下で廃止・失効）を踏襲したもの

②皇室典範における皇位継承の規定については、174ページのコラムを参照。

で、日本国憲法との関係では重大な問題がありました。[③] 安倍政権が、天皇の代替わり儀式について、国民主権と政教分離の原則、「日本国民の総意に基づく」（憲法第１条）天皇のあり方にふさわしいものにする努力をせず、前回のやり方を引きついだことには、大きな問題があったと指摘されています。

③「剣璽等承継の儀」は、大日本帝国憲法下の登極令にあった「剣璽渡御の儀」をほぼそのまま踏襲したもので、皇位の印とされる「三種の神器」が新天皇のもとに移るとする宗教色の強い儀式です。「即位礼正殿の儀」は、神によって天皇の地位が与えられたことを示す「高御座」（たかみくら）に天皇が登って言葉を述べ、その下から総理大臣が祝いの言葉と万歳三唱を唱える儀式です。いずれの儀式も現憲法の国民主権と政教分離の原則に根本的に矛盾したものでしたが、国事行為としておこなわれました。また、「大嘗祭」は天皇が神と一体になり、そのことによって民を支配する権威を身につけるとされる宗教儀式であり、国事行為にはできないため皇室の私的な儀式とされましたが、平成の代替わりでは25億円を超える公費が支出されました。大嘗祭については、秋篠宮が18年11月30日の記者会見で、憲法との関係で、「国費」でなく「内廷会計」で行うべきと述べるなど、皇室の中からも問題が指摘されています。

私たちの課題

現在の日本は、大きな歴史の岐路に立たされています。考えるべき大事な課題が私たち一人ひとりに投げかけられています。

第１に、９条改憲を許さず、憲法を守りながら、憲法を活かした政治と社会の再生を実現する課題です。憲法を守るだけでなく、日常の生活に憲法をどう生かすか、主権者として何をすべきか、自由と民主主義の憲法的価値を社会の中にどのように定着させるかが問われています。それは、過去の侵略戦争にたいする反省と不可分の問題でもあります。日本国憲法は、日本近代の膨張主義と植民地支配の反省の上に成立しました。しかし戦後の支配層は、アメリカのアジア政策に従属する中で、根本的な反省を避けてきました。歴史修正主義の論調もある中で、侵略と植民地支配の反省に基づく歴史認識を国民的レベルで確立することが重要課題になっています。

第２に対米従属の問題です。敗戦後の占領期から今日まで、日本は政治、経済など多くの分野でアメリカ言いなりになってきました。その根底にあるのが日米安保条約であり、沖縄の米軍基地の問題はその端的な表れです。唯一の被爆国として核兵器禁止条約に積極参加すべき日本政府が不参加の立場を続けていることも、アメリカの戦略を優先するものと批判されています。

第３にルールある経済社会への転換という課題です。多国籍化する日本の大企業は「リーマン・ショック」後も収益を伸ばし続けていますが、その成果が労働者・国民に還元されていないことは格差と貧困の拡大からも明らかです。「自己責任」ではなく、人間らしく働けるよう、大企業の横暴を民主的に規制し、労働者の生活と権利を守るとともに、中小企業や農林水産業を含めバランスのとれた経済を追求する必要があります。

column

安倍首相の来歴と歴史修正主義

安倍晋三氏は、1993年7月の総選挙で初当選し、わずか13年で首相の座を射止めた（第1次安倍内閣）戦後派の政治家です。1954年に生まれ、母方の祖父に岸信介氏がいます。安倍氏は、いまの憲法を変えなければ、「美しい国」日本を取り戻すことはできないという考えの持ち主です。なぜこうした独特の考えを持つようになったのでしょうか。

彼は初当選するとすぐに、自民党の「歴史・検討委員会」の委員に任命されます。「歴史・検討委員会」は、「従軍慰安婦」に「日本軍の関与」を認め、「反省とお詫び」を表明した「河野談話」（93年8月）や、日本の侵略戦争を歴代首相として初めて認めた細川護熙首相の記者会見（93年8月）に危機感を持った右翼的潮流によって組織されました。同委員会が95年に刊行した『大東亜戦争の総括』は、「大東亜戦争」は侵略ではなく、自存・自衛の戦争であり、アジア解放の戦争であった、南京虐殺や「慰安婦」という事実はなく、でっち上げであると総括しました。安倍氏はこの「委員会」の中で、先輩たちに鍛えられたのです。

94年12月に「終戦五〇周年国会議員連盟」、96年6月に「『明るい日本』国会議員連盟」が組織されると、安倍氏は事務局長代理に抜擢され、“「慰安婦」は売春婦”というキャンペーンの先頭に立ちます。そして、97年2月、「日本の前途と歴史教育を考える若手議員の会」（「教科書議連」）が結成されると、当選4年目の安倍氏が事務局長に就任します。教科書議連は、右翼的勢力と一体となり、歴史教科書が偏向していると攻撃し、「慰安婦」問題の抹殺と日本の過去の戦争を美化・正当化する歴史の書き換えの運動を精力的におこなったのです。

97年5月30日、「日本会議」が結成され、前日（29日）に、応援組織として、「日本会議国会議員懇談会」が発足し、安倍氏は、この「懇談会」のプロジェクトの1つである「防衛・外交・領土問題」の座長になります。「日本会議」は、皇室を中心とする「民族の一体感」を強調し、これこそが「美しい伝統の国柄」だと主張し、「行きすぎた権利偏重の教育、わが国の歴史をあしざまに断罪する自虐的な歴史教育、ジェンダーフリー教育の横行」を批判し、さらに、集団的自衛権の行使の実行や「日本人自らの手で誇りある新憲法を創造」することを提唱しています。安倍氏は、90年代のこうした右翼的運動に参加し、特異な歴史観に磨きをかけ、右翼的潮流の「若きエース」としての立場を確立し、ついに06年に首相に就任しました。こうした彼の来歴を見ても、安倍氏が戦後民主主義と日本国憲法を憎悪する極右思想の持ち主であることがわかります。

女性差別と両性の平等

日本国憲法が施行されて70年以上がたちますが、憲法が保障する両性の平等に反する状況が続いてきました。憲法では、「すべて国民は個人として尊重され」（第13条）、

「法の下の平等」が保障され、性別によって「政治的、経済的又は社会的関係において差別されない」（14条）と規定されています。24条では「個人の尊厳」と「両性の平等」が明記されています。この憲法の下で民法が改正され、家父長制、長子相続制などを特徴とする戦前の「家」制度は法的に解体されました。また、学校教育法の改正、労働基準法の制定などによって、女性差別は法律的に禁止されています。しかし現実には、根強い女性差別が温存されてきました。世界経済フォーラムの報告書によると、ジェンダーギャップ指数（男女格差指数）は、日本は調査対象144か国中114位（2017年度）とされています。

戦後の日本経済は異常な女性差別によって成り立ってきたともいえます。2014年現在、女性労働者は全労働者の40%以上を占めていますが、女性の賃金は男性の賃金のおよそ半分です（2016年国税庁「民間給与実態調査」）。また、パートの約8割、派遣労働者の6割近くを女性が占め、非正規労働者においては女性の比率が高くなっていますが、女性の非正規雇用の賃金は男性正規雇用の3割にも満たない低水準で、女性労働者の44.9%が年収200万円以下です（15、16年同前）。1985年、男女雇用機会均等法が制定されましたが、その後30年以上経っても男女の賃金格差は大きく、大企業中心の戦後日本経済における異常な差別的構造として残っており改革が求められています。

女性が働き続ける上で出産・子育てが障害になっていることも大きな問題です。約6割の女性が第1子出産時に仕事を辞めています。女性が働き続けられるようにするための社会的制度が不十分であるとともに、「男は仕事、女は家庭」という古い性別役割分担論が依然として大きな影響力を持っていることも原因です。

東京医科大学では女子差別の不正入試があきらかになり、他大学でも同様の事実があったことがわかっています。2018年8月、同大学の内部調査委員会は「女性医師は結婚、出産、子育てで現場を離れるケースが多い」ことを理由に、女性受験者の得点を一律に減点していたことを認めました。結婚や出産で離職しないような条件整備をすることが使用者側の社会的責任であるはずなのに、こうした差別がおこなわれているのは深刻といえます。

女性への差別は社会生活のさまざまな場面に深刻な影を落としています。2018年4月、テレビ局の女性記者への財務事務次官によるセクシャル・ハラスメントを被害者が告発したことをきっかけに、メディアで働く女性たちの中でセクハラを告発する動きが広まり、被害実態があきらかにされました。それによると、加害者は警察、検察関係者12%、国会議員など政治関係者11%、上司など社内関係者が40%でした。これを見てもセクハラは、上位にあるものが、その地位や権力を使っておこなう性暴力であることがわかります。

自民党の杉田水脈(みお)衆議院議員は、雑誌（『新潮45』2018年8月号）に寄稿し、LGBT(性的少数者)のカップルは、子どもをつくらないので、「生産性がない」と書きました。「生産性」という言葉で人間の多様な生き方を否定する差別的な言説ですが、その前提には、結婚や家庭を国家のために子どもをつくるものとする国家主義的な考え方があることも見逃せません。

●参考文献●

第一部

●序章
荒野泰典『近世日本と東アジア』(東京大学出版会、1988年)
仲尾宏『朝鮮通信使』(岩波新書、2007年)
紙屋敦之『琉球と日本・中国』(山川出版社〈日本史リブレット〉、2003年)
市川寛明・石山秀和『図説　江戸の学び』(河出書房新社、2006年)

●第1章
田中彰編『日本の近世18　近代国家への志向』(中央公論社、1994年)
田中彰校注『開国　日本近代思想大系1』(岩波書店、1991年)
田中彰編『明治維新　近代日本の軌跡1』(吉川弘文館、1994年)
井上勝生『幕末・維新』(岩波新書、2006年)
加藤祐三『黒船前後の世界』(岩波書店、1985年)
加藤祐三『幕末外交と開国』(ちくま新書、2004年)
佐々木潤之介『世直し』(岩波新書、1979年)
遠山茂樹『明治維新』(岩波書店、1951年、〈同時代ライブラリー〉1995年)
井上清『日本現代史I　明治維新』(東京大学出版会、1951年、新装版2001年)
石井孝『明治維新と外圧』(吉川弘文館、1993年)
遠山茂樹『明治維新と現代』(岩波新書、1969年)
芝原拓自『世界史のなかの明治維新』(岩波新書、1977年)
岩田みゆき『幕末の情報と社会変革』(吉川弘文館、2001年)
宮地正人『幕末維新期の社会的政治史研究』(岩波書店、1999年)
落合延孝『幕末民衆の情報世界』(有志舎、2006年)

●第2章
田中彰編『明治維新　近代日本の軌跡1』(吉川弘文館、1994年)
田中彰『岩倉使節団』(講談社現代新書、1977年)
田中彰『「脱亜」の明治維新—岩倉使節団を追う旅から』(日本放送出版協会、1984年)
大日方純夫「軍隊と警察」(歴史学研究会編『講座世界史4　資本主義は人をどう変えてきたか』東京大学出版会、1995年)
遠山茂樹『明治維新と天皇』(岩波書店、1991年)
大江志乃夫『徴兵制』(岩波新書、1981年)
原田敬一『国民軍の神話』(吉川弘文館、2001年)

●第3章
江村栄一編『自由民権と明治憲法　近代日本の軌跡2』(吉川弘文館、1995年)
新井勝紘編『自由民権と近代社会　日本の時代史22』(吉川弘文館、2004年)
江村栄一『自由民権革命の研究』(法政大学出版局、1984年)
大日方純夫『自由民権運動と立憲改進党』(早稲田大学出版部、1991年)
牧原憲夫『民権と憲法』(岩波新書、2006年)
秩父事件研究顕彰協議会編『秩父事件』(新日本出版社、2004年)

●第4章
井口和起編『日清・日露戦争　近代日本の軌跡3』(吉川弘文館、1994年)
原田敬一『日清・日露戦争』(岩波新書、2007年)
中塚明『歴史の偽造をただす』(高文研、1997年)
朴宗根『日清戦争と朝鮮』(青木書店、1982年)
糟谷憲一『朝鮮の近代』(山川出版社〈世界史リブレット〉、1996年)
イ・ヨンスク『「国語」という思想』(岩波書店、1996年)
大竹秀男『「家」と女性の歴史』(弘文堂、1977年)
井ヶ田良治「明治民法と女性の権利」(女性史総合研究会編『日本女性史』4、東京大学出版会、1982年)
小山静子『良妻賢母という規範』(勁草書房、1991年)

●第5章
藤原彰『日本軍事史』上(日本評論社、1987年)
宮地正人『日本通史[3]国際政治下の近代日本』(山川出版社、1987年)
海野福寿『日本の歴史18　日清・日露戦争』(集英社、1992年)
山田朗『軍備拡張の近代史——日本軍の膨張と崩壊』(吉川弘文館、1997年)
井口和起『日露戦争の時代』(吉川弘文館、1998年)
山田朗『戦争の日本史20　世界史の中の日露戦争』(吉川弘文館、2009年)

●第6章
海野福寿『日本の歴史18　日清・日露戦争』(集英社、1992年)
海野福寿『韓国併合』(岩波新書、1995年)
小田部雄次・林博史・山田朗『キーワード日本の戦争犯罪』(雄山閣、1995年)
趙景達『異端の民衆反乱—東学と甲午農民戦争』(岩波書店、1998年)
若林正丈『台湾抗日運動史研究』(研文出版、1983年)

●第7章
石井寛治『日本の産業革命』(朝日選書、1997年)
原田勝正『日本の鉄道』(吉川弘文館、1991年)
海後宗臣『歴史教育の歴史』(東京大学出版会、1969年)
永原慶二『歴史教科書をどうつくるか』(岩波書店、2001年)
田中彰・宮地正人編『歴史認識　日本近代思想大系13』(岩波書店、1991年)
山住正己『唱歌教育成立過程の研究』(東京大学出版会、1967年)
山住正己『子どもの歌を語る』(岩波新書、1994年)
添田知道『演歌の明治大正史』(岩波新書、1963年)
兵藤裕己『演じられた近代』(岩波書店、2005年)
由井正臣『田中正造』(岩波新書、1984年)

第二部

●第8章

藤原彰『日本軍事史』上(日本評論社、1987年)

宮地正人『日本通史[3]国際政治下の近代日本』(山川出版社、1987年)

山田朗『軍備拡張の近代史――日本軍の膨張と崩壊』(吉川弘文館、1997年)

小林啓治『戦争の日本史21　総力戦とデモクラシー』(吉川弘文館、2008年)

●第9章

成田龍一『大正デモクラシー』(岩波新書、2007年)

大日方純夫「戦前期の政党政治」(歴史科学協議会編『日本現代史』青木書店、2000年)

米田佐代子・池田恵美子『『青鞜』を学ぶ人のために』(世界思想社、1999年)

●第10章

小田部雄次・林博史・山田朗『キーワード日本の戦争犯罪』(雄山閣、1995年)

山田朗『軍備拡張の近代史――日本軍の膨張と崩壊』(吉川弘文館、1997年)

伊香俊哉『戦争の日本史22　満州事変から日中全面戦争へ』(吉川弘文館、2007年)

小林啓治『戦争の日本史21　総力戦とデモクラシー』(吉川弘文館、2008年)

●第11章

小林英夫『昭和ファシストの群像』(校倉書房、1984年)

江口圭一『十五年戦争小史〈新版〉』(青木書店、1991年)

伊香俊哉『戦争の日本史22　満州事変から日中全面戦争へ』(吉川弘文館、2007年)

●第12章

吉田裕『天皇の軍隊と南京事件』(青木書店、1986年)

前田哲男『戦略爆撃の思想』(朝日新聞社、1988年)

山田朗『大元帥・昭和天皇』(新日本出版社、1994年)

笠原十九司『南京事件と三光作戦』(大月書店、1999年)

●第13章

岡部牧夫『満州国』(三省堂、1978年)

石島紀之『中国抗日戦争史』(青木書店、1984年)

浅田喬二・小林英夫編『日本帝国主義の満州支配』(時潮社、1986年)

江口圭一『十五年戦争小史〈新版〉』(青木書店、1991年)

小田部雄次・林博史・山田朗『キーワード日本の戦争犯罪』(雄山閣、1995年)

塚瀬進『満州国「民族協和」の実像』(吉川弘文館、1998年)

笠原十九司『南京事件と三光作戦』(大月書店、1999年)

海野福寿・山田朗・渡辺賢二編『陸軍登戸研究所―隠蔽された謀略秘密兵器開発―』(青木書店、2003年)

松野誠也『日本の毒ガス兵器』(凱風社、2005年)

●第14章

江口圭一『十五年戦争小史〈新版〉』(青木書店、1991年)

森武麿『日本の歴史20　アジア・太平洋戦争』(集英社、1993年)

山田朗『大元帥・昭和天皇』(新日本出版社、1994年)

吉田裕・森茂樹『戦争の日本史23　アジア・太平洋戦争』(吉川弘文館、2007年)

●第15章

中村隆英『日本経済　その成長と構造〔第3版〕』(東京大学出版会、1993年)

東京大学社会科学研究所編『ファシズム期の国家と社会　2』(東京大学出版会、1979年)

原剛「本土防空通信に任じた女子通信隊員」(『軍事史学』第164号、2006年)

大江志乃夫監修『支那事変大東亜戦争間　動員概史』(不二出版、1988年)

●第16章

油井大三郎『なぜ戦争観は衝突するか』(岩波現代文庫、2007年)

家永三郎『戦争責任』(岩波書店、1985年)

新井利男・藤原彰『侵略の証言』(岩波書店、1999年)

丸山真男『現代政治の思想と行動』(未来社、1964年)

山田朗『軍備拡張の近代史――日本軍の膨張と崩壊』(吉川弘文館、1997年)

菊池敬一ほか編『あの人は帰ってこなかった』(岩波新書、1964年)

藤井忠俊『兵たちの戦争』(朝日新聞社、2000年)

川口恵美子『戦争未亡人』(ドメス出版、2003年)

●第17章

小林英夫『日本軍政下のアジア』(岩波新書、1993年)

伊藤隆ほか編『東条内閣総理大臣機密記録』(東京大学出版会、1990年)

参謀本部編『杉山メモ』上(原書房、1967年)

岩村正史『戦前日本人の対ドイツ意識』(慶応義塾大学出版会、2005年)

波多野澄雄『「大東亜戦争」の時代』(朝日出版社、1988年)

田中伸尚『ドキュメント靖国訴訟』(岩波書店、2007年)

●第18章

安藤良雄編『近代日本経済史要覧〔第2版〕』(東京大学出版会、1979年)

淵田美津雄・奥宮正武『機動部隊』(日本出版協同、1951年)

岩手県『援護の記録』(非売品、1972年)

八島信雄編著『生きててよかった』(非売品、1994年)

池田貞枝『太平洋戦争沈没艦船遺体調査大鑑』(戦没遺体収揚委員会、1977年)

吉田裕・森茂樹『戦争の日本史23　アジア・太平洋戦争』(吉川弘文館、2007年)

高木俊朗『遺族』(出版協同社、1957年)

小林信彦『一少年の観た〈聖戦〉』(筑摩書房、1995年)

経済企画庁編『国民生活白書　昭和34年版』(大蔵省印刷局、1959年)

●第19章

中村隆英編『日本経済史7』(岩波書店、1989年)

池谷薫『蟻の兵隊』(新潮社、2007年)

小池政行『国際人道法　戦争にもルールがある』(朝日新聞社、2002年)

●参考文献●

第三部

●第20章

五百旗頭真「占領改革の三類型」(『レヴァイアサン』第6号、1990年)

●第21章

豊下楢彦『安保条約の成立』(岩波新書、1996年)

天川晃・増田弘編『地域から見直す占領改革』(山川出版社、2001年)

小林直樹『憲法第九条』(岩波新書、1982年)

●第22章

山田敬男『新版戦後日本史』(学習の友社、2009年)

佐々木隆爾『新安保体制下の日米関係』(山川出版社、2007年)

宮本憲一『昭和の歴史10　経済大国』(小学館、1983年)

●第23章

井村喜代子『現代日本経済論〔新版〕』(有斐閣、2000年)

林直道『強奪の資本主義』(新日本出版社、2007年)

不破哲三『私の戦後六〇年』(新潮社、2005年)

真田是『社会保障と社会改革』(かもがわ出版、2005年)

●第24章

佐々木憲昭『変貌する財界』(新日本出版社、2007年)

山田敬男『新版戦後日本史』(学習の友社、2009年)

●事項索引●

あ

い

う

え

お

か

き

く

け

事項索引

せ

そ

た

ち

つ

て

と

●事項索引●

み

む

め

も

や

ゆ

よ

ら

り

れ

ろ

わ

人名索引

〔引用写真の引用元〕

序章

(1)箭内健次編集責任『図説　日本の歴史』11、集英社
(2)山本博文監修『ビジュアルNIPPON　江戸時代』、小学館
(3)『新詳日本史』、浜島書店
(4)市川寛明、石山秀和著『図説　江戸の学び』、河出書房新社
(5)日本近代史研究会編『画報　日本近代の歴史』1、三省堂

第1章

(6)石井孝編集責任『図説　日本の歴史』13、集英社
(7)小沢健志監修『写真で見る幕末・明治』、世界文化社
(8)小沢健志監修『写真で見る幕末・明治』、世界文化社
(9)日本近代史研究会編『画報　日本近代の歴史』2、三省堂
(10)鳥海靖責任編集『20世紀フォトドキュメント　政治・経済』、ぎょうせい
(11)日本近代史研究会編『画報　日本近代の歴史』1、三省堂
(12)小西四郎監修、黒船館編『図説　黒船の時代』、河出書房新社

第2章

(13)宮地正人ほか監修『ビジュアルワイド　明治時代館』、小学館
(14)鳥海靖責任編集『20世紀フォトドキュメント　政治・経済』、ぎょうせい
(15)鳥海靖責任編集『20世紀フォトドキュメント　政治・経済』、ぎょうせい
(16)宮地正人ほか監修『ビジュアルワイド　明治時代館』、小学館
(17)宮地正人ほか監修『ビジュアルワイド　明治時代館』、小学館
(18)『決定版　昭和史』2、毎日新聞社
(19)鳥海靖責任編集『20世紀フォトドキュメント　政治・経済』、ぎょうせい

第3章

(20)『明治を読む　明治の新聞・雑誌展図録』
(21)日本近代史研究会編『画報　日本近代の歴史』4、三省堂
(22)鳥海靖責任編集『20世紀フォトドキュメント　政治・経済』、ぎょうせい
(23)江村栄一編『自由民権と明治憲法』、吉川弘文館
(24)鳥海靖責任編集『20世紀フォトドキュメント　政治・経済』、ぎょうせい
(25)日本近代史研究会編『画報　日本近代の歴史』4、三省堂
(26)日本近代史研究会編『画報　日本近代の歴史』4、三省堂
(27)日本近代史研究会編『画報　日本近代の歴史』4、三省堂
(28)山内昌之著『近代イスラームの挑戦』、中央公論社
(29)日本近代史研究会編『画報　日本近代の歴史』4、三省堂
(30)日本近代史研究会編『画報　日本近代の歴史』3、三省堂

第4章

(31)鳥海靖責任編集『20世紀フォトドキュメント　政治・経済』、ぎょうせい
(32)鳥海靖責任編集『20世紀フォトドキュメント　政治・経済』、ぎょうせい
(33)中塚明著『歴史の偽造をただす』、高文研
(34)日本近代史研究会編『画報　日本近代の歴史』5、三省堂
(35)『日本20世紀館』、小学館
(36)『徳富蘇峰集』、筑摩書房
(37)日本近代史研究会編『画報　日本近代の歴史』5、三省堂
(38)『グラフィックカラー　昭和史』5、研秀出版

第5章

(39)日本近代史研究会編『画報　日本近代の歴史』6、三省堂
(40)鳥海靖責任編集『20世紀フォトドキュメント　政治・経済』、ぎょうせい
(41)日本近代史研究会編『画報　日本近代の歴史』7、三省堂
(42)『新選日本史B』東京書籍

第6章

(43)日本近代史研究会編『図説　国民の歴史』9、国文社
(44)日本近代史研究会編『画報　日本近代の歴史』5、三省堂
(45)鳥海靖責任編集『20世紀フォトドキュメント　政治・経済』、ぎょうせい
(46)黒羽清隆、梶村秀樹解説『写真記録　日本の侵略:中国／朝鮮』、ほるぷ出版
(47)『日本20世紀館』、小学館
(48)日本近代史研究会編『画報　日本近代の歴史』7、三省堂
(49)日本近代史研究会編『画報　日本近代の歴史』6、三省堂

第7章

(50)日本近代史研究会編『画報　日本近代の歴史』6、三省堂
(51)日本近代史研究会編『画報　日本近代の歴史』6、三省堂
(52)『日本20世紀館』、小学館
(53)日本近代史研究会編『画報　日本近代の歴史』6、三省堂
(54)日本近代史研究会編『画報　日本近代の歴史』5、三省堂
(55)『決定版　昭和史』2、毎日新聞社
(56)日本近代史研究会編『画報　日本近代の歴史』7、三省堂

第8章

(57)日本近代史研究会編『画報　日本近代の歴史』7、三省堂
(58)鳥海靖責任編集『20世紀フォトドキュメント　政治・経済』、ぎょうせい
(59)日本近代史研究会編『画報　日本近代の歴史』8、三省堂
(60)“V.I.LENIN His Life and Work” Progress Publishers
(61)“V.I.LENIN His Life and Work” Progress Publishers
(62)“V.I.LENIN His Life and Work” Progress Publishers
(63)"Conway's All the World's Fighting Ships"

第9章

(64)鳥海靖責任編集『20世紀フォトドキュメント　政治・経済』、ぎょうせい
(65)日本近代史研究会編『画報　日本近代の歴史』8、三省堂
(66)日本近代史研究会編『画報　日本近代の歴史』8、三省堂
(67)安藤良雄ほか著『図説日本文化史大系』12、小学館
(68)日本近代史研究会編『画報　日本近代の歴史』8、三省堂
(69)日本近代史研究会編『画報　日本近代の歴史』8、三省堂
(70)日本近代史研究会編『画報　日本近代の歴史』8、三省堂
(71)日本近代史研究会編『画報　日本近代の歴史』7、三省堂
(72)日本近代史研究会編『画報　日本近代の歴史』9、三省堂

第10章

(73)日本近代史研究会編『画報　日本近代の歴史』9、三省堂
(74)鳥海靖責任編集『20世紀フォトドキュメント　政治・経済』、ぎょうせい
(75)鳥海靖責任編集『20世紀フォトドキュメント　政治・経済』、ぎょうせい
(76)林健太郎監修『実録昭和史』1、ぎょうせい
(77)日本近代史研究会編『画報　日本近代の歴史』10、三省堂
(78)『写真記録集　日本共産党の60年』、日本共産党出版局

第11章

(79)日本近代史研究会編『画報　日本近代の歴史』10、三省堂
(80)鳥海靖責任編集『20世紀フォトドキュメント　政治・経済』、ぎょうせい
(81)鳥海靖責任編集『20世紀フォトドキュメント　政治・経済』、ぎょうせい
(82)『写真記録集　日本共産党の60年』、日本共産党出版局
(83)日本近代史研究会編『画報　日本近代の歴史』11、三省堂
(84)日本近代史研究会編『画報　日本近代の歴史』11、三省堂
(85)『決定版　昭和史』3、毎日新聞社

第12章

(86)鳥海靖責任編集『20世紀フォトドキュメント　政治・経済』、ぎょうせい
(87)鳥海靖責任編集『20世紀フォトドキュメント　政治・経済』、ぎょうせい
(88)日本近代史研究会編『画報　日本近代の歴史』11、三省堂
(89)アジア民衆法廷準備会編『写真図説　日本の侵略』、大月書店
(90)日本近代史研究会編『画報　日本近代の歴史』10、三省堂
(91)日本近代史研究会編『画報　日本近代の歴史』11、三省堂
(92)『昭和史と天皇』、学習研究社
(93)『村瀬守保写真集　私の従軍中国戦線』(日本機関紙出版センター)
(94)早乙女勝元編『母と子でみる　重慶からの手紙』、草の根出版会

第13章

(95)原田勝正責任編集『図説　昭和の歴史』4、集英社
(96)黒羽清隆、梶村秀樹解説『写真記録　日本の侵略:中国／朝鮮』、ほるぷ出版
(97)日本近代史研究会編『画報　日本近代の歴史』12、三省堂
(98)日本近代史研究会編『画報　日本近代の歴史』11、三省堂

(99)アジア民衆法廷準備会編『写真図説　日本の侵略』、大月書店
(100)アジア民衆法廷準備会編『写真図説　日本の侵略』、大月書店
(101)アジア民衆法廷準備会編『写真図説　日本の侵略』、大月書店
(102)黒羽清隆、梶村秀樹解説『写真記録　日本の侵略:中国／朝鮮』、ほるぷ出版

第14章
(103)日本近代史研究会編『画報　日本近代の歴史』11、三省堂
(104)日本近代史研究会編『画報　日本近代の歴史』11、三省堂
(105)日本近代史研究会編『画報　日本近代の歴史』11、三省堂
(106)鳥海靖責任編集『20世紀フォトドキュメント　政治・経済』、ぎょうせい
(107)日本近代史研究会編『画報　日本近代の歴史』12、三省堂

第15章
(108)『別冊一億人の昭和史　日本ニュース映画史』、毎日新聞社
(109)上法快男編『東條英機』、芙蓉書房
(110)『昭和のくらし研究』第6号
(111)川上今朝太郎著『銃後の街』、大月書店
(112)信濃毎日新聞社出版局編『写真集　信州子どもの20世紀』(信濃毎日新聞社)
(113)『昭和史と天皇』、学習研究社
(114)『兵士完全図鑑』、ワールドフォトプレス

第16章
(115)松本清張、三木淳、藤原彰監修『太平洋戦争と進駐軍』、小学館
(116)『決定版　昭和史』11、毎日新聞社
(117)平和博物館を創る会編著『銀座と戦争』、平和のアトリエ
(118)一之瀬俊也著『宣伝謀略ビラで読む、日中・太平洋戦争』、柏書房
(119)吉田裕監修『日本軍思想・検閲関係資料』、現代史料出版
(120)『画集で綴る軍隊生活』、九二九東寧二中隊会
(121)若桑みどり著『戦争が作る女性像』、筑摩書房

第17章
(122)明石陽至、宮脇弘幸編、解題『日本語教科書』第2巻、龍溪書舎
(123)アジア民衆法廷準備会編『写真図説　日本の侵略』、大月書店
(124)朝日新聞社「写真が語る戦争」取材班著『朝日新聞の秘蔵写真が語る戦争』、朝日新聞出版
(125)アジア民衆法廷準備会編『写真図説　日本の侵略』、大月書店
(126)西本正巳構成・執筆『フィリピンの戦い』、月刊沖縄社
(127)ダグラス・ブリンクリー編『「ニューヨーク・タイムズ」が見た第二次世界大戦』上、原書房
(128)伊藤隆、廣橋眞光、片島紀男編『東條内閣総理大臣機密記録』、東京大学出版会

第18章
(129)第一アートセンター編『日本写真全集4　戦争の記録』、小学館
(130)日本近代史研究会編『画報　日本近代の歴史』12、三省堂
(131)Harry N Abrams "Steichen at War" Portland House
(132)工藤洋三、奥住喜住編著『写真が語る日本空襲』、現代史料出版
(133)広島市公文書館編『ひろしま今昔』、広島市
(134)高崎隆治撰著『私の「昭和百人一首」　生きて再び逢ふ日のありや』、梨の木舎
(135)加賀学構成・執筆『サイパンの戦い』、月刊沖縄社
(136)カミカゼ刊行委員会編『写真集　カミカゼ　陸海軍特別攻撃隊』下巻、ベストセラーズ
(137)毛利恒之著『ユキは十七歳　特攻で死んだ』、ポプラ社

第19章
(138)『靖国神社遊就館』、靖国神社遊就館
(139)すみだ郷土文化資料館監修『あの日を忘れない』、柏書房
(140)『一億人の昭和史』4、毎日新聞社
(141)『決定版　昭和史』12、毎日新聞社

第20章
(142)日本近代史研究会編『画報　日本近代の歴史』13、三省堂
(143)豊田和子絵・文『記憶の中の神戸』、星雲社
(144)日本近代史研究会編『画報　日本近代の歴史』13、三省堂
(145)太平洋戦争研究会編著『GHQの見たニッポン』、世界文化社
(146)大河原暢彦編『ナショナルジオグラフィックが見た日本の100年』、日経BP出版センター
(147)『ああ!　6.25――その時は自由を、今は統一を――』、朝鮮日報社、戦争記念館
(148)『ああ!　6.25――その時は自由を、今は統一を――』、朝鮮日報社、戦争記念館
(149)『写真記録集　日本共産党の60年』、日本共産党出版局
(150)『決定版　昭和史』14、毎日新聞社
(151)『決定版　昭和史』12、毎日新聞社
(152)若林宣著『戦う広告』、小学館

第21章
(153)『決定版　昭和史』14、毎日新聞社
(154)写真集・日本労働運動史編纂委員会編『写真集　日本労働運動史』、総評資料頒布会
(155)Howard B. Schonberger "Aftermath of War" The Kent State University Press
(156)カール・マインダンス著『マッカーサーの日本』、講談社
(157)『写真記録集　日本共産党の60年』、日本共産党出版局
(158)日本近代史研究会編『画報　日本近代の歴史』13、三省堂

第22章
(159)『写真記録集　日本共産党の60年』、日本共産党出版局
(160)『写真記録集　日本共産党の60年』、日本共産党出版局
(161)『写真記録集　日本共産党の60年』、日本共産党出版局
(162)『完全版　朝日クロニクル20世紀』第10巻、朝日新聞社
(163)『写真記録集　日本共産党の60年』、日本共産党出版局

第23章
(164)『完全版　朝日クロニクル20世紀』第7巻、朝日新聞社
(165)『完全版　朝日クロニクル20世紀』第7巻、朝日新聞社

第24章
(166)『完全版　朝日クロニクル20世紀』第9巻、朝日新聞社

〔監修者・執筆者紹介〕

宮地正人（監修、「増補改訂版刊行にあたって」）

1944年、福岡県生まれ。東京大学史料編纂所教授、同所長などを経て2001〜05年、国立歴史民俗博物館長。
主な著書に、『歴史の中の「夜明け前」』（吉川弘文館）、『幕末維新変革史（上・下）』（岩波現代文庫）、『土方歳三と榎本武揚』（山川出版社）、『幕末維新像の新展開』（花伝社）など。

大日方純夫（序章、第1〜4章、第7章、第9章）

1950年、長野県生まれ。早稲田大学名誉教授。
主な著書に、『はじめて学ぶ日本近代史』（大月書店）、『自由民権期の社会』（敬文舎）、『維新政府の密偵たち』『日本近代の歴史2　「主権国家」成立の内と外』（いずれも吉川弘文館）、『小野梓—未完のプロジェクト』（冨山房インターナショナル）など。

山田　朗（第5章、第6章、第8章、第10〜14章、第2部末コラム）

1956年、大阪府生まれ。明治大学教授。
主な著書に、『昭和天皇の戦争』『兵士たちの戦場』（いずれも岩波書店）、『軍事立国への野望』（共著、かもがわ出版）、『近代日本軍事力の研究』（校倉書房）、『日本の戦争』『日本の戦争Ⅱ』（いずれも新日本出版社）など。

山田敬男（第22〜25章）

1945年、神奈川県生まれ。労働者教育協会会長。歴史科学協議会会員。
主な著書に、『新版戦後日本史』『日本近現代史を問う』（編著）『社会運動再生への挑戦』『21世紀の今、マルクスをどう学ぶか』（共著）（いずれも学習の友社）、『戦後社会運動史論③』（大月書店）など。

吉田　裕（第15〜21章）

1954年、埼玉県生まれ。一橋大学大学名誉教授。
主な著書に、『シリーズ日本近現代史（6）アジア・太平洋戦争』『日本の軍隊』『昭和天皇の終戦史』（いずれも岩波新書）、『兵士たちの戦後史』（岩波書店）、『日本軍兵士』（中央公論新社）など。

増補改訂版 日本近現代史を読む

2019年５月30日　初　版
2022年12月25日　第２刷

監修者：宮地正人

著　者：大日方純夫、山田　朗、山田敬男、吉田　裕

発行者：角田真己

デザイン：株式会社　アルファ・デザイン

発行所：株式会社　新日本出版社
〒151-0051　東京都渋谷区千駄ヶ谷4-25-6
電話　03（3423）8402（営業）　03（3423）9323（編集）
info@shinnihon-net.co.jp
www.shinnihon-net.co.jp
振替番号　00130-0-13681

印刷・製本：株式会社　光陽メディア

落丁・乱丁がありましたらおとりかえいたします。

ISBN978-4-406-06352-4　C0021
Printed in Japan